JN443170

강화학습 시리즈 3

강화 학습 기본 완성과 PyTorch

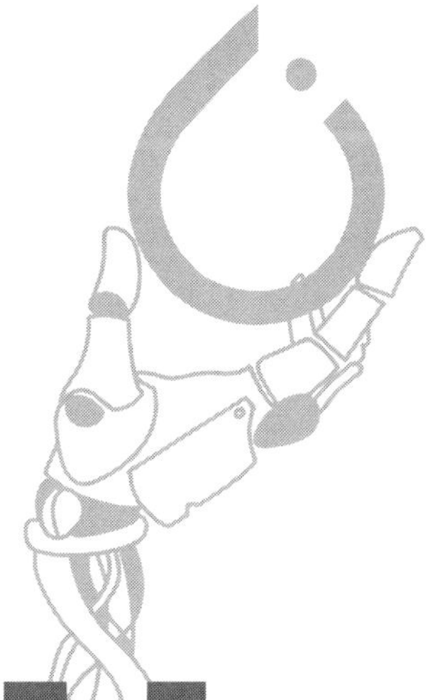

추상목 지음

자유아카데미

머리말

강화학습 알고리즘을 코드 구현 중심으로 설명하고 실제 학습 가능한 코드를 제공하는 서적은 드물다. 이러한 어려움을 해소하고자 2023년에 첫 번째 책『강화학습 기본과 PyTorch』를 출간하였고, 이어 2024년에는 두 번째 책『강화학습 기본 다지기와 PyTorch』를 출판했다. 그리고 이번에는 세 번째 책『강화학습 기본 완성과 PyTorch』를 독자 여러분께 선보이게 되었다.

첫 번째 책에서는 환경과 에이전트의 예제를 시작으로 Bellman 방정식을 소개하고, 전통적인 가치 기반(value-based) 강화학습인 DQN(Deep Q Network), Double DQN, Dueling DQN, PER(Prioritized Experience Replay) 등을 다루었다. 두 번째 책에서는 N-step DQN, NoisyNet, Categorical DQN(C51), QRDQN(Quantile Regression DQN), IQN(Implicit Quantile Network), FQF(Fully parameterized Quantile Function), Rainbow와 같은 다양한 알고리즘을 소개하며, 가치 기반 강화학습의 폭넓은 기법들을 설명하였다.

세 번째 책인 이번 시리즈에서는 정책 기반(policy based) 강화학습을 본격적으로 다룬다. REINFORCE-MCPG(Monte Carlo Policy Gradient), REINFORCE- Baseline, A2C (Advantage Actor Critic), A3C(Asynchronous Advantage Actor Critic), DDPG(Deep Deterministic Policy Gradient), TD3(Twin Delayed Deep Deterministic Policy Gradient), TRPO(Trust Region Policy Optimization), PPO(Proximal Policy Optimization), SAC(Soft Actor Critic) 알고리즘을 깊이 있게 다루고 있다.

이 책은 다음의 세 가지 원칙을 바탕으로 작성되었다.

1. 구현된 코드가 실제로 학습 가능해야 한다.
2. 알고리즘 설명은 코드 구현을 중심으로 한다.
3. 이해를 돕기 이해 가능한 한 그림을 적극적으로 활용한다.

알고리즘이 구현된 코드로 학습이 되지 않으면, 그 알고리즘은 실질적으로 사용할 수 없으므로 첫 번째 원칙이 필요하다. 또한, 알고리즘의 이해는 코드 구현으로 완성되므로, 두 번째 원칙에 따라 코드 구현을 중심에 두고 알고리즘을 설명하였다. 마지막으로, 다양한 그림을 사용하여 독자가 알고리즘을 직관적으로 이해할 수 있도록 했다.

이 책에서 다루는 내용은 아래 분류 그림과 같이 점선에 있는 알고리즘으로 Model-Free RL의 Policy Optimization과 Q-Learning에 속한다.

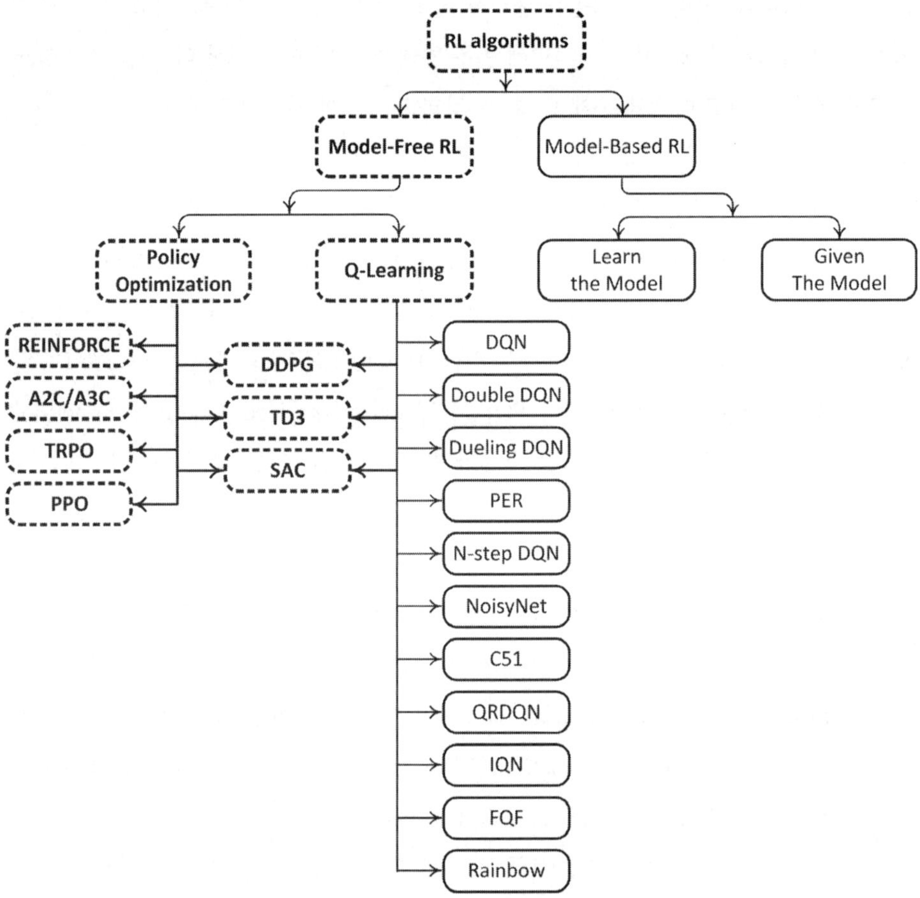

위 그림에서 보듯이 점선이 있는 마지막 일곱 개의 강화학습 기법은 모두 정책 신경망을 포함하고 있으므로 Policy Optimization에 속한다. 그리고 REINFORCE(=MCPG,

−Baseline), A2C/A3C, TRPO, PPO에는 행동−가치 신경망이 없으므로 Q−Learning이 아니지만, DDPG, TD3, SAC에는 행동−가치 신경망도 있으므로 Q−Learning으로 분류했다. 참고로 REINFORCE−Baseline, A2C/A3C, TRPO, PPO에는 상태−가치 신경망이 있으므로 V−Learning 범주에 속한다고 볼 수 있다.

이 책에서 다루는 알고리즘의 수식은 각 장의 부록에 정리하였다. 특히, TRPO와 SAC에는 수식이 자주 등장하므로 아래와 같은 과정으로 기술되었다고 생각하면 도움이 된다.

이론(Theory) ⇒ **이론의 근사화**(Approximation of Theory) ⇒ **코딩**(Coding)

여기서 이론(Theory) 단계에서는 코딩과 무관하게 진행되어 최종적인 수식을 도출한다. 이후 이 수식을 실제 코드로 옮길 수 있도록 단순화 · 근사화하여 근사 수식(Approximation of Theory)을 얻는다. 마지막으로 이 근사 수식을 바탕으로 알고리즘을 코딩(Coding)한다. 비록 근사 수식을 사용하지만, 실행 결과는 원래 이론에서 기대하는 내용과 잘 부합함을 확인할 수 있다. 참고로, 이 책의 코드는 Colab에서 실행했고 주요 패키지와 버전은 다음과 같다: matplotlib(3.10.0), moviepy(1.0.3), numpy(2.0.2), Pillow(11.3.0), torch(22.8.0+cu126), gym(0.25.2), gymnasium(1.2.0)

출간 후 나올 수 있는 수정사항이나 참고자료 등은 자유아카데미 홈페이지 자료실(www.freeaca.com)을 통해 게시할 것이니 참고하기를 바란다. 이번 책은『강화학습 시리즈 1(2023년)』과『강화학습 시리즈 2(2024년)』에 이어지는 세 번째 책(시리즈 3)으로, 정책 기반(policy−based)의 강화학습을 집중적으로 다루고 있다. 이에 본서를 끝으로 Model−Free RL에 대한 소개를 마무리하고자 한다.

강화학습 공부를 시작하는 후학에게 도움이 되길 기대하면서
울산대학교 수학과 추상목 드림

차례

제1장 REINFORCE-Monte Carlo Policy Gradient

제2장 REINFORCE-Baseline

제6장 Twin Delayed Deep Deterministic Policy Gradient(TD3)

제7장 Trust Region Policy Optimization(TRPO)

제8장 Proximal Policy Optimization(PPO)

제9장 Soft Actor Critic(SAC)

제 1 장

REINFORCE-Monte Carlo Policy Gradient

강화학습에서 '최적의 정책(최적 행동을 결정하는 함수)'을 찾는 방법은 크게 두 가지로 나눌 수 있다. 첫 번째는 DQN(Deep Q-Network)과 같은 가치 기반(value-based, 가치를 신경망으로 학습) 알고리즘으로, 환경의 상태(state)가 s일 때 신경망으로 행동(action, a)의 가치 Q(s,a)를 계산하고, 그중 가장 큰 값을 갖는 행동 a를 선택한다. 즉, 다음과 같은 과정을 통해 최적 행동 a를 간접적으로 찾는다.

DQN : 신경망으로 Q(s,a) 계산 → Q(s,a)가 최대가 되는 행동 a를 선택

두 번째는 정책 기반(policy-based, 정책을 신경망으로 학습) 알고리즘으로 직접 최적 행동을 찾는 방법이며, 그중 먼저 살펴볼 알고리즘으로는 REINFORCE가 있다.

REINFORCE : 신경망으로 확률적 정책 π(a|s) 계산

참고로, 정책과 가치를 각각 신경망으로 학습하는 알고리즘을 '액터-크리틱(actor-critic)' 방법이라 하며, 이는 정책 기반과 가치 기반을 결합한 방법이다.

REINFORCE는 한 에피소드가 끝날 때 정책의 그래디언트를 구하므로 몬테카를로 정책 그래디언트(Monte Carlo policy gradient) 또는 바닐라 정책 그래디언트(vanilla policy gradient)라고 한다. 본 저서에서는 편의상 REINFORCE_MC로 줄여서 사용하겠다.

DQN은 Q(s,a)가 최대가 되는 행동 a$\left(\arg\max_a Q(s,a) \right)$를 사용하므로, **그림 1**과 같이 행동의 개수가 유한개인 이산 행동 공간(discrete action space)에 사용하고 무한개인 연속 행동 공간(continuous action space)에서는 사용할 수 없다. 그리고 신경망으로 정책을 학습하지 않고(actor 없음) 행동 가치를 학습한다(critic만 있음).

	Observation space (관측값 공간)	action space (행동 공간)	Actor (액터)	Critic (크리틱)
DQN	연속 또는 이산	이산	없음	있음
REINFORCE_MC	연속 또는 이산	연속 또는 이산	있음	없음

그림 1

REINFORCE_MC는 가치를 학습하지 않고(critic 없음) 확률적 정책 $\pi_\theta\left(a|s\right)$을 학습하므로(actor만 있음) 위의 **그림 1**과 같이 행동의 개수가 무한개인 연속 행동 공간(continuous action space)에서도 사용할 수 있다. 이제, 신경망을 활용해 정책을 학습하는 기본적인 과정을 이해하기 위해 이산 행동 공간에서의 REINFORCE_MC를 살펴보자.

1 용어 설명과 구성 요소

REINFORCE[1)]는 아래 문장의 줄임말로 **그림 2**를 의미한다.
"REward Increment = Nonnegative Factor times Offset Reinforcement times Chariteristic Eligerbility"

$$\underbrace{\Delta\theta}_{\text{REward Increment}} = \underbrace{\alpha}_{\text{Nonnegative Factor}} \times \underbrace{\left(R-b\right)}_{\text{Offset Reinforcement}} \times \underbrace{\nabla_\theta \log \pi_\theta\left(a|s\right)}_{\text{Characteristic Eligibility}}$$

그림 2

여기서 $\Delta\theta$는 정책 파라미터의 변화량, α는 학습률, R은 반환값(return), b는 baseline(다음 장에서 설명하고 REINFORCE_MC에서는 $b=0$이다)이고 $\nabla_\theta \log \pi_\theta\left(a|s\right)$는 상태 s에서 행동 a를 택할 log(확률적 정책)의 그래디언트를 나타낸다.

DQN과 REINFORCE_MC의 구성 요소는 아래 **그림 3**과 같다. REINFORCE_MC는 DQN(강화학습 시리즈1 '강화학습 기본과 PyTorch'의 제7장)과 달리 Q-net, Target-net, Memory(Replay buffer)를 사용하지 않고 확률적 정책인 Policy-net을 사용한다. 환경과 정책이 상호작용에서 Policy-net 업데이트에 필요한 데이터를 수집하고, 에피소드가 끝나면 학습데이터가 완성된다. 학습데이터를 파라미터 업데이트에 사용하고 나면 바로 삭제하기 때문에 경험을 재사용하는 Replay buffer(Memory)

1) Williams, Ronald J. "Simple statistical gradient-following algorithms for connectionist reinforcement learning." Machine learning 8 (1992): 229-256.

에 저장하지 않고 리스트(list)에 저장한다. DQN에서는 경험 (s, a, r, s') 을 학습데이터에 저장하지만 REINFORCE_MC에서는 정책 신경망 업데이트에 필요한 보상과 log(확률적 정책)를 저장한다.

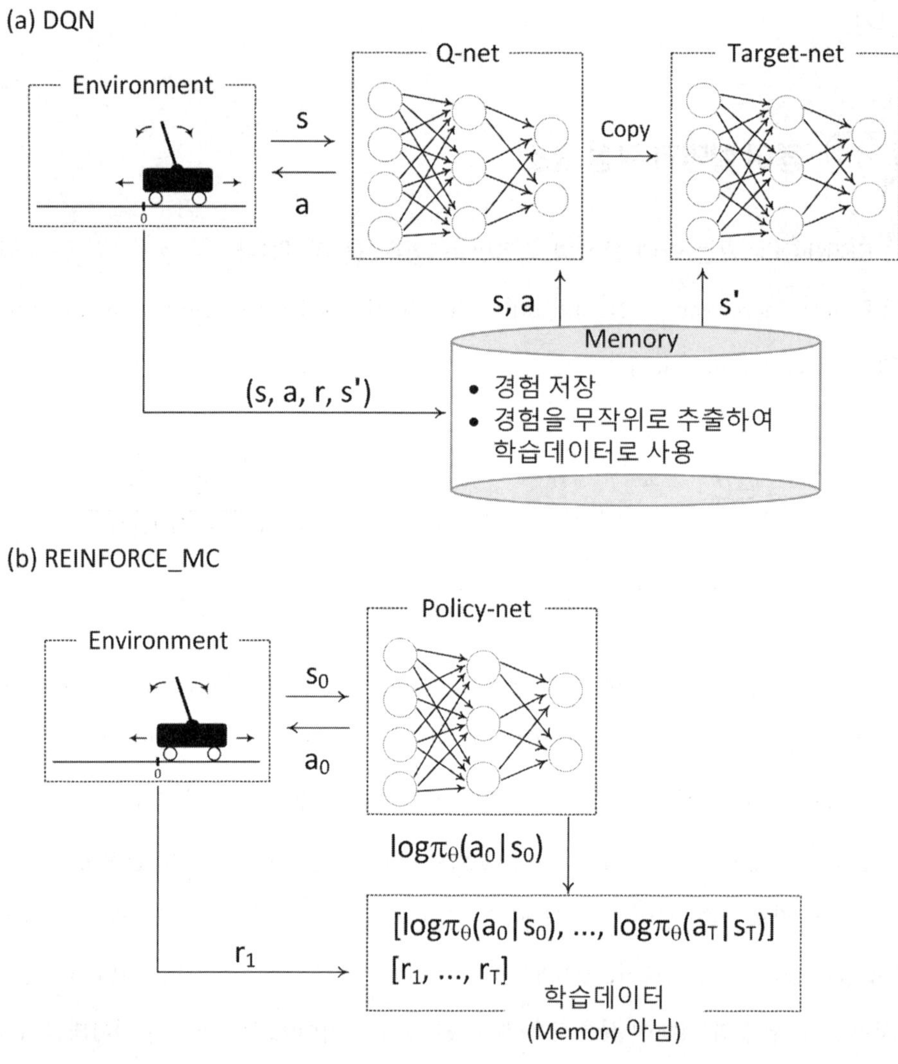

그림 3

위 **그림** 3을 아래 **그림** 4와 같이 요약할 수 있다.

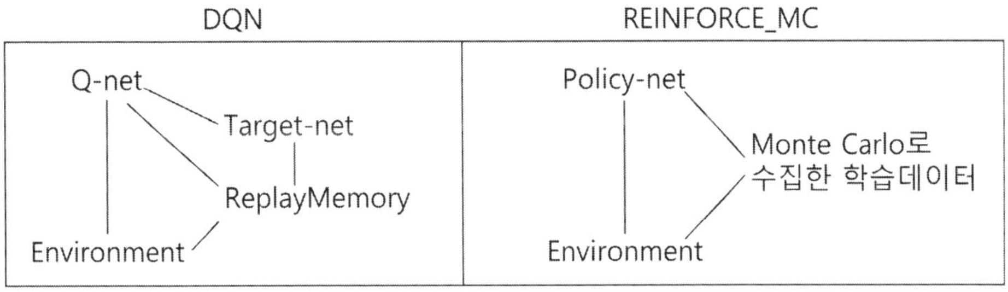

그림 4. 'Monte Carlo로 수집'은 '샘플링 기반으로 수집'을 의미한다.

2 신경망 구조

그림 5는 정책 신경망을 설명하기 위한 toy 신경망으로, 네 개의 입력 노드와 2개의 출력 노드를 가진다. 4개 숫자를 가진 환경(CartPole)의 상태 s = (카트의 위치, 카트의 속도, 폴의 각도, 폴의 각속도)가 신경망으로 입력되기 때문에 4개 입력 노드를 가진다. 환경 CartPole에서 행동이 두 개(왼쪽 a_1과 오른쪽 a_2)이므로 이산적(discrete) 행동 공간이고 출력노드는 두 개가 된다. 첫 번째 노드가 가지는 값은 주어진 상태 s에서 행동 a_1을 선택할 확률이고 $\pi_\theta\left(a_1 \middle| s\right)$으로 나타낸다. 두 번째 노드는 행동 a_2를 선택할 확률이고 $\pi_\theta\left(a_2 \middle| s\right)$으로 나타낸다. 예를 들면, 두 확률의 합이 1이 되어야 하므로 $\pi_\theta\left(a_1 \middle| s\right) = 0.3$와 $\pi_\theta\left(a_2 \middle| s\right) = 0.7$이 될 수 있다. 여기서 θ는 신경망의 파라미터를 나타낸다.

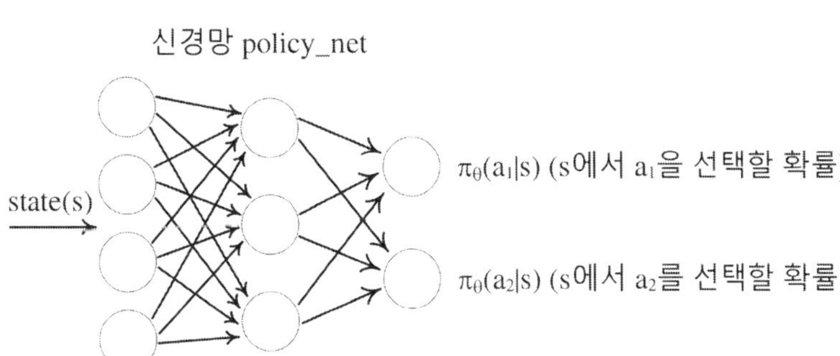

그림 5. 신경망 클래스 코딩에 사용하는 이미지

3 정책(상태를 입력하면 행동 출력) 정의

그림 6은 주어진 상태 state(s)에서 하나의 행동 a_i의 선택과 a_i를 선택할 확률의 log 값 $\log\pi_\theta\left(a_i \middle| s\right)$를 얻는 과정을 나타낸다. **그림 6**에 있는 action은 확률변수이고 확률(action_prob)은 정책 신경망(policy_net)의 출력이다. $\log\pi_\theta\left(a_i \middle| s\right)$은 정책 신경망을 업데이트할 때 사용한다.

action_prob = policy_net(state)

action_prob = [$\pi_\theta(a_1|s)$, $\pi_\theta(a_2|s)$]

action	a_1	a_2
확률	$\pi_\theta(a_1\|s)$	$\pi_\theta(a_2\|s)$
log(확률)	$\log\pi_\theta(a_1\|s)$	$\log\pi_\theta(a_2\|s)$

표본추출 → ① a_1 , a_2 중 하나 a_i

↓

② $\log\pi_\theta(a_i|s)$

그림 6. 정책 코딩에 사용하는 이미지

4 학습데이터 정의

에피소드가 시작하면 REINFORCE_MC를 업데이트하는데 사용하는 log(확률적 정책)과 보상을 **그림 7**과 같이 logPias_list와 reward_list에 append한다. 에피소드가 끝나면 학습데이터 logPias_list와 reward_list를 사용하여 업데이트한다.

$$\tau^{\text{episode}} = \left(s_0^{\text{epi}}, a_0^{\text{epi}}, r_1^{\text{epi}}, s_1^{\text{epi}}, \cdots, s_T^{\text{epi}}, a_T^{\text{epi}}, r_{T+1}^{\text{epi}}\right)$$

$$\xrightarrow{\text{학습데이터}} \begin{cases} \text{logPi\_list}=\left[\log\pi_\theta\left(a_0^{\text{epi}} \middle| s_0^{\text{epi}}\right), \cdots, \log\pi_\theta\left(a_T^{\text{epi}} \middle| s_T^{\text{epi}}\right)\right] \\ \text{reward\_list} = \left[r_1^{\text{epi}}, \cdots, r_{T+1}^{\text{epi}}\right] \end{cases}$$

그림 7. 학습데이터 코딩에 사용하는 이미지

위 **그림 7**에서 τ^{episode}는 하나의 에피소드에서 에이전트가 지나온 상태, 행동과 보상을 나타내는 경로(trajectory)로, 환경의 처음 상태는 s_0^{epi}이고 에이전트의 마지막

행동은 a_T^{epi} 이다. 마지막 행동으로 환경의 상태는 s_{T+1}^{epi} 이고 보상은 r_{T+1}^{epi} 이며 해당 에피소드는 종료된다. $\log \pi_\theta\left(a_0^{\text{epi}} \middle| s_0^{\text{epi}}\right)$ 는 상태 s_0^{epi} 를 정책 신경망(θ)에 입력하여 얻은 출력 중에서 행동 a_0^{epi} 를 선택할 확률 $\pi_\theta\left(a_0^{\text{epi}} \middle| s_0^{\text{epi}}\right)$ 의 log 값을 나타낸다.

5 손실 정의

환경과 에이전트의 상호작용으로 얻은 누적 보상의 평균을 $J(\theta)$ 라고 할 때, $J(\theta)$ 가 최대가 되는 정책 신경망(policy_net)의 파라미터 θ 를 찾아야 한다. 이때 사용하는 방법이 경사 상승법(gradient ascent method)으로 다음과 같이 θ 를 업데이트해서 찾는다.

$$\theta \leftarrow \theta + \alpha \nabla_\theta J(\theta)$$

그런데 PyTorch에서는 경사 상승법이 아닌 아래와 같이 손실(loss)을 위한 경사 하강법(gradient descent method)을 사용한다.

$$\theta \leftarrow \theta - \alpha \nabla_\theta \text{loss}(\theta)$$

따라서 다음과 같이 손실(loss)의 그래디언트가 $-\nabla_\theta J(\theta)$ 의 근삿값이 되도록 손실(loss)을 정의해야 한다.

$$\nabla_\theta \text{loss}(\theta) \approx -\nabla_\theta J(\theta) \tag{1}$$

아래 **그림 8**을 보면 식 (1)을 만족시키는 손실(loss)은 다음과 같음을 알 수 있다.

$$\text{loss}(\theta) = -\sum_{t=0}^{T} \log \pi_\theta\left(a_t^{\text{epi}} \middle| s_t^{\text{epi}}\right) \sum_{\ell=t}^{T} \gamma^\ell r_{\ell+1}^{\text{epi}}$$

그림 8에서 T 가 τ 에 의존하므로 $T(\tau)$ 로 적어야 하지만 편의상 T 로 적는다.

식 ②의 두 번째 등호로부터 확률변수 $\sum_{t=0}^{T} \nabla_\theta \log \pi_\theta (a_t | s_t) \sum_{\ell=t}^{T} \gamma^\ell R(s_\ell, a_\ell, s_{\ell+1})$ 은 $\nabla_\theta E_{\tau \sim \pi_\theta} \left[\sum_{t=0}^{T} \gamma^t R(s_t, a_t, s_{t+1}) \right]$ 의 불편 추정량(unbiased estimator)임을 알 수 있다. 식 ②에 대한 증명은 [부록: 문제 1~3]에서 다룬다.

$$① \ \tau^{\text{episode}} = \left(s_0^{\text{epi}}, a_0^{\text{epi}}, r_1^{\text{epi}}, s_1^{\text{epi}}, \cdots, s_T^{\text{epi}}, a_T^{\text{epi}}, r_{T+1}^{\text{epi}}, s_{T+1}^{\text{epi}} \right)$$

$$\text{학습데이터} \begin{cases} \text{logPi\_list} = \left[\log \pi_\theta \left(a_0^{\text{epi}} | s_0^{\text{epi}} \right), \cdots, \log \pi_\theta \left(a_T^{\text{epi}} | s_T^{\text{epi}} \right) \right] \\ \text{reward\_list} = \left[r_1^{\text{epi}}, \cdots, r_{T+1}^{\text{epi}} \right] \end{cases}$$

$$\begin{aligned} ② \ \nabla_\theta J(\theta) &= \nabla_\theta E_{\tau \sim \pi_\theta} \left[\sum_{t=0}^{T} \gamma^t R(s_t, a_t, s_{t+1}) \right] \\ &= \underset{\tau \sim \pi_\theta}{E} \left[\sum_{t=0}^{T} \nabla_\theta \log \pi_\theta (a_t | s_t) \sum_{\ell=t}^{T} \gamma^\ell R(s_\ell, a_\ell, s_{\ell+1}) \right] \\ &\approx \sum_{t=0}^{T} \underbrace{\nabla_\theta \log \pi_\theta \left(a_t^{\text{epi}} | s_t^{\text{epi}} \right)}_{\text{policy gradient}} \underbrace{\sum_{\ell=t}^{T} \gamma^\ell r_{\ell+1}^{\text{epi}}}_{\text{return}} \end{aligned}$$

$$③ \ \nabla_\theta \text{loss}(\theta) \approx -\nabla_\theta J(\theta)$$

$$\therefore \text{loss}(\theta) = -\sum_{t=0}^{T} \log \pi_\theta \left(a_t^{\text{epi}} | s_t^{\text{epi}} \right) \sum_{\ell=t}^{T} \gamma^\ell r_{\ell+1}^{\text{epi}}$$

그림 8. 손실 코딩에 사용하는 이미지

6 파라미터 업데이트 함수

아래 순서로 코딩하여 신경망의 파라미터를 업데이트한다.

① 업데이트 함수의 입력(독립변수)은 logPi_list와 reward_list이다.

② logPi_list와 reward_list를 사용해 **그림 8**에서 설명한 손실(loss)을 만든다.

③ loss의 gradient를 구하여 파라미터 θ를 업데이트한다.

7 Main

지금까지 위에서 설명한 '신경망 클래스 코딩에 사용하는 이미지(**그림 5**)', '정책 코딩에 사용하는 이미지(**그림 6**)', '학습데이터 코딩에 사용하는 이미지(**그림 7**)'와 '손실 코딩에 사용하는 이미지(**그림 8**)'를 이용하여 아래 순서로 REINFORCE_MC를 코딩한다.

① 환경의 상태를 초기화한다.

② 환경의 현재 상태 s를 정책 신경망에 입력하여 행동 a와 $\log\pi_\theta(a|s)$를 출력으로 얻는다(**그림 5, 6**).

③ 행동을 환경에 입력하여, 환경으로부터 다음 상태, 보상, CartPole 이동 종료 여부(done)를 반환받는다

④ $\log\pi_\theta(a|s)$와 보상을 각각 logPi_list와 reward_list에 저장한다(**그림 7**).

⑤ done=False이면 다음 상태를 현재 상태로 저장하여 ②~④를 반복한다. 그렇지 않으면 위의 '6. 파라미터 업데이트 함수'를 호출하여 policy_net의 파라미터를 업데이트하다(**그림 8**).

8 코드 설명

아래 전체 코드(**그림 12**) line 28에서 변수 state의 형태(shape)를 늘리는 이유와 loss의 수식을 변형하여 코드로 구현하는 과정을 알아보자.

8-1. 정책 신경망에 대입하는 변수 state의 형태를 늘리기

전체 코드(**그림 12**) line 28을 보면 정책 신경망에 대입하는 상태(state)의 형태(shape)를 다음과 같이 늘린다.

```
state = torch.FloatTensor(state).unsqueeze(0) # torch.Size([1, 4])
```

만약 위와 같이(**그림 12** line 28) state의 형태를 늘리지 않으면, **그림 12** line 31 (dist.sample())와 같이 dist에서 표본을 1개 추출하여 action에 저장하면 action의 형태는

torch.Size([ ])으로 0D가 되고 log_prob_action도 0D가 된다. 그 결과 logPi_list(**그림 12** line 87)는 0D인 log_prob_action을 원소로 가지는 리스트 되어서, 아래 코드를 실행할 때 error가 발생한다.

```
torch.cat(logPi_list) # error
```

8-2. loss의 수식을 변형하여 코드로 구현

위 **그림 8**에서 정의한 loss의 수식을 변형하여 코드로 구현한다. loss의 정의를 보면 다음과 같이 세 종류의 데이터 $\log \pi_\theta \left(a_t^{\text{epi}} \middle| s_t^{\text{epi}} \right)$, γ^ℓ, $r_{\ell+1}^{\text{epi}}$가 하나로 묶여 있는 수식이다.

$$\text{loss}(\theta) = -\sum_{t=0}^{T} \log \pi_\theta \left(a_t^{\text{epi}} \middle| s_t^{\text{epi}} \right) \sum_{\ell=t}^{T} \gamma^\ell r_{\ell+1}^{\text{epi}}$$

아래 **그림 9**($T=2$)의 과정을 따르면 하나로 묶여 있는 수식을 세 종류의 리스트 곱의 합으로 변형할 수 있다.

$$\text{loss}(\theta) = -\left\{ \begin{array}{l} \left[\log \pi_\theta \left(a_0 \middle| s_0 \right),\ \log \pi_\theta \left(a_1 \middle| s_1 \right),\ \log \pi_\theta \left(a_2 \middle| s_2 \right) \right] \\ * \left[\gamma^0, \gamma^1, \gamma^2 \right] \\ * \left[r_1^{\text{epi}} + \gamma^1 r_2^{\text{epi}} + \gamma^2 r_3^{\text{epi}},\ r_2^{\text{epi}} + \gamma^1 r_3^{\text{epi}},\ r_3^{\text{epi}} \right] \end{array} \right\}.\text{sum}(\ )$$

여기서 세 개 리스트를 각각 변수명 logPi_traj, gamma_traj, Rt_traj으로 저장하여 loss를 다음과 같이 코드로 구현한다.

$$\tau^{\text{episode}} = \left(s_0^{\text{epi}}, a_0^{\text{epi}}, r_1^{\text{epi}}, s_1^{\text{epi}}, a_1^{\text{epi}}, r_2^{\text{epi}}, s_2^{\text{epi}}, a_2^{\text{epi}}, r_3^{\text{epi}} \right)$$

학습데이터

$$\left\{ \begin{array}{l} \text{logPi\_list} = \left[\log \pi_\theta \left(a_0^{\text{epi}} \middle| s_0^{\text{epi}} \right),\ \log \pi_\theta \left(a_1^{\text{epi}} \middle| s_1^{\text{epi}} \right),\ \log \pi_\theta \left(a_2^{\text{epi}} \middle| s_2^{\text{epi}} \right) \right] \\ \text{reward\_list} = \left[r_1^{\text{epi}}, r_2^{\text{epi}}, r_3^{\text{epi}} \right] \end{array} \right.$$

$$
\begin{aligned}
\text{loss}(\theta) &= -\sum_{t=0}^{2} \log \pi_\theta \left(a_t^{\text{epi}} \middle| s_t^{\text{epi}} \right) \sum_{\ell=t}^{2} \gamma^\ell r_{\ell+1}^{\text{epi}} \\
&= -\left\{ \begin{aligned} &\log \pi_\theta \left(a_0 | s_0 \right) \sum_{\ell=0}^{2} \gamma^\ell r_{\ell+1}^{\text{epi}} \\ &+ \log \pi_\theta \left(a_1 | s_1 \right) \sum_{\ell=1}^{2} \gamma^\ell r_{\ell+1}^{\text{epi}} \\ &+ \log \pi_\theta \left(a_2 | s_2 \right) \sum_{\ell=2}^{2} \gamma^\ell r_{\ell+1}^{\text{epi}} \end{aligned} \right\} \\
&= -\left\{ \begin{aligned} &\log \pi_\theta \left(a_0 | s_0 \right) \left(\gamma^0 r_1^{\text{epi}} + \gamma^1 r_2^{\text{epi}} + \gamma^2 r_3^{\text{epi}} \right) \\ &+ \log \pi_\theta \left(a_1 | s_1 \right) \left(\gamma^1 r_2^{\text{epi}} + \gamma^2 r_3^{\text{epi}} \right) \\ &+ \log \pi_\theta \left(a_2 | s_2 \right) \left(\gamma^2 r_3^{\text{epi}} \right) \end{aligned} \right\} \\
&= -\left\{ \begin{aligned} &\log \pi_\theta \left(a_0 | s_0 \right) \gamma^0 \left(r_1^{\text{epi}} + \gamma^1 r_2^{\text{epi}} + \gamma^2 r_3^{\text{epi}} \right) \\ &+ \log \pi_\theta \left(a_1 | s_1 \right) \gamma^1 \left(r_2^{\text{epi}} + \gamma^1 r_3^{\text{epi}} \right) \\ &+ \log \pi_\theta \left(a_2 | s_2 \right) \gamma^2 \left(r_3^{\text{epi}} \right) \end{aligned} \right\} \\
&= -\left\{ \begin{aligned} &\log \pi_\theta \left(a_0 | s_0 \right) \gamma^0 \left(r_1^{\text{epi}} + \gamma^1 r_2^{\text{epi}} + \gamma^2 r_3^{\text{epi}} \right) \\ &, \log \pi_\theta \left(a_1 | s_1 \right) \gamma^1 \left(r_2^{\text{epi}} + \gamma^1 r_3^{\text{epi}} \right) \\ &, \log \pi_\theta \left(a_2 | s_2 \right) \gamma^2 \left(r_3^{\text{epi}} \right) \end{aligned} \right\} .\text{sum}(\ ) \\
&= -\left\{ \begin{aligned} &\left[\log \pi_\theta \left(a_0 | s_0 \right),\ \log \pi_\theta \left(a_1 | s_1 \right),\ \log \pi_\theta \left(a_2 | s_2 \right) \right] \\ &* \left[\gamma^0, \gamma^1, \gamma^2 \right] \\ &* \left[r_1^{\text{epi}} + \gamma^1 r_2^{\text{epi}} + \gamma^2 r_3^{\text{epi}},\ r_2^{\text{epi}} + \gamma^1 r_3^{\text{epi}},\ r_3^{\text{epi}} \right] \end{aligned} \right\} .\text{sum}(\ ) \\
&= -\left(\text{logPi\_traj} * \text{gamma\_traj} * \text{Rt\_traj} \right).\text{sum}(\ )
\end{aligned}
$$

그림 9. 손실 코딩에 사용하는 이미지

손실(loss)을 아래 **그림 10**의 line 24와 같이 파라미터 업데이트 함수의 내부에서 정의한다. logPi_traj, gamma_traj, Rt_traj는 각각 1차원 tensor로 이들을 곱하면 대응하는 성분의 곱으로 이루어진 1차원 tensor가 된다. 예를 들면, 다음과 같다.

torch.tensor([1., 2.])*torch.tensor([3., 3.]) = torch.tensor([3., 6.])

그림 10의 line 22에서 Rt_traj를 만들 때 리스트 Rts(lines 12, 14, 15, 17, 18)를 사용했다. Line 18에 있는 Rts.insert(0,R)는 Rts의 0번째 index 위치에 R을 추가하는 코드이다. 예를 들면 다음과 같다.

```
temp=[ ]; temp.insert(0,1); print(temp) # [1]
temp.insert(0,2); print(temp) # [2,1]
```

```
1 def update(logPias_list, reward_list):
2   # 경험 (s0,a0,R1,s1,a1,R2,s2,a2,R3)
3   # logPi_list = [ tensor([logPi(a0|s0)]), tensor([logPi(a1|s1)]), tensor([logPi(a2|s2)]) ]
4   # reward_list = [R1, R2, R3]
5
6   logPi_traj = torch.cat(logPi_list) # requires_grad=True
7   # tensor([logPi(a0|s0), logPi(a1|s1), logPi(a2|s2)])
8
9   # 할인율 모음 gammas=[g^0, g^1, g^2]
10  # 보상 합 모음 Rts=[R1+g*R2+g^2*R3, R2+g*R2, R3]
11  gammas = []
12  Rts = []
13  t=0
14  R = 0
15  for reward in reversed(reward_list):
16    gammas.append(gamma**t)
17    R = reward + gamma * R
18    Rts.insert(0, R) # insert R at the beginning (index 0)
19    t+=1
20
21  gamma_traj = torch.tensor(gammas) # requires_grad = False
22  Rt_traj = torch.tensor(Rts) # requires_grad = False
23
24  loss=-(logPi_traj*gamma_traj*Rt_traj).sum()
25  optimizer.zero_grad()
26  loss.backward()
27  optimizer.step()
```

그림 10

9 전체 코드

그림 11은 전체 코드를 실행했을 때의 학습 과정을 나타낸다.

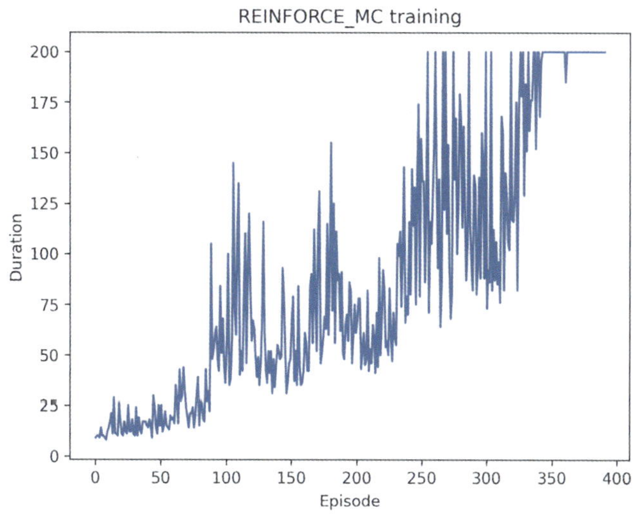

그림 11

전체 코드를 아래와 같은 과정으로 구현한다.

#1. 정책 신경망 정의(**그림** 12 line 12~21)

그림 5를 이용하여 신경망을 코드로 구현한다. 신경망의 입력은 환경의 상태이고 출력은 각 행동을 선택할 확률이다.

#2. 정책 함수(select_action) 정의(line 26~33)

입력은 상태(state)이고 return은 선택한 행동과 이를 선택할 확률의 log 값이다(**그림** 6). 위 코드 설명 8-1과 같은 이유로 1차원 상태를 2차원 상태로 만들고 이를 정책 신경망에 대입한다. 신경망의 출력인 행동의 확률(action_probs)로 확률분포(dist)를 만들어 행동 a를 추출하고(dist.sample( )), 정책 신경망 출력에서 a를 선택할 확률의 log 값(log_prob_action)을 반환한다.

#3. 파라미터 update 함수 정의(line 38~64)

그림 7에서 설명한 logPi_list와 reward_list가 입력이고, 이를 사용하여 **그림 9**의 loss를 정의한 후, 정책 신경망의 파라미터를 업데이트한다. loss를 정의할 때 사용한 logPi_traj의 requires_grad는 True이지만 gamma_traj과 Rt_traj는 False이므로 loss의 그래디언트를 구할 때, gamma_traj과 Rt_traj는 상수가 된다.

#4. main(line 73~103)

```
for 에피소드_인덱스 in range(num_episodes):
  logPi_list와 reward_list에 빈(empty) 리스트 저장
  state에 환경의 초기 상태 저장
  # 200은 한 에피소드에서 CartPole이 이동 가능한 최대 횟수
  for 이동_인덱스 in range(200):
    state를 select_action 함수에 입력하여 action과 log_prob_action을 반환받기
    action을 환경에 입력하여 다음 상태, 보상, 종료여부(done)를 반환받기
    logPi_list에 log_prob_action 저장
    reward_list에 보상 저장
    done=True이면 이동 횟수를 append하고 for문 종료
    환경의 다음 상태를 state로 저장
  logPi_list와 reward_list를 update 함수에 입력하여 파라미터를 업데이트
  이동 횟수 200번이 연속해서 30회이면 학습을 종료
```

전체 코드를 구현하면 다음과 같다.

```
import statistics, torch, torch.nn as nn, torch.optim as optim, warnings, numpy as np
import torch.nn.functional as F, torch.distributions as distributions, matplotlib.pyplot as plt
import gym, time; from itertools import groupby; from tqdm import tqdm
warnings.filterwarnings('ignore')
# gym(0.25.2)는 np.bool8을 사용. numpy(2.0.2)는 np.bool8 대신 np.bool_를 사용
np.bool8 = np.bool_

env = gym.make("CartPole-v0")
gamma = 0.99 # discount factor

##### 1. 정책 신경망: 그림5
class Policy_net(nn.Module):
 def __init__(self):
  super().__init__()
  self.input_layer = nn.Linear(4, 32)
  self.output_layer = nn.Linear(32, 2)
 def forward(self, state):
  x = F.selu(self.input_layer(state))
  action_logits = self.output_layer(x)
  action_probs = F.softmax(action_logits, dim = -1)
  return action_probs

policy_net=Policy_net()

##### 2. 정책 함수: 상태를 입력받아 샘플링한 행동과 로그 확률을 반환: 그림6
def select_action(state):
 # state: numpy.ndarray (4,)
 state = torch.FloatTensor(state).unsqueeze(0) # torch.Size([1, 4])
 action_probs = policy_net(state) # torch.Size([1, 2])
 dist = distributions.Categorical(action_probs)
 action = dist.sample() # torch.Size([1])
 log_prob_action = dist.log_prob(action) # torch.Size([1])
 return action.item(), log_prob_action

##### 3. 파라미터 업데이트 함수: 그림7, 8
optimizer = optim.Adam(policy_net.parameters(), lr=0.005)

def update(logPi_list, reward_list):
 # 경험 (s0,a0,R1,s1,a1,R2,s2,a2,R3)
 # logPi_list = [ tensor([logPi(a0|s0)]), tensor([logPi(a1|s1)]), tensor([logPi(a2|s2)]) ]
 # reward_list = [R1, R2, R3]

 logPi_traj = torch.cat(logPi_list) # requires_grad=True
 # tensor([logPi(a0|s0), logPi(a1|s1), logPi(a2|s2)])

 # 할인율 모음 gammas=[g^0, g^1, g^2]
 # 보상 합 모음 Rts=[R1+g*R2+g^2*R3, R2+g*R2, R3]
 gammas = []
```

```
    Rts = []
    t=0
    R = 0
    for reward in reversed(reward_list):
        gammas.append(gamma**t)
        R = reward + gamma * R
        Rts.insert(0, R) # insert R at the beginning (index 0)
        t+=1

    gamma_traj = torch.tensor(gammas) # requires_grad = False
    Rt_traj = torch.tensor(Rts) # requires_grad = False

    loss=-(logPi_traj*gamma_traj*Rt_traj).sum()
    optimizer.zero_grad()
    loss.backward()
    optimizer.step()

# 30번 연속해서 만점을 받으면 학습 종료할 때 사용할 함수
# 리스트 lst의 처음 요소부터 시작하여 순차적으로 연속된 정수를 그룹화하고 각 그룹의 길이를 계산
def consecutive_length(lst): # see [참고]
    return [len(list(group)) for _, group in groupby(enumerate(lst),
                                  lambda i_x:i_x[0]-i_x[1])]

##### 4. main
episode_durations = []# 각 episode에서 CartPole을 움직인 횟수(최대 횟수는 200)를 담는 변수
movement200=[] # 움직인 횟수가 최대횟수 200인 episode_idx를 담는 변수
num_episodes = 5000 # 최대 episode
t0 = time.time()

for episode in range(num_episodes):
    # 학습데이터: 그림7
    logPi_list=[]
    reward_list = []
    # env 상태 초기화
    state = env.reset()
    for i_movement in range(200):
        action, log_prob_action = select_action(state)
        new_state, reward, done, _ = env.step(action)
        logPi_list.append(log_prob_action)
        reward_list.append(reward)
        if done:
            episode_durations.append(i_movement+1)
            movement_end=i_movement+1
            break
        state = new_state

    # 파라미터 업데이트
    update(logPi_list, reward_list)
```

```

 # episode 종료 조건
 if movement_end==200:
  movement200.append(episode)
  print(episode,',',max(consecutive_length(movement200)))
  if max(consecutive_length(movement200))>=30:
   break

t1 = time.time()
print("Training time: {}min".format(round((t1-t0)/60,2)))

plt.title('REINFORCE_MC training')
plt.ylabel('Duration')
plt.xlabel('Episode')
plt.plot(episode_durations)
plt.savefig('REINFORCE_MC training.png', dpi=300, bbox_inches='tight')

##### 5. 검증
policy_net.eval()
scores=[]
with torch.no_grad():
 for i_episode in tqdm(range(50)):
  state = env.reset()
  done=False
  t=0
  while not done:
   t +=1
   with torch.no_grad():
    action_prob=policy_net(torch.tensor(state, dtype=torch.float32))
   action = torch.argmax(action_prob, dim = -1)
   next_state, _, done, _ = env.step(action.item())
   state = next_state
   if done:
    scores.append(t)
    if t!=200:
     print(t)
print('검증: ', statistics.mean(scores))
print('Standard Deviation: ', statistics.stdev(scores))
```

그림 12. Colab에서 test한 코드이고, 주요 패키지 버전은 머리말 참고

10 부록

문자 θ는 정책 신경망의 파라미터이고, $\tau = (s_0, a_0, r_1, s_2, \cdots, s_T, a_T, r_{T+1})$는 정책 π_θ를 따르는 경로(trajectory)이다. T는 $T(\tau)$와 같이 τ에 의존하지만 편의상 T로 나타낸다. $R(s_t, a_t, s_{t+1})$는 환경의 상태 s_t에서 행동 a_t를 할 때, 다음 상태가 s_{t+1}가 되어 받은 보상이다. 하나의 에피소드(episode)에서 얻은 경로와 정책 신경망의 학습데이터가 다음과 같다고 하자.

$$\tau^{\text{episode}} = \left(s_0^{\text{epi}}, a_0^{\text{epi}}, r_1^{\text{epi}}, s_1^{\text{epi}}, \cdots, s_T^{\text{epi}}, a_T^{\text{epi}}, r_{T+1}^{\text{epi}}\right)$$

$$\begin{cases} \text{logPi\_list} = \left[\log \pi_\theta\left(a_0^{\text{epi}} \middle| s_0^{\text{epi}}\right), \cdots, \log \pi_\theta\left(a_T^{\text{epi}} \middle| s_T^{\text{epi}}\right)\right] \\ \text{reward\_list} = \left[r_1^{\text{epi}}, \cdots, r_{T+1}^{\text{epi}}\right] \end{cases}$$

부록: 문제 1 다음이 성립함을 증명하시오(Policy Gradient Theorem).

$$\begin{aligned} \nabla_\theta J(\theta) &= \nabla_\theta E_{\tau \sim \pi_\theta}\left[\sum_{t=0}^{T} \gamma^t R(s_t, a_t, s_{t+1})\right] \\ &= E_{\tau \sim \pi_\theta}\left[\sum_{t=0}^{T} \nabla_\theta \log \pi_\theta(a_t | s_t) \sum_{\ell=t}^{T} \gamma^\ell R(s_\ell, a_\ell, s_{\ell+1})\right] \\ &\approx \sum_{t=0}^{T} \underbrace{\nabla_\theta \log \pi_\theta\left(a_t^{\text{epi}} \middle| s_t^{\text{epi}}\right)}_{\text{policy gradient}} \sum_{\ell=t}^{T} \gamma^\ell r_{\ell+1}^{\text{epi}} \end{aligned}$$

증명 상태와 행동이 모두 유한개(finite Markov Decision Process)이고 경로의 길이도 유한(finite horizon MDP)인 경우에 대하여 증명하자. 이 경우 경로도 유한개가 되므로 경로 τ에 대한 평균 $E_{\tau \sim \pi_\theta}$을 적분 $\int$이 아닌 합 Σ으로 계산한다.

평균 $E_{\tau \sim \pi_\theta}$을 계산할 때, 적분을 이용한 증명은 아래 사이트를 참고한다.

https://spinningup.openai.com/en/latest/spinningup/rl_intro3.html#id16

편의를 위하여 다음과 기호를 모두 사용한다.

$$R(\tau)=\sum_{t=0}^{T}\gamma^t R(s_t,a_t,s_{t+1})=\sum_{t=0}^{T}\gamma^t R_{t+1}$$

확률변수 $R(\tau)$의 값을 $r(\tau)=\sum_{t=0}^{T}\gamma^t r_{t+1}$ 라고 하면(γ는 할인율) 다음이 성립한다.

$$\begin{aligned}\nabla_\theta J(\theta)&=\nabla_\theta E_{\tau\sim\pi_\theta}\left[\sum_{t=0}^{T}\gamma^t R(s_t,a_t,s_{t+1})\right]\\&=\nabla_\theta E_{\tau\sim\pi_\theta}\left[R(\tau)\right]=\nabla_\theta\sum\nolimits_\tau r(\tau)P_{\pi_\theta}(\tau)\\&=\sum\nolimits_\tau r(\tau)\nabla_\theta P_{\pi_\theta}(\tau)\\&=\sum\nolimits_\tau r(\tau)P_{\pi_\theta}(\tau)\frac{\nabla_\theta P_{\pi_\theta}(\tau)}{P_{\pi_\theta}(\tau)}\\&=\sum\nolimits_\tau r(\tau)P_{\pi_\theta}(\tau)\nabla_\theta\log P_{\pi_\theta}(\tau)\end{aligned}\tag{1}$$

여기서 확률 $P_{\pi_\theta}(\tau)$는 다음과 같다.

$$\begin{aligned}P_{\pi_\theta}(\tau)&=P_{\pi_\theta}(s_0,a_0,s_1,\cdots,s_T,a_T,s_{T+1})\\&=P(s_0)\left\{\pi_\theta(a_0|s_0)P(s_1|s_0,a_0)\right\}\cdots\left\{\pi_\theta(a_T|s_T)P(s_{T+1}|s_T,a_T)\right\}\end{aligned}$$

식 (1)에서 $\nabla_\theta\log P_{\pi_\theta}(\tau)$를 계산해 보자.

$$\begin{aligned}&\nabla_\theta\log P_{\pi_\theta}(\tau)\\&=\nabla_\theta\log\left\{\begin{matrix}P(s_0)\pi_\theta(a_0|s_0)P(s_1|s_0,a_0)\pi_\theta(a_1|s_1)\\\cdots\pi_\theta(a_T|s_T)P(s_{T+1}|s_T,a_T)\end{matrix}\right\}\\&=\nabla_\theta\left\{\begin{matrix}\log P(s_0)+\log\pi_\theta(a_0|s_0)+\log P(s_1|s_0,a_0)+\log\pi_\theta(a_1|s_1)\\+\cdots+\log\pi_\theta(a_T|s_T)+\log P(s_{T+1}|s_T,a_T)\end{matrix}\right\}\\&=0+\left\{\begin{matrix}\nabla_\theta\log\pi_\theta(a_0|s_0)+0+\nabla_\theta\log\pi_\theta(a_1|s_1)\\+\cdots+\nabla_\theta\log\pi_\theta(a_T|s_T)+0\end{matrix}\right\}\\&=\sum_{t=0}^{T}\nabla_\theta\log\pi_\theta(a_t|s_t)\end{aligned}\tag{2}$$

식 (2)를 식 (1)에 대입하면 다음과 같이 우리가 원하는 결과를 얻는다.

$$\begin{aligned}
\nabla_\theta J(\theta) &= \sum\nolimits_\tau r(\tau) P_{\pi_\theta}(\tau) \nabla_\theta \log P_{\pi_\theta}(\tau) \\
&= \sum\nolimits_\tau r(\tau) P_{\pi_\theta}(\tau) \sum_{t=0}^{T} \nabla_\theta \log \pi_\theta(a_t|s_t) \\
&= E_{\tau\sim\pi_\theta}\left[R(\tau) \sum_{t=0}^{T} \nabla_\theta \log \pi_\theta(a_t|s_t) \right] \\
&= E_{\tau\sim\pi_\theta}\left[\sum_{t=0}^{T} \nabla_\theta \log \pi_\theta(a_t|s_t) R(\tau) \right] \\
&= E_{\tau\sim\pi_\theta}\left[\sum_{t=0}^{T} \nabla_\theta \log \pi_\theta(a_t|s_t) \left\{ \sum_{\ell=0}^{T} \gamma^\ell R_{\ell+1} \right\} \right] \\
&= E_{\tau\sim\pi_\theta}\left[\sum_{t=0}^{T} \nabla_\theta \log \pi_\theta(a_t|s_t) \left\{ \sum_{\ell=t}^{T} \gamma^\ell R_{\ell+1} \right\} \right] \\
&\qquad \langle \because \text{아래 부록 문제 2, 부록 문제 3} \\
&\approx \sum_{t=0}^{T} \nabla_\theta \log \pi_\theta\left(a_t^{\text{epi}} \middle| s_t^{\text{epi}}\right) \sum_{\ell=t}^{T} \gamma^\ell r_{\ell+1}^{\text{epi}}
\end{aligned}$$

Q.E.D.

부록: 문제 2 다음이 성립함을 증명하시오.

$$\underset{a_t\sim\pi_\theta}{E}\left[\nabla_\theta \log \pi_\theta(a_t|s_t) \right] = 0$$

증명

$$\begin{aligned}
&\underset{a_t\sim\pi_\theta}{E}\left[\nabla_\theta \log \pi_\theta(a_t|s_t) \right] \\
&= \sum_{a_t} \pi_\theta(a_t|s_t) \nabla_\theta \log \pi_\theta(a_t|s_t) \\
&= \sum_{a_t} \pi_\theta(a_t|s_t) \frac{\nabla_\theta \pi_\theta(a_t|s_t)}{\pi_\theta(a_t|s_t)} \\
&= \sum_{a_t} \nabla_\theta \pi_\theta(a_t|s_t) = \nabla_\theta \sum_{a_t} \pi_\theta(a_t|s_t) = \nabla_\theta 1 = 0
\end{aligned}$$

Q.E.D.

부록: 문제 3 다음이 성립함을 증명하시오.

$$\underset{\tau\sim\pi_\theta}{E}\left[\nabla_\theta \log\pi_\theta\left(a_t|s_t\right)R\left(s_\ell,a_\ell,s_{\ell+1}\right)\right]=0 \ \left(\ell<t\right) \tag{3}$$

증명 식 (3)의 기댓값 내부에 $s_t, a_t, s_\ell, a_\ell, s_{\ell+1}$ 만 있으므로 경로 τ 를 $s_t, a_t, s_\ell,$ $a_\ell, s_{\ell+1}$ 과 τ^* 로 분할하면 다음이 성립한다.

$$\begin{aligned}
&\underset{\tau\sim\pi_\theta}{E}\left[\nabla_\theta \log\pi_\theta\left(a_t|s_t\right)R\left(s_\ell,a_\ell,s_{\ell+1}\right)\right]\\
&=\sum_{\tau}P\left(\tau|\pi_\theta\right)\nabla_\theta \log\pi_\theta\left(a_t|s_t\right)R\left(s_\ell,a_\ell,s_{\ell+1}\right)\\
&=\sum_{s_t,a_t,s_\ell,a_\ell,s_{\ell+1},\tau^*}\begin{Bmatrix}P\left(s_t,a_t,s_\ell,a_\ell,s_{\ell+1}|\pi_\theta\right)\\ P\left(\tau^*|\pi_\theta,s_t,a_t,s_\ell,a_\ell,s_{\ell+1}\right)\end{Bmatrix}\nabla_\theta \log\pi_\theta\left(a_t|s_t\right)R\left(s_\ell,a_\ell,s_{\ell+1}\right)\\
&=\sum_{s_t,a_t,s_\ell,a_\ell,s_{\ell+1}}P\left(s_t,a_t,s_\ell,a_\ell,s_{\ell+1}|\pi_\theta\right)\nabla_\theta \log\pi_\theta\left(a_t|s_t\right)R\left(s_\ell,a_\ell,s_{\ell+1}\right)\\
&\qquad\times\sum_{\tau^*}P\left(\tau^*|\pi_\theta,s_t,a_t,s_\ell,a_\ell,s_{\ell+1}\right)\\
&=\sum_{s_t,a_t,s_\ell,a_\ell,s_{\ell+1}}P\left(s_t,a_t,s_\ell,a_\ell,s_{\ell+1}|\pi_\theta\right)\nabla_\theta \log\pi_\theta\left(a_t|s_t\right)R\left(s_\ell,a_\ell,s_{\ell+1}\right)\times 1\\
&=\underset{s_t,a_t,s_\ell,a_\ell,s_{\ell+1}\sim\pi_\theta}{E}\left[\nabla_\theta \log\pi_\theta\left(a_t|s_t\right)R\left(s_\ell,a_\ell,s_{\ell+1}\right)\right]
\end{aligned} \tag{4}$$

식 (4)에 있는 마지막 등호의 우변을 계산하기 위하여 편의상 다음 기호를 사용하자.

$$\Psi=\nabla_\theta \log\pi_\theta\left(a_t|s_t\right)R\left(s_\ell,a_\ell,s_{\ell+1}\right) \tag{5}$$

이때, 다음이 성립한다.

$$
\begin{aligned}
&\underset{s_t,a_t,s_\ell,a_\ell,s_{\ell+1}\sim\pi_\theta}{E}\left[\nabla_\theta \log\pi_\theta\left(a_t|s_t\right)R\left(s_\ell,a_\ell,s_{\ell+1}\right)\right]\\
&=\sum_{s_t,a_t,s_\ell,a_\ell,s_{\ell+1}} P\left(s_t,a_t,s_\ell,a_\ell,s_{\ell+1}|\pi_\theta\right)\Psi\\
&=\sum_{s_t,a_t,s_\ell,a_\ell,s_{\ell+1}} P\left(s_\ell,a_\ell,s_{\ell+1}|\pi_\theta\right)P\left(s_t,a_t|\pi_\theta,s_\ell,a_\ell,s_{\ell+1}\right)\Psi\\
&=\sum_{s_\ell,a_\ell,s_{\ell+1}}\sum_{s_t,a_t} P\left(s_\ell,a_\ell,s_{\ell+1}|\pi_\theta\right)P\left(s_t,a_t|\pi_\theta,s_\ell,a_\ell,s_{\ell+1}\right)\Psi\\
&=\sum_{s_\ell,a_\ell,s_{\ell+1}} P\left(s_\ell,a_\ell,s_{\ell+1}|\pi_\theta\right)\sum_{s_t,a_t} P\left(s_t,a_t|\pi_\theta,s_\ell,a_\ell,s_{\ell+1}\right)\Psi\\
&=\sum_{s_\ell,a_\ell,s_{\ell+1}} P\left(s_\ell,a_\ell,s_{\ell+1}|\pi_\theta\right)\underset{s_t,a_t\sim\pi_\theta}{E}\left[\Psi|s_\ell,a_\ell,s_{\ell+1}\right]
\end{aligned}
\tag{6}
$$

식 (6)의 마지막에 식 (5)를 대입하면 다음이 성립한다.

$$
\begin{aligned}
&\underset{s_t,a_t,s_\ell,a_\ell,s_{\ell+1}\sim\pi_\theta}{E}\left[\nabla_\theta \log\pi_\theta\left(a_t|s_t\right)R\left(s_\ell,a_\ell,s_{\ell+1}\right)\right]\\
&=\underset{s_\ell,a_\ell,s_{\ell+1}\sim\pi_\theta}{E}\left[\underset{s_t,a_t\sim\pi_\theta}{E}\left[\nabla_\theta \log\pi_\theta\left(a_t|s_t\right)R\left(s_\ell,a_\ell,s_{\ell+1}\right)\middle|s_\ell,a_\ell,s_{\ell+1}\right]\right]\\
&=\underset{s_\ell,a_\ell,s_{\ell+1}\sim\pi_\theta}{E}\left[R\left(s_\ell,a_\ell,s_{\ell+1}\right)\underset{s_t,a_t\sim\pi_\theta}{E}\left[\nabla_\theta \log\pi_\theta\left(a_t|s_t\right)\middle|s_\ell,a_\ell,s_{\ell+1}\right]\right]
\end{aligned}
\tag{7}
$$

식 (7)의 마지막 등호의 내부에 있는 평균을 계산하면 다음과 같다.

$$
\begin{aligned}
&\underset{s_t,a_t\sim\pi_\theta}{E}\left[\nabla_\theta \log\pi_\theta\left(a_t|s_t\right)\middle|s_\ell,a_\ell,s_{\ell+1}\right]\\
&=\sum_{s_t,a_t} P\left(s_t,a_t|\pi_\theta,s_\ell,a_\ell,s_{\ell+1}\right)\nabla_\theta \log\pi_\theta\left(a_t|s_t\right)\\
&=\sum_{s_t,a_t} P\left(s_t|\pi_\theta,s_\ell,a_\ell,s_{\ell+1}\right)P\left(a_t|\pi_\theta,s_t,s_\ell,a_\ell,s_{\ell+1}\right)\nabla_\theta \log\pi_\theta\left(a_t|s_t\right)\\
&=\sum_{s_t,a_t} P\left(s_t|\pi_\theta,s_\ell,a_\ell,s_{\ell+1}\right)\pi_\theta\left(a_t|s_t\right)\nabla_\theta \log\pi_\theta\left(a_t|s_t\right)\langle\because \ell<t\\
&=\sum_{s_t} P\left(s_t|\pi_\theta,s_\ell,a_\ell,s_{\ell+1}\right)\sum_{a_t}\pi_\theta\left(a_t|s_t\right)\nabla_\theta \log\pi_\theta\left(a_t|s_t\right)\\
&=\sum_{s_t} P\left(s_t|\pi_\theta,s_\ell,a_\ell,s_{\ell+1}\right)\underset{a_t\sim\pi_\theta}{E}\left[\nabla_\theta \log\pi_\theta\left(a_t|s_t\right)\middle|s_t\right]
\end{aligned}
$$

따라서 다음이 성립한다.

$$
\begin{aligned}
& \underset{s_t, a_t \sim \pi_\theta}{E}\left[\nabla_\theta \log \pi_\theta\left(a_t \middle| s_t\right) \middle| s_\ell, a_\ell, s_{\ell+1}\right] \\
& =\sum_{s_t} P\left(s_t \middle| \pi_\theta, s_\ell, a_\ell, s_{\ell+1}\right) \underset{a_t \sim \pi_\theta}{E}\left[\nabla_\theta \log \pi_\theta\left(a_t \middle| s_t\right) \middle| s_t\right] \\
& = \underset{s_t \sim \pi_\theta}{E}\left[\underset{a_t \sim \pi_\theta}{E}\left[\nabla_\theta \log \pi_\theta\left(a_t \middle| s_t\right) \middle| s_t\right] \middle| s_\ell, a_\ell, s_{\ell+1}\right] \\
& = \underset{s_t \sim \pi_\theta}{E}\left[0 \middle| s_\ell, a_\ell, s_{\ell+1}\right] \langle \because \text{부록 문제 2} \\
& =0
\end{aligned}
\tag{8}
$$

식 (8)을 식 (7)에 대입하면 원하는 결과를 얻는다.

Q.E.D.

참고 적분을 이용한 [부록: 문제 3]의 증명은 아래 사이트에 있다.

https://spinningup.openai.com/en/latest/spinningup/extra_pg_proof1.html

부록: 알고리즘 REINFORCE_MC의 알고리즘에 대한 설명이다.

REINFORCE: Monte-Carlo Policy-Gradient Control (episodic)

1. Input: a differentiable policy parameterization $\pi(a|s,\theta)$
2. Algorithm parameter: step size $\alpha > 0$
3. Initialize policy parameter $\theta \in R^d$ (e.g., to 0)

4. Loop forever (for each episode):
5.   Generate an episode $(s_0, a_0, r_1, ..., s_T, a_T, r_{T+1})$, following $\pi(\cdot|\cdot,\theta)$
6.   Loop for each step of the episode $t = 0, 1, \cdots, T$:
7. $G \leftarrow \sum_{\ell=t}^{T} \gamma^{\ell-t} r_{\ell+1}$
8. $\theta \leftarrow \theta + \alpha\gamma^t G \nabla ln\pi(a_t|s_t,\theta)$

Line 1: $s, a, \theta, \pi\left(a \middle| s, \theta\right)$ 는 각각 상태, 상태 s에서 선택한 행동, 정책 신경망의 파라미터와 확률적 정책 $\pi_\theta\left(a \middle| s\right)$를 나타낸다.

Line 2: α는 학습률을 나타낸다.

Line 3: d는 정책 신경망의 파라미터(가중치와 편향치) 개수를 나타낸다.

Line 4: 아래와 같이 **그림 12**(전체 코드)의 line 78에 해당한다.

for episode in range(num_episodes):

Line 5: 한 에피소드 동안의 상태, 행동, 보상으로 학습데이터 logPi_list와 reward_list를 생성한다. 이는 **그림 12**의 line 84~93에 해당한다.

Line 6~8: 학습데이터 logPi_list와 reward_list를 사용하여 정책 신경망의 파라미터를 업데이트하는 과정이다. 이는 **그림 12**의 line 96에 해당한다.

제 2 장

REINFORCE-Baseline

REINFORCE Monte Carlo 방식으로 경로(trajectory)를 샘플링할 경우, 각 에피소드에서 얻게 되는 리턴의 편차가 크게 나타나 분산이 커지는(high variance) 문제가 발생할 수 있다. 이를 완화하기 위해 REINFORCE with baseline은 각 시점 t에서 상태 가치 함수(state-value function) $v_\phi(s_t)$와 같은 베이스라인(baseline)을 리턴 $\sum_{\ell=t}^{T}\gamma^\ell R_{\ell+1}$에서 뺀다. 그 결과 분산을 감소시키는 경향이 있어서 학습의 안정성을 높일 수 있다. 즉, 아래 두 식 (1)과 (2)를 각각 REINFORCE_MC와 REINFORCE with baseline의 분산이라 할 때, 식 (2)가 (1)보다 작아지는 경향이 있다([부록: 분산 감소] 참고).

$$\text{var}\left[\nabla_\theta \log \pi_\theta(a_t|s_t)\sum_{\ell=t}^{T}\gamma^\ell R_{\ell+1}\right] \tag{1}$$

$$\text{var}\left[\nabla_\theta \log \pi_\theta(a_t|s_t)\left\{\left(\sum_{\ell=t}^{T}\gamma^\ell R_{\ell+1}\right) - v_\phi(s_t)\right\}\right] \tag{2}$$

여기서 $v_\phi(s_t)$는 상태 가치 신경망으로 구하는 값이다. REINFORCE with baseline을 REINFORCE_BL이라고 할 때, **그림 1**과 같이 REINFORCE_MC과 다른 점은 크리틱 신경망(상태 가치를 구하는 신경망)있다.

	Observation space (관측값 공간)	action space (행동 공간)	Actor (액터)	Critic (크리틱)
DQN	연속 또는 이산	이산	없음	있음
REINFORCE_MC	연속 또는 이산	연속 또는 이산	있음	없음
REINFORCE_BL	연속 또는 이산	연속 또는 이산	있음	있음

그림 1

이제 정책 신경망과 가치 신경망을 가지는 REINFORCE_BL에 대하여 알아보자.

1 용어 설명과 구성 요소

정책 신경망의 목적함수 $J(\theta)$ 의 그래디언트를 구할 때, **그림** 2와 같이 베이스라인 (baseline) $b(s_t)$ 과 상태 가치 베이스라인 $v_\phi(s_t)$ 를 사용한다.

$$
\begin{aligned}
\nabla_\theta J(\theta) &= \nabla_\theta E_{\tau\sim\pi_\theta}\left[\sum_{t=0}^{T}\gamma^t R(s_t,a_t,s_{t+1})\right] \\
&= \underset{\tau\sim\pi_\theta}{E}\left[\sum_{t=0}^{T}\nabla_\theta \log\pi_\theta(a_t|s_t)\sum_{\ell=t}^{T}\gamma^\ell R(s_\ell,a_\ell,s_{\ell+1})\right] \\
&= \underset{\tau\sim\pi_\theta}{E}\left[\sum_{t=0}^{T}\nabla_\theta \log\pi_\theta(a_t|s_t)\left\{\left(\sum_{\ell=t}^{T}\gamma^\ell R(s_\ell,a_\ell,s_{\ell+1})\right)-\underbrace{b(s_t)}_{\text{baseline}}\right\}\right] \\
&\approx \sum_{t=0}^{T}\underbrace{\nabla_\theta \log\pi_\theta\left(a_t^{\text{epi}}\middle|s_t^{\text{epi}}\right)}_{\text{policy gradient}}\left\{\overbrace{\underbrace{\sum_{\ell=t}^{T}\gamma^\ell r_{\ell+1}^{\text{epi}}}_{\text{return}}-\underbrace{v_\phi\left(s_t^{\text{epi}}\right)}_{\substack{\text{상태가치}\\ \text{baseline}}}}^{\text{Advantage}}\right\} \\
&\quad \langle \because b(s_t)=v_\phi(s_t)
\end{aligned}
$$

그림 2

여기서 베이스라인은 시각 t 에서의 상태 s_t 에만 의존하는 임의의 함수로, 두 번째와 세 번째 등호를 비교하면 베이스라인이 평균에 영향을 주지 않음을 알 수 있다([부록: 베이스라인] 참고). 즉, **그림** 2에서 아래 식은 $\nabla_\theta J_{\text{policy}}(\theta)$ 의 불편 추정량(unbiased estimator)임을 알 수 있다.

$$
\sum_{t=0}^{T}\nabla_\theta \log\pi_\theta(a_t|s_t)\left\{\left(\sum_{\ell=t}^{T}\gamma^\ell R(s_\ell,a_\ell,s_{\ell+1})\right)-\underbrace{b(s_t)}_{\text{baseline}}\right\}
$$

그림 2에서 근사식은 상태 가치가 베이스라인으로, $v_\phi(s_t)$ 는 상태 가치 신경망(파라미터 ϕ)으로 구한다. 반환(return)과 상태 가치 baseline은 각각 행동 가치와 상태 가치의 근삿값에 해당하므로 두 근삿값의 차이를 advantage라고 할 수 있다. 베이스

라인의 역할은 리턴(return)의 분산을 감소시키기 위하여 사용임을 기억하자.

REINFORCE_MC와 REINFORCE_BL의 구성 요소는 **그림 3**과 같이 두 가지가 다르다. 하나는 REINFORCE_BL의 학습데이터에는 상태를 수집한 리스트 $[s_0, \cdots, s_T]$가 있고, 다른 하나는 가치 신경망 Value_net이 있다는 점이다. Value_net의 입력은 $[s_0, \cdots, s_T]$가 되고 출력은 상태 가치가 되어 Policy-net을 학습할 때 사용한다. 나머지 설명은 제1장의 REINFORCE_MC에 대한 설명으로 대신한다.

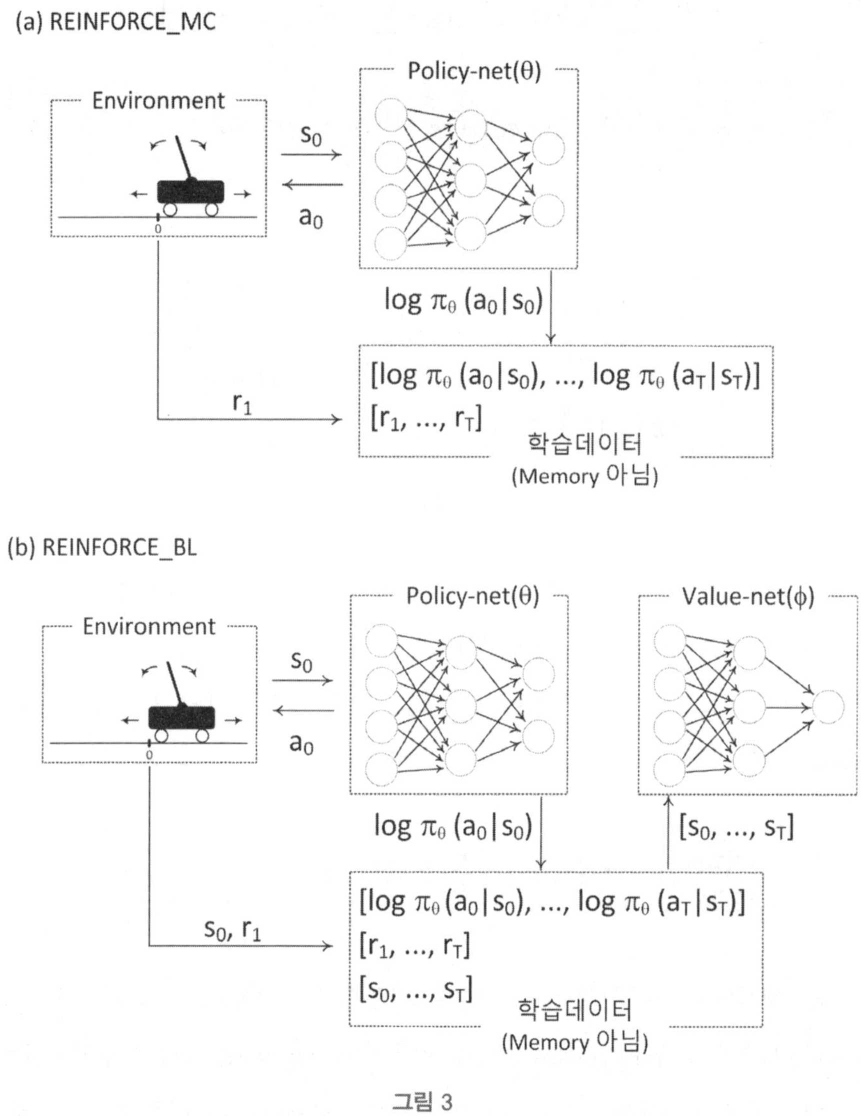

그림 3

2 신경망 구조

그림 4 (a)는 toy 정책 신경망 구조로, 이에 대한 설명은 REINFORCE_MC에 대한 설명으로 대신한다. (b)는 toy 가치 신경망으로 출력 노드는 1개이고 가지는 값은 베이스라인으로 사용할 상태 가치 $v_\phi(s)$ 이다.

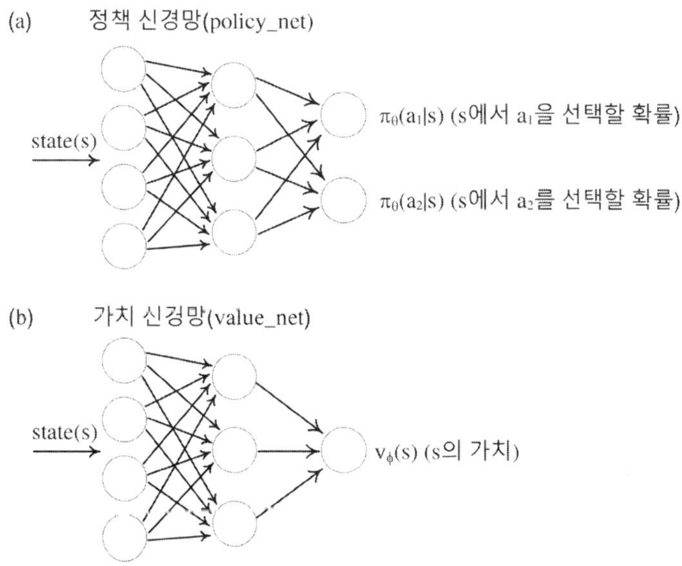

그림 4. 정책과 가치 신경망 클래스 코딩에 사용하는 이미지

3 정책(상태를 입력하면 행동 출력) 정의

그림 5와 같이 정책을 정할 때, 가치 신경망을 사용하지 않고 정책 신경망(policy_net)만을 사용하므로 REINFORCE_MC에 대한 설명으로 대신한다.

action_prob = policy_net(state)

action_prob = [$\pi_\theta(a_1|s)$, $\pi_\theta(a_2|s)$]

action	a_1	a_2
확률	$\pi_\theta(a_1\|s)$	$\pi_\theta(a_2\|s)$
log(확률)	$\log\pi_\theta(a_1\|s)$	$\log\pi_\theta(a_2\|s)$

표본추출 → ① a_1 , a_2 중 하나 a_i

↓

② $\log\pi_\theta(a_i|s)$

그림 5. 정책 코딩에 사용하는 이미지

4 학습데이터 정의

에피소드를 시작하면 REINFORCE_BL을 업데이트하는데 사용하는 log(확률적 정책), 보상과 상태를 **그림 6**와 같이 logPi_list, reward_list와 state_list에 append한다. 에피소드가 끝나면 학습데이터 logPi_list, reward_list와 state_list를 사용하여 정책 신경망과 가치 신경망을 업데이트한다.

$$\tau^{\text{episode}} = \left(s_0^{\text{epi}}, a_0^{\text{epi}}, r_1^{\text{epi}}, s_1^{\text{epi}}, \cdots, s_T^{\text{epi}}, a_T^{\text{epi}}, r_{T+1}^{\text{epi}}\right)$$

$$\xrightarrow{\text{학습데이터}} \begin{cases} \text{logPi\_list=}\left[\log \pi_\theta\left(a_0^{\text{epi}} \middle| s_0^{\text{epi}}\right), \cdots, \log \pi_\theta\left(a_T^{\text{epi}} \middle| s_T^{\text{epi}}\right)\right] \\ \text{reward\_list} = \left[r_1^{\text{epi}}, \cdots, r_{T+1}^{\text{epi}}\right] \\ \text{state\_list} = \left[s_0^{\text{epi}}, \cdots, s_T^{\text{epi}}\right] \end{cases}$$

그림 6. 학습데이터 코딩에 사용하는 이미지

나머지 설명은 REINFORCE_MC에 대한 설명으로 대신한다.

5 손실 정의

아래 **그림 7**의 ①~③을 보면, 정책 신경망을 업데이트할 때 사용하는 손실($\text{loss}_{\text{policy}}$)은 다음과 같다. 수식 ②에 대한 증명은 제1장의 [부록: 문제 1]과 제2장의 [부록: 베이스라인]으로 대신한다.

$$\text{loss}_{\text{policy}}(\theta) = -\sum_{t=0}^{T} \log \pi_\theta\left(a_t^{\text{epi}} \middle| s_t^{\text{epi}}\right) \left\{\left(\sum_{\ell=t}^{T} \gamma^\ell r_{\ell+1}^{\text{epi}}\right) - v_\phi\left(s_t^{\text{epi}}\right)\right\}$$

그림 7의 ④는 가치 신경망을 업데이트할 때 사용하는 가치 손실($\text{loss}_{\text{value}}$)이다.

$$\text{loss}_{\text{value}}(\phi) = \frac{1}{T+1} \sum_{t=0}^{T} \left\{\left(\sum_{\ell=t}^{T} \gamma^{\ell-t} r_{\ell+1}^{\text{epi}}\right) - v_\phi\left(s_t^{\text{epi}}\right)\right\}^2$$

상태 s_t 에서 가치 신경망(파라미터 ϕ)의 목표는 $v_\phi(s_t)$ 의 추정값이므로 target은 아래 ④와 같이 Bellman 기대 방정식으로 만든다. **그림 7**에 대한 나머지 설명은 REINFORCE_MC에 대한 설명으로 대신한다.

$$① \ \tau^{\text{episode}} = \left(s_0^{\text{epi}}, a_0^{\text{epi}}, r_1^{\text{epi}}, s_1^{\text{epi}}, \cdots, s_T^{\text{epi}}, a_T^{\text{epi}}, r_{T+1}^{\text{epi}}\right)$$

$$\text{학습데이터} \begin{cases} \text{logPi\_list} = \left[\log \pi_\theta\left(a_0^{\text{epi}} \middle| s_0^{\text{epi}}\right), \cdots, \log \pi_\theta\left(a_T^{\text{epi}} \middle| s_T^{\text{epi}}\right)\right] \\ \text{reward\_list} = \left[r_1^{\text{epi}}, \cdots, r_{T+1}^{\text{epi}}\right] \\ \text{state\_list} = \left[s_0^{\text{epi}}, \cdots, s_T^{\text{epi}}\right] \end{cases}$$

$$\begin{aligned} ② \ \nabla_\theta J_{\text{policy}}(\theta) &= \nabla_\theta E_{\tau\sim\pi_\theta}\left[\sum_{t=0}^{T} \gamma^t R(s_t, a_t, s_{t+1})\right] \\ &= \underset{\tau\sim\pi_\theta}{E}\left[\sum_{t=0}^{T} \nabla_\theta \log \pi_\theta(a_t|s_t)\left\{\left(\sum_{\ell=t}^{T} \gamma^\ell R(s_\ell, a_\ell, s_{\ell+1})\right) - b(s_t)\right\}\right] \\ &\approx \sum_{t=0}^{T} \nabla_\theta \log \pi_\theta\left(a_t^{\text{epi}} \middle| s_t^{\text{epi}}\right)\left\{\sum_{\ell=t}^{T} \gamma^\ell r_{\ell+1}^{\text{epi}} - v_\phi\left(s_t^{\text{epi}}\right)\right\} \left\langle \because b(s_t) = v_\phi(s_t)\right) \end{aligned}$$

$$③ \ \nabla_\theta \text{loss}_{\text{policy}}(\theta) \approx -\nabla_\theta J_{\text{policy}}(\theta)$$

$$\therefore \ \text{loss}_{\text{policy}}(\theta) = -\sum_{t=0}^{T} \log \pi_\theta\left(a_t^{\text{epi}} \middle| s_t^{\text{epi}}\right)\left\{\left(\sum_{\ell=t}^{T} \gamma^\ell r_{\ell+1}^{\text{epi}}\right) - v_\phi\left(s_t^{\text{epi}}\right)\right\}$$

$$\begin{aligned} ④ \ v_\theta(s_t) &= \sum_{a_t} \pi_\theta(a_t|s_t) q_\theta(s_t, a_t) \\ &= \sum_{a_t} \pi_\theta(a_t|s_t) \sum_{s_{t+1}} p(s_{t+1}|s_t, a_t)\left\{r_{t+1} + \gamma v_\theta(s_{t+1})\right\} \\ &\approx r_{t+1} + \gamma v_\theta(s_{t+1}) \\ &\approx \sum_{\ell=t}^{T} \gamma^{\ell-t} r_{\ell+1} \end{aligned}$$

$$\therefore \ \text{loss}_{\text{value}}(\theta) = \frac{1}{T+1}\sum_{t=0}^{T}\left\{\left(\sum_{\ell=t}^{T} \gamma^{\ell-t} r_{\ell+1}^{\text{epi}}\right) - v_\phi\left(s_t^{\text{epi}}\right)\right\}^2$$

그림 7. 정책과 가치 손실 코딩에 사용하는 이미지

6 파라미터 업데이트 함수

아래 순서로 코딩하여 신경망의 파라미터를 업데이트한다.

① 입력(독립변수)은 **그림 5**에서 설명한 logPi_list, reward_list와 state_list이다.

② logPi_list, reward_list와 state_list를 사용해 **그림 7**에서 설명한 손실($loss_{policy}$, $loss_{value}$)을 만든다.

③ $loss_{policy}$와 $loss_{value}$의 gradient를 구하여 파라미터 θ와 ϕ를 업데이트한다.

7 Main

지금까지 위에서 설명한 '신경망 클래스 코딩에 사용하는 이미지(**그림 4**)', '정책 코딩에 사용하는 이미지(**그림 5**)', '학습데이터 코딩에 사용하는 이미지(**그림 6**)'와 '손실 코딩에 사용하는 이미지(**그림 7**)'를 이용하여 아래 순서로 REINFORCE_BL를 코딩한다.

① 환경의 상태를 초기화한다.

② 환경의 현재 상태 s를 정책 신경망에 입력하여 행동 a와 logπ(a|s)를 출력으로 얻는다(**그림 4, 5**).

③ 행동을 환경에 입력하여, 환경으로부터 다음 상태, 보상, CartPole 이동 종료 여부(done)를 반환받는다

④ logπ(a|s), 보상, 상태를 logPi_list, reward_list, state_list에 저장한다(**그림 6**).

⑤ done=False이면 다음 상태를 현재 상태로 저장하여 ②~④를 반복한다. 그렇지 않으면 위의 '6. 파라미터 업데이트 함수'를 호출하여 policy_net과 value_net의 파라미터를 업데이트한다(**그림 7**).

8 코드 설명

그림 7에서 정의한 $loss_{policy}$의 수식을 변형하여 코드로 구현하게 된다. 아래 **그림 8**에서 네 개 리스트를 각각 변수명 Rt_traj, value_traj, logPi_traj, gamma_traj으로 저장

하여 $\text{loss}_{\text{policy}}$를 코드로 구현한다. 식의 변형에 대한 설명은 REINFORCE _MC를 참고한다.

$$\text{delta\_traj} = \left\{ \begin{array}{l} \left[r_1^{\text{epi}} + \gamma^1 r_2^{\text{epi}} + \gamma^2 r_3^{\text{epi}},\ r_2^{\text{epi}} + \gamma^1 r_3^{\text{epi}},\ r_3^{\text{epi}} \right] \\ -\left[v_\phi(s_0), v_\phi(s_1), v_\phi(s_2) \right] \end{array} \right\}.\text{detach}(\ )$$

$$\text{loss}_{\text{policy}} = -\left\{ \begin{array}{l} \left[\log \pi_\theta(a_0|s_0),\ \log \pi_\theta(a_1|s_1),\ \log \pi_\theta(a_2|s_2) \right] \\ *\left[\gamma^0, \gamma^1, \gamma^2 \right] \\ *\text{delta\_traj} \end{array} \right\}.\text{sum}(\ )$$

그림 8

delta_traj과 loss_policy에 대한 코드는 **그림 10**(전체 코드)의 line 87, 88에 있다.

```
delta_traj=(Rt_traj−value_traj).detach()
loss_policy=−(gamma_traj*delta_traj*logPi_traj).sum()
```

여기서 delta_traj에 .detach()를 사용함으로써 loss_policy의 그래디언트를 계산할 때, value_traj에 대한 그래디언트를 계산하지 않는다

그림 10의 line 77 : states=torch.tensor(np.stack(state_list, axis=0))

그림 10의 line 78 : value_traj = value_net(states).squeeze()

여기서 np.stack(state_list, axis=0)에 대한 설명은 다음 예제로 대신한다.

```
import numpy as np
state_list=[np.array([1.1, 1.2]),np.array([2.1, 2.2]), np.array([3.1, 3.2])]
npstack=np.stack(state_list, axis=0)
# npstack은 np.array([[1.1, 1.2], [2.1, 2.2], [3.1, 3.2]])이고
# shape은 (3,2)가 된다.
```

state_list는 리스트이고 type이 (2,)인 numpy.ndarray 원소를 3개 가지고 있다. axis=0에 의하여 npstack은 인덱스 0을 기준으로 3개 원소를 쌓게 된다. 그 결과 npstack의 형태(shape)은 (원소 개수, 원소의 형태)=(3,2)가 된다.

그림 7의 ④에서 정의한 loss_value에 대한 코드로 다음과 같다.

그림 10의 line 81 : loss_value=F.mse_loss(Rt_traj, value_traj)

9 전체 코드

그림 9는 전체 코드(**그림 10**)를 실행했을 때의 학습 과정을 나타낸다.

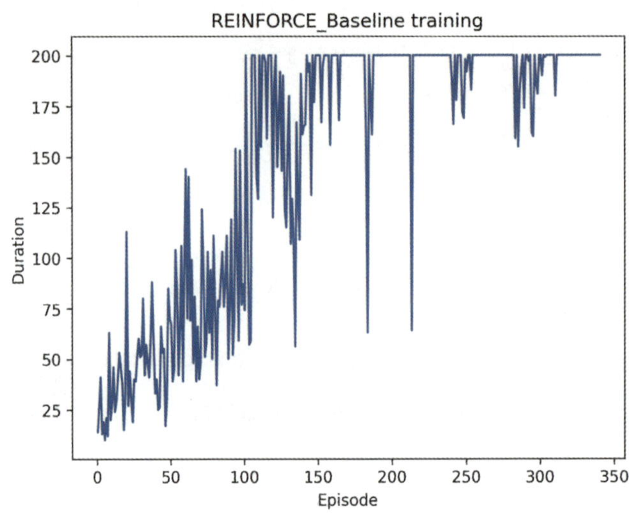

그림 9

전체 코드를 아래와 같은 과정으로 구현한다.

#1. 정책과 가치 신경망 정의(**그림 10** line 13~35)

그림 4를 이용하여 정책과 가치 신경망을 각각 코드로 구현한다. 정책 신경망의 입력은 환경의 상태이고 출력은 각 행동을 선택할 확률이다. 가치 신경망의 입력도 상태 s이고 출력은 상태 s의 가치이다.

#2. 정책 함수(select_action) 정의(line 40~48)

입력은 상태(state)이고 return은 선택한 행동과 이를 선택할 확률의 log 값이다(**그림 5**). 제1장의 '코드 설명 8-1'과 같은 이유로 1차원 상태를 2차원 상태로 만들고 이를 정책 신경망에 대입한다. 신경망의 출력인 행동의 확률(action_probs)로 확률분포(dist)를 만들어 행동 a를 추출하고(dist.sample( )), 정책 신경망 출력에서 a를 선택할 확률의 log 값(log_prob_action)을 반환한다.

#3. 파라미터 update 함수 정의(line 54~91)

그림 6에서 설명한 logPi_list, reward_list와 state_list가 입력이고, 이를 사용하여 **그림 7**의 손실($loss_{policy}$, $loss_{value}$)를 정의한 후, 가치 신경망의 파라미터를 업데이트한다. 이어서 정책 신경망의 파라미터를 업데이트한다. $loss_{policy}$를 정의할 때 사용한 logPi_traj의 requires_grad는 True이지만 gamma_traj, Rt_traj과 value_traj는 False이므로 $loss_{policy}$의 그래디언트를 구할 때, gamma_traj, Rt_traj과 value_traj는 상수가 된다.

#4. main(line 100~132)

for 에피소드_인덱스 in range(num_episodes):
  logPi_list, reward_list와 state_list에 빈(empty) 리스트 저장
  state에 환경의 초기 상태 저장
  for 이동_인덱스 in range(200):#200은 이동 가능한 최대 횟수
    state_list에 상태 저장
    state를 행동선택 함수에 입력하여 action과 log_prob_action을 반환받기
    action을 환경에 입력하여 다음 상태, 보상, 종료여부(done)를 반환받기
    state_list에 state 저장
    logPi_list에 log_prob_action 저장
    reward_list에 보상 저장
    done=True이면 이동 횟수를 append하고 for문 종료
    환경의 다음 상태를 state로 저장
  reward_list, logPi_list와 state_list를 update 함수에 입력하여 업데이트
  이동 횟수 200번이 연속해서 30회이면 학습을 종료

전체 코드를 구현하면 다음과 같다.

```
import statistics, torch, torch.nn as nn, torch.optim as optim, warnings, numpy as np, gym
import torch.nn.functional as F, torch.distributions as distributions, matplotlib.pyplot as plt
import time; from itertools import groupby; from tqdm import tqdm
warnings.filterwarnings('ignore')
# gym(0.25.2)는 np.bool8을 사용. numpy(2.0.2)는 np.bool8 대신 np.bool_를 사용
np.bool8 = np.bool_

env = gym.make("CartPole-v0")
gamma = 0.99 # discount factor

##### 1. 신경망: 그림3
##### 1-1. 정책 신경망
class Policy_net(nn.Module):
  def __init__(self):
    super().__init__()
    self.input_layer = nn.Linear(4, 32)
    self.output_layer = nn.Linear(32, 2)
  def forward(self, x):
    x = F.selu(self.input_layer(x))
    action_logits = self.output_layer(x)
    action_probs = F.softmax(action_logits, dim = -1)
    return action_probs

policy_net=Policy_net()

##### 1-2. 상태가치 신경망
class Value_net(nn.Module):
  def __init__(self):
    super().__init__()
    self.input_layer = nn.Linear(4, 32)
    self.output_layer = nn.Linear(32, 1)
  def forward(self, x):
    x = F.selu(self.input_layer(x))
    state_value = self.output_layer(x)
    return state_value

value_net=Value_net()

##### 2. 정책 함수: 상태를 입력받아 샘플링한 행동과 로그 확률을 반환: 그림4
def select_action(state):
  # state: numpy.ndarray (4,)
  state = torch.FloatTensor(state).unsqueeze(0)# torch.Size([1, 4])

  action_probs = policy_net(state)# torch.Size([1, 2])
  dist = distributions.Categorical(action_probs)
  action = dist.sample()# torch.Size([1])
  log_prob_action = dist.log_prob(action)# torch.Size([1])
  return action.item(), log_prob_action
```

```
##### 3. 파라미터 업데이트 함수: 그림5, 6
optimizer_policy = optim.Adam(policy_net.parameters(), lr=0.005)
optimizer_value = optim.Adam(value_net.parameters(), lr=0.005)

def update(reward_list, logPi_list, state_list):
    # 경험 (s0,a0,R1,s1,a1,R2,s2,a2,R3)
    # logPi_list = [ tensor([logPi(a0|s0)]), tensor([logPi(a1|s1)]), tensor([logPi(a2|s2)]) ]
    # reward_list = [R1, R2, R3]

    logPi_traj = torch.cat(logPi_list) # requires_grad=True
    # tensor([logPi(a0|s0), logPi(a1|s1), logPi(a2|s2)])

    # 할인율 모음 gammas=[g^0, g^1, g^2]
    # 보상 합 모음 Rts=[R1+g*R2+g^2*R3, R2+g*R2, R3]
    gammas = []
    Rts = []
    t=0
    R = 0
    for reward in reversed(reward_list):
        gammas.append(gamma**t)
        R = reward + gamma * R
        Rts.insert(0, R) # insert Return at the beginning (index 0)
        t+=1

    gamma_traj = torch.tensor(gammas) # requires_grad = False
    Rt_traj = torch.tensor(Rts) #1D

    states=torch.tensor(np.stack(state_list, axis=0)) # 2D
    value_traj=value_net(states).squeeze() # 1D

    # value_net 손실과 업데이트
    loss_value=F.mse_loss(Rt_traj, value_traj)
    optimizer_value.zero_grad()
    loss_value.backward()
    optimizer_value.step()

    # policy_net 손실과 업데이트
    delta_traj=(Rt_traj-value_traj).detach()
    loss_policy=-(gamma_traj*delta_traj*logPi_traj).sum()
    optimizer_policy.zero_grad()
    loss_policy.backward()
    optimizer_policy.step()

# 30번 연속해서 만점을 받으면 학습 종료할 때 사용할 함수
# 리스트 lst의 처음 요소부터 시작하여 순차적으로 연속된 정수를 그룹화하고 각 그룹의 길이를 계산
def consecutive_length(lst):
    return [len(list(group)) for _, group in groupby(enumerate(lst),
                            lambda i_x:i_x[0]-i_x[1])]
```

```
##### 4. main
episode_durations = []# 각 episode에서 CartPole을 움직인 횟수(최대 횟수는 200)를 담는 변수
movement200=[] # 움직인 횟수가 최대횟수 200인 episode_idx를 담는 변수
num_episodes = 5000 # 최대 episode
t0 = time.time()

for episode in range(num_episodes):
    # 학습데이터: 그림5
    reward_list = []
    logPi_list=[]
    state_list = []
    # env 상태 초기화
    state = env.reset()# np.ndarray[float32](4,)
    for i_movement in range(200):
        state_list.append(state)
        action, log_prob_action = select_action(state)
        new_state, reward, done, _ = env.step(action)
        logPi_list.append(log_prob_action)
        reward_list.append(reward)
        if done:
            episode_durations.append(i_movement+1)
            movement_end=i_movement+1
            break
        state = new_state

    # policy_net과 value_net 업데이트
    update(reward_list, logPi_list, state_list)

    # episode 종료 조건
    if movement_end==200:
        movement200.append(episode)
        print(episode,',',max(consecutive_length(movement200)))
        if max(consecutive_length(movement200))>=30:
            break

t1 = time.time()
print("Training time: {}min".format(round((t1-t0)/60,2)))

plt.title('REINFORCE_Baseline training')
plt.ylabel('Duration')
plt.xlabel('Episode')
plt.plot(episode_durations)
plt.savefig('REINFORCE_baseline_training.png', dpi=300, bbox_inches='tight')

##### 5. 검증
policy_net.eval()
scores=[]
with torch.no_grad():
```

```
for i_episode in tqdm(range(50)):
 state = env.reset()
 done=False
 t=0
 while not done:
  t +=1
  with torch.no_grad():
   action_prob=policy_net(torch.tensor(state, dtype=torch.float32))
  action = torch.argmax(action_prob, dim = -1)
  next_state, _, done, _ = env.step(action.item())
  state = next_state
  if done:
   scores.append(t)
   if t!=200:
    print(t)
print(statistics.mean(scores))
print("Standard Deviation:", statistics.stdev(scores))
```

그림 10. Colab에서 test한 코드이고, 주요 패키지 버전은 머리말 참고

10 부록

부록: 분산 감소

$$b(s_t)=\frac{E\left[\left\{\nabla_\theta \log \pi_\theta(a_t|s_t)\right\}^2 \sum_{\ell=t}^{T}\gamma^\ell R_{\ell+1}\middle|s_t\right]}{E\left[\left\{\nabla_\theta \log \pi_\theta(a_t|s_t)\right\}^2\middle|s_t\right]}$$ 일 때, 다음이 성립한다.

$$\begin{aligned}&Var\left[\nabla_\theta \log \pi_\theta(a_t|s_t)\left\{\left(\sum_{\ell=t}^{T}\gamma^\ell R_{\ell+1}\right)-b(s_t)\right\}\right]\\ &\le Var\left[\nabla_\theta \log \pi_\theta(a_t|s_t)\sum_{\ell=t}^{T}\gamma^\ell R_{\ell+1}\right]\end{aligned}$$

증명 요약. $X = \nabla_\theta \log \pi_\theta\left(a_t \middle| s_t\right)$, $Y = \sum_{\ell=t}^{T} \gamma^\ell R_{\ell+1}$, $S = s_t$ 라고 할 때, 다음을 보이자.

$$Var\left[X\left(Y - b(S)\right)\right] \le Var\left[XY\right] \tag{1}$$

아래 두 단계로 식 (1)을 보이자.

Step 1. 임의로 s를 고정한다.

$$\begin{aligned}
&Var\left[X\left(Y-b(S)\right)\middle|S=s\right] \\
&= E\left[X^2\left(Y-b(S)\right)^2\middle|S=s\right]-\left(E\left[X\left(Y-b(S)\right)\middle|S=s\right]\right)^2 \\
&= E\left[X^2\left(Y-b(S)\right)^2\middle|S=s\right]-\begin{pmatrix}E\left[XY\middle|S=s\right] \\ -E\left[Xb(S)\middle|S=s\right]\end{pmatrix}^2 \\
&= E\left[X^2\left(Y-b(S)\right)^2\middle|S=s\right]-\begin{pmatrix}E\left[XY\middle|S=s\right] \\ -b(s)E\left[X\middle|S=s\right]\end{pmatrix}^2 \\
&= E\left[X^2\left(Y-b(S)\right)^2\middle|S=s\right]-\begin{pmatrix}E\left[XY\middle|S=s\right] \\ -b(s)0\end{pmatrix}^2 \\
&\quad \langle \therefore \text{REINFORECE_MC 부록 문제 2} \\
&= E\left[X^2\left(Y-b(S)\right)^2\middle|S=s\right]-\left(E\left[XY\middle|S=s\right]\right)^2
\end{aligned} \tag{2}$$

$$
\begin{aligned}
&E\left[X^2\left(Y-b(S)\right)^2\middle|S=s\right]\\
&=E\left[X^2\left(Y^2-2Yb(S)+b(S)^2\right)\middle|S=s\right]\\
&=E\left[X^2Y^2\middle|S=s\right]-2b(s)E\left[X^2Y\middle|S=s\right]+b(s)^2E\left[X^2\middle|S=s\right] \qquad (3)\\
&=E\left[X^2Y^2\middle|S=s\right]-\frac{\left(E\left[X^2Y\middle|S=s\right]\right)^2}{E\left[X^2\middle|S=s\right]}
\end{aligned}
$$

식 (3)을 (2)에 대입하면 다음이 성립한다.

$$
\begin{aligned}
&Var\left[X\left(Y-b(S)\right)\middle|S=s\right]\\
&=E\left[X^2\left(Y-b(S)\right)^2\middle|S=s\right]-\left(E\left[XY\middle|S=s\right]\right)^2\\
&=E\left[X^2Y^2\middle|S=s\right]-\frac{\left(E\left[X^2Y\middle|S=s\right]\right)^2}{E\left[X^2\middle|S=s\right]}-\left(E\left[XY\middle|S=s\right]\right)^2\\
&=Var\left[XY\middle|S=s\right]-\frac{\left(E\left[X^2Y\middle|S=s\right]\right)^2}{E\left[X^2\middle|S=s\right]}\\
&\le Var\left[XY\middle|S=s\right]
\end{aligned}
$$

즉, 다음이 성립한다.

$$
Var\left[X\left(Y-b(S)\right)\middle|S=s\right]\le Var\left[XY\middle|S=s\right]\quad \forall s \qquad (4)
$$

Step 2. 다음은 the law of total variance이다.

$$Var[Z] = E\left[Var[Z|S]\right] + Var\left[E[Z|S]\right]$$

이 공식을 이용하면 다음이 성립한다.

$$\begin{aligned}
&Var\left[X\left(Y-b(S)\right)\right] \\
&= E\left[Var\left[X\left(Y-b(S)\right)\middle|S\right]\right] + Var\left[E\left[X\left(Y-b(S)\right)\middle|S\right]\right] \\
&\quad \langle \because \text{ law of total variance} \\
&\le E\left[Var\left[XY|S\right]\right] + Var\left[E\left[X\left(Y-b(S)\right)\middle|S\right]\right] \langle \because (4) \\
&= E\left[Var\left[XY|S\right]\right] + Var\begin{bmatrix} E[XY|S] \\ -b(s)E[X|S] \end{bmatrix} \\
&= E\left[Var\left[XY|S\right]\right] + Var\left[E\left[XY|S\right]\right] \langle \because E[X|S]=0 \\
&= Var[XY] \langle \because \text{ law of total variance}
\end{aligned}$$

증명 요약 끝.

REINFORCE_BL에서는 위의 베이스라인을 구현하기 어려우므로 상태 가치 $v_\phi(s_t)$를 사용했고 경험적으로 REINFORCE_MC보다 분산이 작아진다고 한다. 아래 **그림**을 통해 이를 확인할 수 있다.

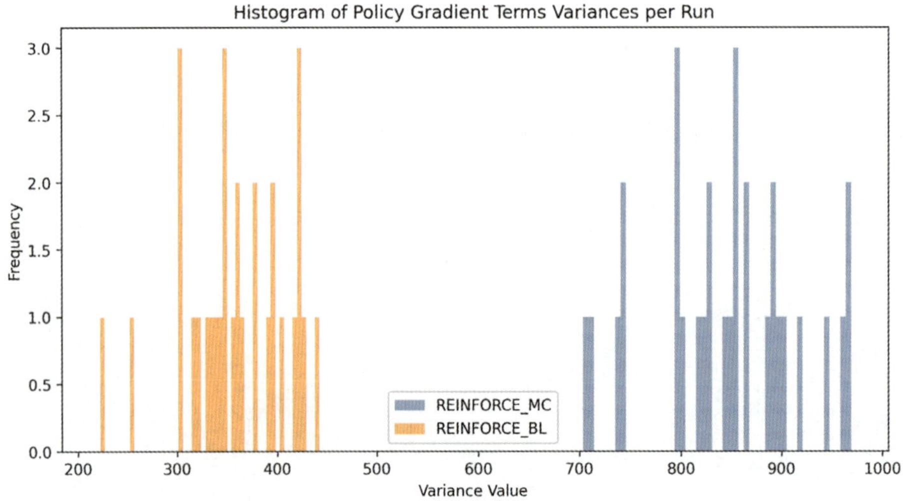

위 **그림**에 사용한 데이터는 아래 표와 같다.

Run	RMC Variance	RBL Variance	RMC Episodes	RBL Episodes
1	793.6162712	303.1508026	300	293
2	967.1873202	397.4133278	238	214
3	823.8226652	426.8666377	482	138
4	737.0016084	346.8427339	397	269
5	816.4999457	441.4322604	226	196
6	847.52373	342.4990966	390	217
7	800.4675924	315.2856844	260	258
8	891.6717178	348.749809	342	266
9	853.9814865	347.7654664	315	310
10	795.2321226	303.9299562	195	300
11	829.0457064	358.932681	289	208
12	846.406746	328.6342363	291	239
13	918.5379059	422.4463618	277	245
14	961.9384922	394.3548324	558	184
15	855.4277185	362.2724704	354	169
16	889.8585355	365.8035097	576	260
17	943.4929864	419.0320939	504	186
18	703.3753412	253.0772033	171	348
19	741.4265463	304.4358813	194	236
20	904.7974304	221.5658831	888	273
21	856.9041087	337.6973099	340	244
22	898.167843	378.3400099	229	240
23	797.9759119	319.6420075	231	308
24	968.5610298	420.6282672	605	262
25	863.5418281	356.6725415	300	399
26	827.52254	420.0089044	275	162
27	713.3267727	379.66382	180	230
28	883.9978491	335.2486117	284	248
29	742.5002476	389.0155999	244	198
30	865.4608482	402.4446061	200	228

RMC=REINFORCE_MC, RBL=REINFORCE_BL

위 **그림**과 표는 아래 코드를 실행하여 얻은 결과이다.

```python
import statistics, torch, torch.nn as nn, torch.optim as optim, pandas as pd
import torch.nn.functional as F, torch.distributions as distributions
import matplotlib.pyplot as plt, numpy as np, gym, time, warnings
from itertools import groupby
from tqdm import tqdm
warnings.filterwarnings('ignore')

# 환경 생성(CartPole-v0)
env = gym.make("CartPole-v0")

# 할인율(Discount factor)
gamma = 0.99

##### 1. 정책 신경망(Policy Networks)
class PolicyNet(nn.Module):
    def __init__(self):
        super().__init__()
        self.input_layer = nn.Linear(4, 32)
        self.output_layer = nn.Linear(32, 2)

    def forward(self, state):
        x = F.selu(self.input_layer(state))
        action_logits = self.output_layer(x)
        # 각 행동 로짓에 대한 확률 계산(소프트맥스)
        action_probs = F.softmax(action_logits, dim=-1)
        return action_probs

##### 1.1 RBL(With Baseline)을 위한 가치함수 신경망(Value Network)
class ValueNet(nn.Module):
    def __init__(self):
        super().__init__()
        self.input_layer = nn.Linear(4, 32)
        self.output_layer = nn.Linear(32, 1)

    def forward(self, state):
        x = F.selu(self.input_layer(state))
        # 상태 가치 함수(state value) 계산
        state_value = self.output_layer(x)
        # [batch_size] 형태로 반환하기 위해 squeeze()
        return state_value.squeeze()

##### 2. 행동(action) 선택 함수
def select_action(policy_net, state):
    # 상태(state)를 텐서로 변환, 배치 차원 추가
    state = torch.FloatTensor(state).unsqueeze(0)
    # 정책 신경망의 출력값(행동 확률)
    action_probs = policy_net(state)
    dist = distributions.Categorical(action_probs)
    # 확률분포(dist)에서 샘플링하여 행동 선택
    action = dist.sample()
```

```
    # 선택한 행동에 대한 로그 확률 계산
    log_prob_action = dist.log_prob(action)
    return action.item(), log_prob_action

##### 3. 정책 파라미터 업데이트 함수들

# REINFORCE Monte Carlo(RMC) 방식의 업데이트
def update_rmc(policy_net, optimizer, log_probs, rewards, grad_terms_rmc):
    # (1) 리턴(반환값) 계산(G_t)
    returns = []
    R = 0
    for r in reversed(rewards):
        R = r + gamma * R
        returns.insert(0, R)
    returns = torch.tensor(returns, dtype=torch.float32)

    # (2) 정책 손실(Policy Loss) 계산
    policy_loss = []
    for log_prob, R in zip(log_probs, returns):
        # REINFORCE : -(log π(a|s) * G_t)
        loss = -log_prob * R
        policy_loss.append(loss)
        # 추후 분산 비교를 위해 그라디언트 항 기록
        grad_terms_rmc.append((log_prob * R).item())
    policy_loss = torch.stack(policy_loss).sum()

    # (3) 역전파 & 최적화
    optimizer.zero_grad()
    policy_loss.backward()
    optimizer.step()

# REINFORCE with Baseline(RBL) 방식의 업데이트
def update_rbl(policy_net, value_net, optimizer_policy, optimizer_value,
               log_probs, rewards, states, grad_terms_rbl):
    # (1) 리턴(반환값) 계산(G_t)
    returns = []
    R = 0
    for r in reversed(rewards):
        R = r + gamma * R
        returns.insert(0, R)
    returns = torch.tensor(returns, dtype=torch.float32)

    # (2) 상태(state) 텐서 변환
    states_tensor = torch.tensor(states, dtype=torch.float32)

    # (3) 가치함수(value_net)에서 상태 가치 추정
    values = value_net(states_tensor)

    # (4) 어드밴티지(Advantage) 계산: A_t = G_t - V(s_t)
    advantages = returns - values.detach()

```

```
    # (선택) 어드밴티지 정규화(Normalize) 가능
    # advantages = (advantages - advantages.mean()) / (advantages.std() + 1e-8)

    # (5) 정책 손실 계산
    policy_loss = []
    for log_prob, advantage in zip(log_probs, advantages):
        loss = -log_prob * advantage
        policy_loss.append(loss)
        grad_terms_rbl.append((log_prob * advantage).item())
    policy_loss = torch.stack(policy_loss).sum()

    # (6) 가치함수 손실(평균제곱오차, MSE)
    value_loss = F.mse_loss(values, returns)

    # (7) 정책 신경망 업데이트
    optimizer_policy.zero_grad()
    policy_loss.backward()
    optimizer_policy.step()

    # (8) 가치함수 신경망 업데이트
    optimizer_value.zero_grad()
    value_loss.backward()
    optimizer_value.step()

##### 4. 학습 함수(Training Function)
def train_algorithm(algorithm='RMC', num_episodes=1000, max_steps=200):
    # 알고리즘 타입에 따라 네트워크와 옵티마(optimizer) 설정
    if algorithm == 'RMC':
        policy_net = PolicyNet()
        optimizer = optim.Adam(policy_net.parameters(), lr=0.005)
        grad_terms = []
    elif algorithm == 'RBL':
        policy_net = PolicyNet()
        value_net = ValueNet()
        optimizer_policy = optim.Adam(policy_net.parameters(), lr=0.005)
        optimizer_value = optim.Adam(value_net.parameters(), lr=0.005)
        grad_terms = []
    else:
        raise ValueError("Algorithm must be 'RMC' or 'RBL'")

    episode_durations = []
    movement200 = []
    consecutive_success = 0
    success_threshold = 30  # 30번 연속 만점(200스텝)에 도달하면 조기 종료

    for episode in tqdm(range(num_episodes), desc=f"Training {algorithm}"):
        log_probs = []
        rewards = []
        states = []

```

```
    # 환경 초기화
    state = env.reset()
    for t in range(max_steps):
      action, log_prob = select_action(policy_net, state)
      new_state, reward, done, _ = env.step(action)

      log_probs.append(log_prob)
      rewards.append(reward)
      states.append(state)

      if done:
        # 에피소드 종료 시점의 스텝 수 기록
        episode_durations.append(t + 1)
        # 만약 max_steps까지 살아남았다면 만점 처리
        if t + 1 == max_steps:
          movement200.append(episode)
          consecutive_success += 1
          # 30번 연속 성공 시 학습 종료
          if consecutive_success >= success_threshold:
            return policy_net, grad_terms, episode + 1
        else:
          consecutive_success = 0
        break

      state = new_state

    # 에피소드 종료 후 정책/가치함수 업데이트
    if algorithm == 'RMC':
      update_rmc(policy_net, optimizer, log_probs, rewards, grad_terms)
    elif algorithm == 'RBL':
      update_rbl(policy_net, value_net, optimizer_policy, optimizer_value,
                 log_probs, rewards, states, grad_terms)

  return policy_net, grad_terms, num_episodes

##### 5. 메인 실행(입력점)
if __name__ == "__main__":
  num_runs = 30  # 분산을 비교하기 위해 여러 번 반복 학습

  # 각 실행(run)에 대한 결과를 저장할 리스트
  runs = []
  variance_rmc_per_run = []
  variance_rbl_per_run = []
  episodes_rmc_per_run = []
  episodes_rbl_per_run = []

  print("RMC와 RBL을 여러 번 학습하여 그라디언트 분산을 비교합니다...")

  for run in range(num_runs):
    print(f"\nRun {run + 1}/{num_runs}")

```

```python
    # 1) RMC 학습
    policy_rmc, grad_terms_rmc, episodes_rmc = train_algorithm('RMC', num_episodes=1000)

    # 2) RBL 학습
    policy_rbl, grad_terms_rbl, episodes_rbl = train_algorithm('RBL', num_episodes=1000)

    # 이번 run에서의 분산(Variance) 계산
    var_rmc = np.var(grad_terms_rmc) if len(grad_terms_rmc) > 0 else 0
    var_rbl = np.var(grad_terms_rbl) if len(grad_terms_rbl) > 0 else 0

    # 결과 저장
    runs.append(run + 1)
    variance_rmc_per_run.append(var_rmc)
    variance_rbl_per_run.append(var_rbl)
    episodes_rmc_per_run.append(episodes_rmc)
    episodes_rbl_per_run.append(episodes_rbl)

# 각 실행(run) 결과를 하나의 DataFrame으로 정리
df = pd.DataFrame({
    'Run': runs,
    'RMC Variance': variance_rmc_per_run,
    'RBL Variance': variance_rbl_per_run,
    'RMC Episodes': episodes_rmc_per_run,
    'RBL Episodes': episodes_rbl_per_run    })

# CSV 파일로 저장
df.to_csv('gradient_variances_table.csv', index=False)
print("\n결과가 'gradient_variances_table.csv' 파일로 저장되었습니다.")

# 전체 run에 대한 분산(Variance) 비교
overall_variance_rmc = df['RMC Variance'].var()
overall_variance_rbl = df['RBL Variance'].var()

print("\n전체 분산 비교:")
print(f"RMC Overall Variance: {overall_variance_rmc}")
print(f"RBL Overall Variance: {overall_variance_rbl}")

# RBL 분산이 RMC보다 작거나 같으면 '성공', 그렇지 않으면 '실패'
if overall_variance_rbl <= overall_variance_rmc:
    print("Success: RBL 분산이 RMC 분산보다 작거나 같습니다.")
else:
    print("Failure: RBL 분산이 RMC 분산보다 큽니다.")

##### 6. (선택) 시각화
plt.figure(figsize=(10, 5))
plt.hist(df['RMC Variance'], bins=50, alpha=0.5, label='REINFORCE_MC')
plt.hist(df['RBL Variance'], bins=50, alpha=0.5, label='REINFORCE_BL')
plt.title('Histogram of Policy Gradient Terms Variances per Run')
plt.xlabel('Variance Value')
plt.ylabel('Frequency')
plt.legend()
```

```
plt.savefig('Gradient_Variance_Histogram.png', dpi=300, bbox_inches='tight')
plt.show()

# (선택) 테이블 출력
print("\n런(run)별 분산 테이블:")
print(df)
```

부록: 문제 1

문자 θ는 정책 신경망의 파라미터이고, $\tau = (s_0, a_0, r_1, s_1, \cdots, s_T, a_T, r_{T+1})$는 정책 π_θ를 따르는 경로(trajectory)이다. T는 $T(\tau)$와 같이 τ에 의존하지만 편의상 T로 나타낸다. 참고로 $R(s_t, a_t, s_{t+1})$는 환경의 상태 s_t에서 행동 a_t를 할 때, 다음 상태가 s_{t+1}가 되어 받은 보상이다. 이때, 다음이 성립함을 증명하시오.

$$\underset{\tau \sim \pi_\theta}{E}\left[\nabla_\theta \log \pi_\theta (a_t | s_t) b(s_t)\right] = 0$$

증명 경로 $\tau = (s_0, a_0, \cdots, s_T, a_T, s_{T+1})$를 다음과 같이 분할하자.

$$\tau_{:t} = (s_0, a_0, \cdots, s_t, a_t), \quad \tau_{t:} = (s_{t+1}, a_{t+1}, \cdots, s_T, a_T, s_{T+1})$$

평균의 정의를 이용하면 다음이 성립한다.

$$\begin{aligned}
&\underset{\tau \sim \pi_\theta}{E}\left[\nabla_\theta \log \pi_\theta (a_t | s_t) b(s_t)\right] \\
&= \int_\tau P(\tau | \pi_\theta) \nabla_\theta \log \pi_\theta (a_t | s_t) b(s_t) \\
&= \int_{s_t, a_t, \tau_{t:}} \{P(s_t, a_t | \pi_\theta) P(\tau_{t:} | \pi_\theta, s_t, a_t)\} \nabla_\theta \log \pi_\theta (a_t | s_t) b(s_t) \\
&= \int_{s_t, a_t} P(s_t, a_t | \pi_\theta) \nabla_\theta \log \pi_\theta (a_t | s_t) b(s_t) \int_{\tau_{t:}} P(\tau_{t:} | \pi_\theta, s_t, a_t) \\
&= \int_{s_t, a_t} P(s_t, a_t | \pi_\theta) \nabla_\theta \log \pi_\theta (a_t | s_t) b(s_t) \\
&= \underset{s_t, a_t \sim p(s_t, a_t | \pi_\theta)}{E}\left[\nabla_\theta \log \pi_\theta (a_t | s_t) b(s_t)\right]
\end{aligned} \tag{1}$$

제1장 REINFORCE_MC의 [부록: 문제2]를 사용하면, 다음이 성립한다.

$$
\begin{aligned}
&\underset{s_t, a_t \sim p(s_t, a_t | \pi_\theta)}{E}\left[\nabla_\theta \log \pi_\theta(a_t|s_t) b(s_t)\right] \\
&= \int_{s_t, a_t} P(s_t, a_t|\pi_\theta) \nabla_\theta \log \pi_\theta(a_t|s_t) b(s_t) \\
&= \int_{s_t, a_t} P(s_t|\pi_\theta) \pi_\theta(a_t|s_t) \nabla_\theta \log \pi_\theta(a_t|s_t) b(s_t) \\
&= \int_{s_t} P(s_t|\pi_\theta) b(s_t) \int_{a_t} \pi_\theta(a_t|s_t) \nabla_\theta \log \pi_\theta(a_t|s_t) \\
&= \int_{s_t} P(s_t|\pi_\theta) b(s_t) \underset{a_t \sim \pi_\theta(a_t|s_t)}{E}\left[\nabla_\theta \log \pi_\theta(a_t|s_t)\right] \\
&= \int_{s_t} P(s_t|\pi_\theta) b(s_t) 0 \ \langle \because \text{REINFORCE\_MC의 부록 문제 } 2 \\
&= 0
\end{aligned}
\tag{2}
$$

식 (1), (2)에 의하여 증명은 완성된다.

Q.E.D.

부록: 알고리즘 REINFORCE_BL의 알고리즘에 대한 설명이다.

REINFORCE with Baseline (episodic), for estimating $\pi_\theta \approx \pi_*$

```
1. Input: a differentiable policy parameterization π(a|s, θ)
2. Input: a differentiable state-value function parameterization v̂(s, w)
3. Algorithm parameters: step size α^θ > 0, α^w > 0
4. Initialize policy parameter θ ∈ R^{d'} and state-value parameter w ∈ R^d (e.g., to 0)

5. Loop forever (for each episode):
6.       Generate an episode (s_0, a_0, r_1, ..., s_T, a_T, r_{T+1}), following π(·|·, θ)
7.       Loop for each step of the episode t = 0, 1, ··· , T :
8.            G ← Σ_{ℓ=t}^{T} γ^{ℓ-t} r_{ℓ+1}
9.            δ ← G − v̂(s, w)
10.           w ← w + α^w δ ∇v̂(s, w)
11.           θ ← θ + α^θ γ^t δ ∇lnπ(a_t|s_t, θ)
```

Line 1: $s, a, \theta, \pi(a|s,\theta)$는 각각 상태, 상태에서 선택한 행동, 정책 신경망의 파라미터와 확률적 정책 $\pi_\theta(a|s)$를 나타낸다.

Line 2: $s, w, \hat{v}(s,w)$는 각각 상태, 가치 신경망의 파라미터와 상태 가치 $\hat{v}_w(s)$를 나타낸다. 본 저서에서는 w 대신 ϕ를 사용했다.

Line 3: α^{θ}, α^{w} 는 각각 정책과 가치 신경망의 학습률을 나타낸다.

Line 4: d', d 는 각각 정책과 가치 신경망의 파라미터(가중치와 편향치) 개수를 나타낸다.

Line 5: 아래와 같이 **그림 10**(전체 코드)의 line 105에 해당한다.

```
for episode in range(num_episodes):
```

Line 6: 한 에피소드 동안의 상태, 행동, 보상으로 학습데이터 logPi_list, reward_list와 state_list를 생성한다. 이는 **그림 10**의 line 107~122에 해당한다.

Line 7~11: 학습데이터 logPi_list, reward_list와 state_list를 사용하여 정책 신경망과 가치 신경망의 파라미터를 업데이트하는 과정이다. 이는 **그림 10**의 line 125에 해당한다.

제 3 장

Advantage Actor Critic(A2C)

REINFORCE는 에피소드가 끝날 때까지 기다려 전체 리턴(total return)을 계산해야 정책 신경망을 업데이트할 수 때문에, 업데이트 빈도가 낮다는 문제가 있다. 이를 개선하기 위해, A2C(Advantage Actor Critic)는 전체 리턴 대신에 일정 횟수(n)만큼의 스텝(step)을 진행할 때마다(n−step) 계산한 '부분적인 리턴(n−step return)'과 '상태 가치 함수'를 사용해 에피소드 중간에 업데이트한다. 이러한 차이점은 **그림 1**과 같이 REINFORCE with baseline(RBL)와 A2C의 정책 신경망에서 사용하는 목적함수의 그래디언트(손실함수를 정의할 때 사용)를 보면 알 수 있다([부록: 손실] 참고). RBL에서는 에피소드가 끝나야 정책 신경망(policy network)의 파라미터 θ를 업데이트하므로 전체 리턴(total return)을 사용한다(제2장 참고). A2C에서는 에피소드 중간에 θ를 업데이트하므로 **그림 1**과 같이 전체 리턴을 사용하지 않고 n−step return(**그림 1**에는 1−step return과 2−step return)을 사용한다. **그림 1**의 A2C에서 시간 t는 정책 신경망과 환경의 상호 작용이 시작하는 임의의 시간을 의미한다. $v_\phi(s_t)$는 상태 가치 신경망으로 구하는 값으로 A2C에 대한 자세한 내용은 아래에서 다룬다.

$$\nabla_\theta J_{\text{policy}}^{\text{RBL}}(\theta) \approx \sum_{t=0}^{T} \nabla_\theta \log \pi_\theta\left(a_t^{\text{epi}} \middle| s_t^{\text{epi}}\right) \left\{ \overbrace{\underbrace{\sum_{\ell=t}^{T} \gamma^\ell r_{\ell+1}^{\text{epi}}}_{\text{total return}} - v_\phi\left(s_t^{\text{epi}}\right)}^{\text{advantage}} \right\}$$

$$\nabla_\theta J_{\text{policy}}^{\text{1-step A2C}}(\theta) \approx \nabla_\theta \log \pi_\theta\left(a_t \middle| s_t\right) \left\{ \overbrace{\underbrace{r_{t+1} + \gamma v_\phi(s_{t+1})}_{\text{1-step return}} - v_\phi(s_t)}^{\text{advantage}} \right\}$$

$$\nabla_\theta J_{\text{policy}}^{\text{2-step A2C}}(\theta) \approx \nabla_\theta \log \pi_\theta\left(a_t \middle| s_t\right) \left\{ \overbrace{\underbrace{r_{t+1} + \gamma r_{t+2} + \gamma^2 v_\phi(s_{t+2})}_{\text{2-step return}} - v_\phi(s_t)}^{\text{advantage}} \right\}$$

그림 1

1 용어 설명과 구성 요소

그림 2(a)와 (b)를 비교해 보면, REINFORCE_BL(RBL)과 1-step A2C는 모두 정책 신경망(행동을 선택하는데 사용)과 가치 신경망(상태 가치를 계산)을 가지고 있지만, 파라미터를 업데이트하는 방법이 다르므로 학습데이터를 만드는 과정도 다르다.

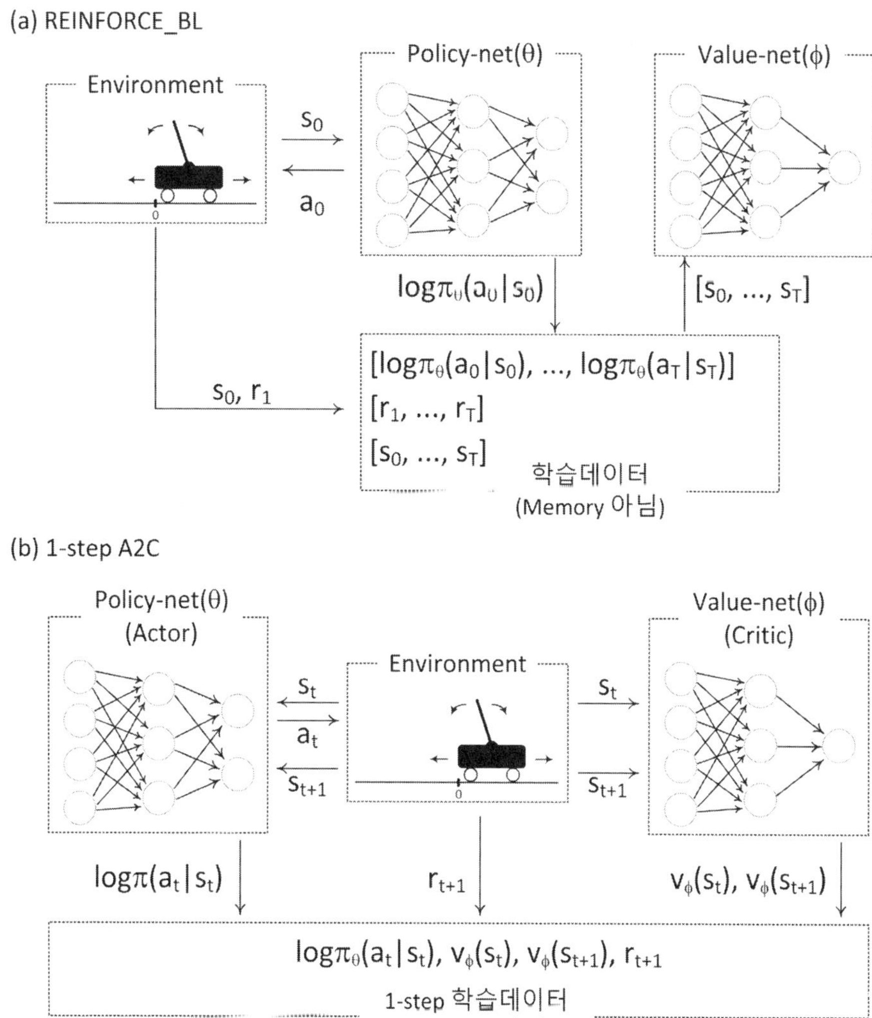

그림 2

위 **그림** 2(b)와 같이 A2C의 정책 신경망과 가치 신경망을 각각 Actor와 Critic이라고 한다. Actor는 행동(action)을 선택하는 역할을 하고, Critic은 Actor가 선택한 행동을 평가하는 역할을 한다고 생각하자. 참고로 RBL의 두 신경망도 Actor와 Critic 역할을 한다.

그림 2(b)에서 1-step 학습데이터를 만드는 과정을 알아보자. 시간 t 에서 환경의 상태 s_t 를 정책 신경망(Actor)과 상태 가치 신경망(Critic)에 입력한다. 정책 신경망은 행동 a_t 을 선택해서 환경에 입력하고, 그 결과 환경의 다음 상태는 s_{t+1} 이 되고 이를 정책 신경망과 가치 신경망에 입력한다. 이때 환경이 주는 보상 r_{t+1} 을 에이전트에게 제공한다. 이 과정에서 (b)와 같은 1-step 학습데이터를 만들어 **그림** 3과 같이 정책과 가치의 손실(loss)을 정의할 때 사용한다(위 **그림** 1과 [부록: 손실] 참고).

$$\text{loss}_{\text{actor}} = -\log \pi_\theta \left(a_t \middle| s_t\right)\left\{r_{t+1} + \gamma v_\phi\left(s_{t+1}\right) - v_\phi\left(s_t\right)\right\}$$
$$\text{loss}_{\text{critic}} = \left\{r_{t+1} + \gamma v_\phi\left(s_{t+1}\right) - v_\phi\left(s_t\right)\right\}^2$$

그림 3

위 **그림** 1과 같이 RBL과 A2C에서 정책 신경망의 목적함수 그래디언트를 계산할 때, 다른 형태의 advantage 추정값(estimate)을 사용한다. Advantage $A_\pi\left(s,a\right)$ 는 주어진 상태에서 특정 행동이 평균 행동보다 얼마나 좋은지를 나타내는 지표로 다음과 같이 정의한다.

$$A_\pi\left(s,a\right) = q_\pi\left(s,a\right) - v_\pi\left(s\right),\ \ v_\pi\left(s\right) = \sum_a \pi\left(a \middle| s\right) q_\pi\left(s,a\right)$$

여기서 $A_\pi\left(s,a\right) > 0$ 이면 상태 s 에서 정책 π 를 따라 행동할 때, 행동 a 의 가치가 평균보다 좋음을 나타낸다. RBL과 달리 n-step A2C에서는 $q_\pi\left(s,a\right)$ 의 추정값에 추정값 $v_\phi\left(s_{t+n}\right)$ 이 포함되어 있다. 이렇게 추정값 A에 다른 추정값 B가 포함되면 부트스트래핑(bootstrapping)이라고 한다([부록: bootstrapping] 참고).

2 신경망 구조

그림 4(a)는 toy 정책 신경망(Actor) 구조로, 이에 대한 설명은 제1장 REINFORCE_MC에 대한 설명으로 대신한다. (b)는 toy 가치 신경망(Critic)으로 출력 노드는 1개이고 가지는 값은 상태 가치 $v_\phi(s)$ 이다.

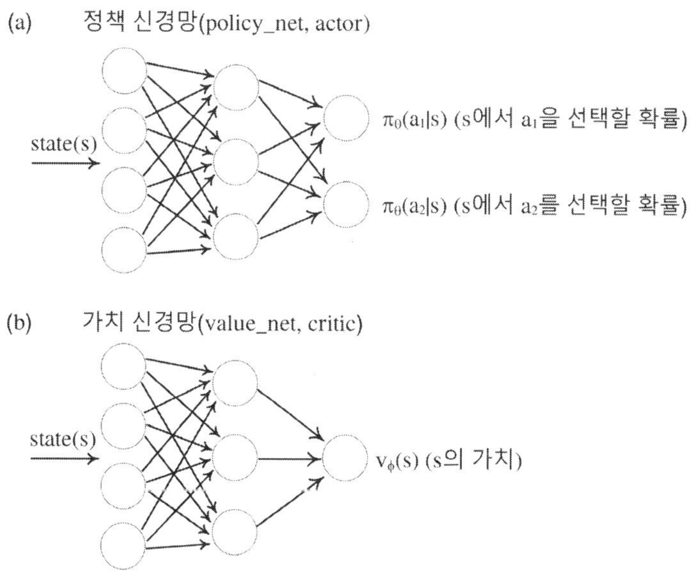

그림 4. Actor와 critic 신경망 클래스 코딩에 사용하는 이미지

3 정책(상태를 입력하면 행동 출력) 정의

그림 5와 같이 정책을 정할 때, 가치 신경망을 사용하지 않고 정책 신경망(policy_net)만을 사용하므로 REINFORCE_MC에서의 정책 정의 설명으로 대신한다.

action_prob = policy_net(state)

action_prob = [$\pi_\theta(a_1|s)$, $\pi_\theta(a_2|s)$]

action	a_1	a_2
확률	$\pi_\theta(a_1|s)$	$\pi_\theta(a_2|s)$
log(확률)	$\log\pi_\theta(a_1|s)$	$\log\pi_\theta(a_2|s)$

표본추출 → ① a_1 , a_2 중 하나 a_i

↓

② $\log\pi_\theta(a_i|s)$

그림 5. 정책 코딩에 사용하는 이미지

4 학습데이터 정의

그림 6은 **그림 2**에서 설명한 1-step 학습데이터를 만드는 과정으로, 이를 사용하여 정책 신경망과 가치 신경망을 업데이트한다. 2-step 학습데이터를 만들려면 환경과 신경망의 상호 작용을 s_t, a_t, s_{t+1}, a_{t+1}, s_{t+2} 까지 진행하면 된다.

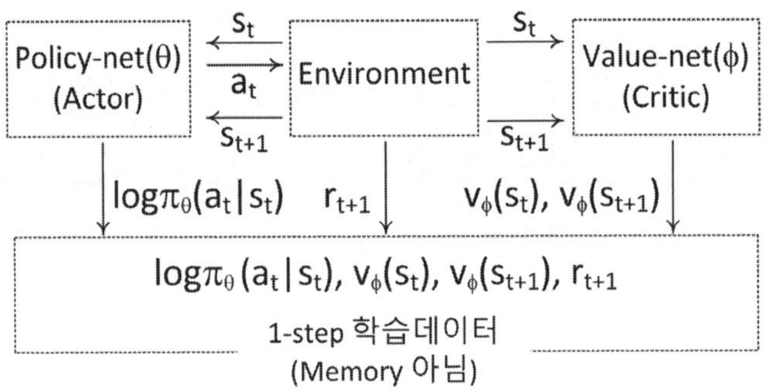

그림 6. 학습데이터 코딩에 사용하는 이미지

5 손실 정의

아래 **그림 7**의 ①~③을 보면, 정책 신경망을 업데이트할 때 사용하는 actor 손실 ($\text{loss}_{\text{actor}}$)은 다음과 같음을 알 수 있다.

$$\text{loss}_{\text{actor}}(\theta) = -\log \pi_\theta(a_t|s_t)\{r_{t+1} + \gamma v_\phi(s_{t+1}) - v_\phi(s_t)\}$$

그림 7의 ④는 가치 신경망을 업데이트할 때 사용하는 critic 손실($\text{loss}_{\text{critic}}$)이다.

$$\text{loss}_{\text{critic}}(\phi) = \{r_{t+1} + \gamma v_\phi(s_{t+1}) - v_\phi(s_t)\}^2$$

상태 s_t 에서 가치 신경망(파라미터 ϕ)의 target은 아래 ④와 같이 $v_\theta(s_t)$ 에 대한 Bellman 기대 방정식으로 만든다. **그림 7**에 대한 자세한 설명은 [부록: 손실]을 참고한다.

① $\tau = (s_t, a_t, s_{t+1})$

1-step 학습데이터 $\left[\log \pi_\theta (a_t | s_t), v_\phi (s_t), v_\phi (s_{t+1}), r_{t+1}\right]$

② $$\begin{aligned}\nabla_\theta J_{\text{actor}}(\theta) &= \nabla_\theta E_{\pi_\theta}\left[R_{t+1} + \gamma R_{t+2} + \cdots + \gamma^{T-t-1} R_T\right] \\ &\approx \nabla_\theta \log \pi_\theta (a_t | s_t)\left\{r_{t+1} + \gamma v_\phi (s_{t+1}) - v_\phi (s_t)\right\}\end{aligned}$$

③ $\nabla_\theta \text{loss}_{\text{actor}}(\theta) \approx -\nabla_\theta J_{\text{actor}}(\theta)$

$\therefore\ \text{loss}_{\text{actor}}(\theta) = -\log \pi_\theta (a_t | s_t)\left\{r_{t+1} + \gamma v_\phi (s_{t+1}) - v_\phi (s_t)\right\}$

④ $$\begin{aligned}v_\theta (s_t) &= \sum_{a_t} \pi_\theta (a_t | s_t) q_\theta (s_t, a_t) \\ &= \sum_{a_t} \pi_\theta (a_t | s_t) \sum_{s_{t+1}} p(s_{t+1} | s_t, a_t)\left\{r_{t+1} + \gamma v_\theta (s_{t+1})\right\} \\ &\approx r_{t+1} + \gamma v_\theta (s_{t+1}) \langle \because \text{1-step} \\ &\approx r_{t+1} + \gamma v_\phi (s_{t+1})\end{aligned}$$

$\therefore\ \text{loss}_{\text{critic}}(\phi) = \left\{r_{t+1} + \gamma v_\psi (s_{t+1}) - v_\psi (s_t)\right\}^2$

그림 7. 정책과 가치의 손실 코딩에 사용하는 이미지

6 Main

지금까지 위에서 설명한 '신경망 클래스 코딩에 사용하는 이미지(**그림 4**)', '정책 코딩에 사용하는 이미지(**그림 5**)', '학습데이터 코딩에 사용하는 이미지(**그림 6**)'와 '정책과 가치의 손실 코딩에 사용하는 이미지(**그림 7**)'를 이용하여 아래 순서로 1-step A2C를 코딩한다.

① 환경의 상태를 초기화한다.

② 환경의 현재 상태 s를 정책 신경망에 입력하여 행동 a와 $\log\pi(a|s)$를 출력으로 얻는다(**그림 4, 5, 6**).

③ 행동 a를 환경에 입력하여, 환경으로부터 다음 상태 s', 보상 r, CartPole 이동 종료여부(done)를 반환받는다

④ 환경의 현재 상태 s와 다음 상태 s'를 각각 가치 신경망에 입력하여 s의 가치 $v(s)$와 s'의 가치 $v(s')$를 출력으로 얻는다(**그림 4, 6**).

⑤ $\log\pi(a|s), v(s), v(s'), r$를 사용하여 value_net과 policy_net의 파라미터를 업데이트한다(**그림 7**).

⑥ 다음 상태를 현재 상태로 저장하여 ②~⑤를 반복한다.

7 전체 코드

그림 8은 전체 코드를 실행했을 때의 학습 과정을 나타낸다.

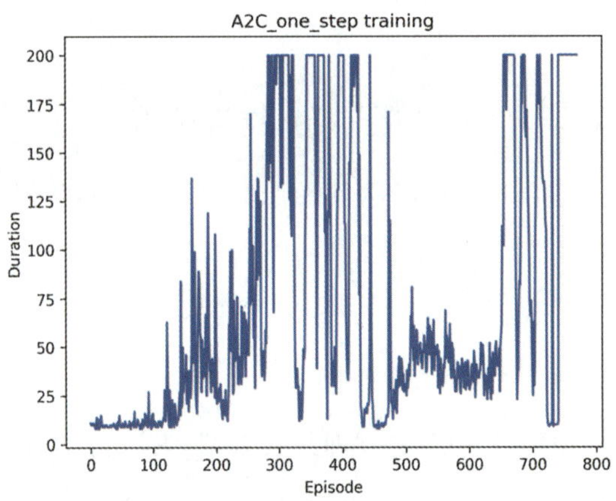

그림 8

전체 코드를 아래와 같은 흐름으로 구현한다.

#1. 정책과 가치의 신경망 정의(**그림 9** line 15~37)

그림 4를 이용하여 정책과 가치의 신경망을 코드로 구현한다. 정책 신경망 입력은 환경의 상태이고 출력은 각 행동을 선택할 확률이다. 가치 신경망 입력도 상태 s이고 출력은 s의 가치이다.

#2. 정책 함수(select_action) 정의(line 42~47)

입력은 상태(state)이고 return은 선택한 행동과 이를 선택할 확률의 log 값이다(**그림 5**). 신경망의 출력인 행동의 확률(action_probs)로 확률분포(dist)를 만들어 행동 a를 추출하고(dist.sample( )), 정책 신경망 출력에서 a를 선택할 확률의 log 값(log_prob_action)을 반환한다.

#3. main(line 65~109)

```
for 에피소드_인덱스 in range(num_episodes):
    state에 환경의 초기 상태 저장
    done = False
    while not done:
        state를 정책 함수에 입력하여 action과 log_prob_action을 반환받기
        action을 환경에 입력하여 다음 상태, 보상, 종료여부(done)를 반환받기
        state를 가치 신경망에 입력하여 상태 가치를 반환받기
        다음 상태를 가치 신경망에 입력하여 다음 상태 가치를 반환받기
        보상, 다음 상태 가치와 done으로 TD target 만들기
        TD target과 상태 가치로 advantage 만들기
        TD target과 상태 가치를 사용하여 가치 신경망 업데이트하기
        log_prob_action과 advantage를 사용하여 정책 신경망 업데이트하기
        환경의 다음 상태를 state로 저장
    이동 횟수 200번이 연속해서 30회이면 학습을 종료
```

전체 코드를 구현하면 다음과 같다.

```python
import os, time, statistics, matplotlib.pyplot as plt, torch, torch.nn as nn
import torch.optim as optim, torch.nn.functional as F, gym, warnings, numpy as np
from torch.distributions import Categorical; from itertools import groupby
from tqdm import tqdm
warnings.filterwarnings('ignore')

# gym(0.25.2)는 np.bool8을 사용. numpy(2.0.2)는 np.bool8 대신 np.bool_를 사용
np.bool8 = np.bool_

env = gym.make("CartPole-v0")
gamma = 0.99 # discount factor

##### 1. 신경망(Neural Network) 구성: 그림4
##### 1-1. 정책 신경망(Policy Network or Actor)
class Actor(nn.Module):
  def __init__(self, input_size=4, num_actions=2):
    super(Actor, self).__init__()
    self.input_layer = nn.Linear(input_size, 128)
    self.output_layer = nn.Linear(128,  num_actions)
  def forward(self, state):
    x = F.relu(self.input_layer(state))
    action_logits = self.output_layer(x)
    action_probs = F.softmax(action_logits, dim = -1)
    return action_probs

actor = Actor()

##### 1-2. 상태가치 신경망(State-Value Network or Critic)
class Critic(nn.Module):
  def __init__(self, input_size=4):
    super(Critic, self).__init__()
    self.input_layer = nn.Linear(input_size, 128)
    self.output_layer = nn.Linear(128, 1)
  def forward(self, state):
    x = F.relu(self.input_layer(state))
    state_value = self.output_layer(x)
    return state_value

critic = Critic()

##### 2. 정책 함수: 상태를 입력받아 샘플링한 행동과 로그 확률을 반환: 그림5
def select_action(state):
  action_probs = actor(state)
  dist = Categorical(action_probs)
  action = dist.sample()
  log_prob_action = dist.log_prob(action)
  return action.item(), log_prob_action
```

```
# 30번 연속해서 만점을 받으면 학습 종료할 때 사용할 함수
# 리스트 lst의 처음 요소부터 시작하여 순차적으로 연속된 정수를 그룹화하고 각 그룹의 길이를 계산
def consecutive_length(lst):
  return [len(list(group)) for _, group in groupby(enumerate(lst),
                    lambda i_x:i_x[0]-i_x[1])]

##### 3. 파라미터 업데이트를 위한 Optimizer 설정
optimizer_actor = optim.AdamW(actor.parameters(), lr=0.001)
optimizer_critic = optim.AdamW(critic.parameters(), lr=0.001)

##### 4. 메인 학습 루프(Main Training Loop)
episode_durations = []   # 각 에피소드에서 환경이 몇 스텝 동안 지속되었는지 저장
movement200 = []         # step_count가 200에 도달한 에피소드 번호를 저장
num_episodes = 5000      # 최대 에피소드 수
t0 = time.time()         # 학습 시작 시간

for episode in range(num_episodes):
  state = env.reset()
  done = False
  step_count = 0

  while not done:
    # 그림6
    state = torch.FloatTensor(state)
    action, log_prob_action = select_action(state)
    next_state, reward, done, _ = env.step(action)

    # Critic(상태가치 신경망)을 통해 현재 상태(state)의 가치와
    # 다음 상태(next_state)의 가치를 추정
    value = critic(state)
    next_value = critic(torch.FloatTensor(next_state))

    # TD target과 Advantage 계산
    # done = True이면 (1 - done)가 0이 되어 다음 가치(next_value)가 반영되지 않음
    td_target = reward + gamma * next_value * (1 - done)
    advantage = td_target - value

    # 그림7
    # Critic 업데이트: 상태가치와 TD target이 일치하도록 MSE 손실 최소화
    critic_loss = F.mse_loss(value, td_target.detach())
    optimizer_critic.zero_grad()
    critic_loss.backward()
    optimizer_critic.step()

    # Actor 업데이트: 로그 확률 * advantage (gradient ascent)
    # PyTorch에서 최적화는 gradient descent이므로, -log_prob_action * advantage 사용
    actor_loss = -log_prob_action * advantage.detach()
    optimizer_actor.zero_grad()
    actor_loss.backward()
    optimizer_actor.step()
```

```
      # Update state and step_count
      state = next_state
      step_count += 1

    episode_durations.append(step_count)
    if step_count==200:
      movement200.append(episode)
      print(episode,',',max(consecutive_length(movement200)))
      if max(consecutive_length(movement200))>=30:
        break

t1 = time.time()# 학습 종료 시간
print("Training time: {}min".format(round((t1-t0)/60,2)))

# 학습 결과를 시각화
plt.title('A2C_one_step training')
plt.ylabel('Duration')
plt.xlabel('Episode')
plt.plot(episode_durations)
plt.savefig('A2C_one_step training.png', dpi=300, bbox_inches='tight')

##### 5. 검증
# Actor를 평가 모드로 전환(드롭아웃/배치 정규화 등을 사용하는 경우 필요)
actor.eval()
scores=[]
with torch.no_grad():
  # 50회의 에피소드를 테스트
  for i_episode in tqdm(range(50)):
    state = env.reset()
    done=False
    t=0
    while not done:
      t +=1
      with torch.no_grad():
        action_prob=actor(torch.tensor(state, dtype=torch.float32))
      action = torch.argmax(action_prob, dim = -1) # 가장 확률이 높은 액션 선택
      next_state, _, done, _ = env.step(action.item())
      state = next_state
      if done:
        scores.append(t)
        # 200 스텝을 채우지 못했다면 점수 출력
        if t!=200:
          print(t)

print("평균:", statistics.mean(scores))
print("표준편차:", statistics.stdev(scores))
```

그림 9. Colab에서 test한 코드이고, 주요 패키지 버전은 머리말 참고

8 부록

부록: 손실

아래 정리 1의 증명은 Sutton 책에 있는 증명(page 325)이다.

https://www.andrew.cmu.edu/course/10-703/textbook/BartoSutton.pdf

정리 1 One-step A2C에서 학습데이터가 다음과 같다고 하자.

$$\left[\log\pi_\theta\left(a_t|s_t\right), v_\phi\left(s_t\right), v_\phi\left(s_{t+1}\right), r_{t+1}\right]$$

이때, 다음이 성립한다.

$$\nabla_\theta J_{\text{actor}}(\theta) \approx \nabla_\theta \log\pi_\theta\left(a_t|s_t\right)\left\{r_{t+1} + \gamma v_\phi\left(s_{t+1}\right) - v_\phi\left(s_t\right)\right\}$$

증명 아래 식에 보조 정리 1~4를 적용하면 원하는 결과를 얻는다.

$$\begin{aligned}
J_{actor}(\theta) &= E_{\pi_\theta}\left[r_{t+1} + \gamma r_{t+2} + \cdots + \gamma^{T-t} r_{T+1}\right] \\
&= \sum\nolimits_s p(s) E_{\pi_\theta}\left[r_{t+1} + \gamma r_{t+2} + \cdots + \gamma^{T-t} r_{T+1} \middle| s_t = s\right] \\
&= \sum\nolimits_s p(s) v_{\pi_\theta}(s) = E_{s\sim p(s)}\left[v_{\pi_\theta}(s)\right] \approx v_{\pi_\theta}(s_0)
\end{aligned}$$

정의 1 상태 s_0 에서 정책 π_θ 를 따라 k 번 행동할 때, 상태 s_0 가 상태 s로 변할 확률을 $p(s_0 \to s, k, \pi_\theta)$로 나타내자. 이때, 다음이 성립한다.

$$p(s_0 \to s, 0, \pi_\theta) = \begin{cases} 1 & (s = s_0) \\ 0 & (s \neq s_0) \end{cases}, \quad \sum_s p(s_0 \to s, 0, \pi_\theta) f(s) = f(s_0)$$

$$p(s_0 \to s, 1, \pi_\theta) = \sum_s \pi\left(a|s_0\right) p\left(s|s_0, a\right)$$

$$p(s_0 \to s, k, \pi_\theta) = \sum_s p(s_0 \to s', 1, \pi_\theta) p(s' \to s, k-1, \pi_\theta) \ (k \geq 2)$$

보조 정리 1 상태 공간이 $\{s_0, s_1\}$ 이고 상태 s_0 에서 시작한 경로의 길이가 2라고 하자. 이때 다음이 성립한다.

$$\nabla_\theta v_{\pi_\theta}(s_0) = \sum_s \sum_{k=0}^{1} \gamma^k p(s_0 \to s, k, \pi) \sum_a \{\nabla_\theta \pi_\theta(a|s)\} q_{\pi_\theta}(s,a)$$

증명 상태 가치와 행동 가치에 대한 Bellman 기대 방정식과 확률의 성질을 사용하여 다음을 얻을 수 있다.

$$\begin{aligned}
&\nabla_\theta v_{\pi_\theta}(s_0) \\
&= \nabla_\theta \left[\sum_a \pi_\theta(a|s_0) q_{\pi_\theta}(s_0,a) \right] \\
&= \sum_a \left[\{\nabla_\theta \pi_\theta(a|s_0)\} q_{\pi_\theta}(s_0,a) + \pi_\theta(a|s_0) \nabla_\theta q_{\pi_\theta}(s_0,a) \right] \qquad (1) \\
&= \sum_a \left[\{\nabla_\theta \pi_\theta(a|s_0)\} q_{\pi_\theta}(s_0,a) + \pi_\theta(a|s_0) \nabla_\theta \sum_{s'} p(s'|s_0,a) \{r + \gamma v_{\pi_\theta}(s')\} \right] \\
&= \sum_a \left[\{\nabla_\theta \pi_\theta(a|s_0)\} q_{\pi_\theta}(s_0,a) + \gamma \pi_\theta(a|s_0) \sum_{s'} p(s'|s_0,a) \nabla_\theta v_{\pi_\theta}(s') \right]
\end{aligned}$$

$\nabla_\theta v_{\pi_\theta}(s_0)$ 에 대한 식을 $\nabla_\theta v_{\pi_\theta}(s')$ 에 적용한 후, 문제에 주어진 가정(상태 s_0 에서 시작한 경로의 길이가 2이므로 $v_{\pi_\theta}(s'') = 0$)을 적용하면 다음을 얻는다.

$$\begin{aligned}
\nabla_\theta v_{\pi_\theta}(s') &= \sum_{a'} \begin{bmatrix} \{\nabla_\theta \pi_\theta(a'|s')\} q_{\pi_\theta}(s',a') \\ + \gamma \pi_\theta(a'|s') \sum_{s''} p(s''|s',a') \nabla_\theta v_{\pi_\theta}(s'') \end{bmatrix} \\
&= \sum_{a'} \begin{bmatrix} \{\nabla_\theta \pi_\theta(a'|s')\} q_{\pi_\theta}(s',a') \\ + \gamma \pi_\theta(a'|s') \sum_{s''} p(s''|s',a') \nabla_\theta 0 \end{bmatrix} \qquad (2) \\
&= \sum_{a'} \{\nabla_\theta \pi_\theta(a'|s')\} q_{\pi_\theta}(s',a')
\end{aligned}$$

식 (1)에 식 (2)를 대입하면, 다음과 같이 원하는 결과를 얻는다.

$$
\begin{aligned}
&\nabla_\theta v_{\pi_\theta}(s_0) \\
&= \sum_a \left[\begin{aligned} &\left\{\nabla_\theta \pi_\theta(a|s_0)\right\} q_{\pi_\theta}(s_0, a) \\ &+ \gamma \pi_\theta(a|s_0) \sum_{s'} p(s'|s_0, a) \sum_{a'} \left\{\nabla_\theta \pi_\theta(a'|s')\right\} q_\theta(s', a') \end{aligned} \right] \\
&= \sum_a \left\{\nabla_\theta \pi_\theta(a|s_0)\right\} q_{\pi_\theta}(s_0, a) \\
&+ \gamma \sum_a \pi_\theta(a|s_0) \sum_{s'} p(s'|s_0, a) \sum_{a'} \left\{\nabla_\theta \pi_\theta(a'|s')\right\} q_\theta(s', a') \\
&= \sum_a \left\{\nabla_\theta \pi_\theta(a|s_0)\right\} q_{\pi_\theta}(s_0, a) \\
&+ \gamma \sum_{a'} \pi_\theta(a'|s_0) \sum_{s'} p(s'|s_0, a') \sum_{a} \left\{\nabla_\theta \pi_\theta(a|s')\right\} q_\theta(s', a) \\
&= \sum_a \left\{\nabla_\theta \pi_\theta(a|s_0)\right\} q_{\pi_\theta}(s_0, a) \\
&+ \gamma \sum_{a'} \pi_\theta(a'|s_0) \left\{ \begin{aligned} &p(s_0|s_0, a') \sum_a \left\{\nabla_\theta \pi_\theta(a|s_0)\right\} q_\theta(s_0, a) \\ &+ p(s_1|s_0, a') \sum_u \left\{\nabla_\theta \pi_\theta(a|s_1)\right\} q_\theta(s_1, a) \end{aligned} \right\} \\
&= \left\{1 + \gamma \sum_{a'} \pi_\theta(a'|s_0)\, p(s_0|s_0, a')\right\} \sum_a \left\{\nabla_\theta \pi_\theta(a|s_0)\right\} q_{\pi_\theta}(s_0, a) \\
&\quad + \gamma \sum_{a'} \pi_\theta(a'|s_0)\, p(s_1|s_0, a') \sum_a \left\{\nabla_\theta \pi_\theta(a|s_1)\right\} q_{\pi_\theta}(s_1, a) \\
&= \left\{1 + \gamma \sum_{a'} \pi_\theta(a'|s_0)\, p(s_0|s_0, a')\right\} \sum_a \left\{\nabla_\theta \pi_\theta(a|s_0)\right\} q_{\pi_\theta}(s_0, a) \\
&\quad + \left\{0 + \gamma \sum_{a'} \pi_\theta(a'|s_0)\, p(s_1|s_0, a')\right\} \sum_a \left\{\nabla_\theta \pi_\theta(a|s_1)\right\} q_{\pi_\theta}(s_1, a) \\
&= \sum_{k=0}^{1} \gamma^k p(s_0 \to s_0, k, \pi) \sum_a \left\{\nabla_\theta \pi_\theta(a|s_0)\right\} q_{\pi_\theta}(s_0, a) \\
&\quad + \sum_{k=0}^{1} \gamma^k p(s_0 \to s_1, k, \pi) \sum_a \left\{\nabla_\theta \pi_\theta(a|s_1)\right\} q_{\pi_\theta}(s_1, a) \\
&= \sum_s \sum_{k=0}^{1} \gamma^k p(s_0 \to s, k, \pi) \sum_a \left\{\nabla_\theta \pi_\theta(a|s)\right\} q_{\pi_\theta}(s, a)
\end{aligned}
$$

Q.E.D.

보조 정리 2 임의의 유한 상태 공간에서 상태 s_0 에서 시작한 경로의 길이가 T 라고 할 때, 다음이 성립한다.

$$\nabla_\theta v_{\pi_\theta}(s_0) = \sum_s \sum_{k=0}^{T-1} \gamma^k p(s_0 \to s, k, \pi) \sum_a \left\{ \nabla_\theta \pi_\theta(a|s) \right\} q_{\pi_\theta}(s,a)$$

증명 보조 정리 1의 증명을 이용하면 다음과 같이 원하는 결과를 얻는다.

$$\begin{aligned}
\nabla_\theta v_{\pi_\theta}(s_0) &= \sum_a \left[\begin{aligned} &\left\{ \nabla_\theta \pi_\theta(a|s_0) \right\} q_{\pi_\theta}(s,a) \\ &+ \gamma \pi_\theta(a|s_0) \sum_{s'} p(s'|s_0,a) \sum_{a'} \left\{ \nabla_\theta \pi_\theta(a'|s') \right\} q_{\pi_\theta}(s',a') \\ &+ \gamma \pi_\theta(a|s_0) \sum_{s'} p(s'|s_0,a) \sum_{a'} \pi_\theta(a'|s') \sum_{s''} p(s''|s',a') \nabla_\theta v_{\pi_\theta}(s'') \end{aligned} \right] \\
&= \cdots = \sum_s \sum_{k=0}^{T-1} \gamma^k p(s_0 \to s, k, \pi) \sum_a \left\{ \nabla_\theta \pi_\theta(a|s) \right\} q_{\pi_\theta}(s,a)
\end{aligned}$$

Q.E.D.

보조 정리 2.의 증명에서 생략된 부분 없이 증명하려면 수학적 귀납법을 이용하면 된다. 이때 다음과 같은 상태 가치의 귀납적 정의를 사용하면 된다.

$$v_{\pi_\theta}^{(h)}(s) = \sum_a \pi_\theta(a|s) q_{\pi_\theta}(s,a) = \sum_a \pi_\theta(a|s) \left[r(s,a) + \gamma \sum_{s'} p(s'|s,a) v_{\pi_\theta}^{(h-1)}(s') \right]$$

여기서 $v_{\pi_\theta}^{(h)}(s)$ 는 경로의 길이가 h 일 때 다음과 같이 상태 가치를 나타낸다:

$$v_{\pi_\theta}^{(0)}(s) = 0,\ v_{\pi_\theta}^{(h)}(s) = E_{\tau \sim \pi_\theta}\left[\sum_{t=0}^{h-1} \gamma^t r(s_t, a_t, s_{t+1}) \middle| s_0 = s \right]$$

특히, $T = 1$ 일 때, 다음이 성립한다.

$$q_{\pi_\theta}(s,a) = r(s,a) + \gamma \sum_{s'} p(s'|s,a) v_{\pi_\theta}^{(0)}(s') = r(s,a)$$

$$
\begin{aligned}
\nabla_\theta v_{\pi_\theta}^{(1)}(s) &= \nabla_\theta \sum_a \pi_\theta(a|s) q_{\pi_\theta}(s,a) \\
&= \nabla_\theta \sum_a \pi_\theta(a|s) r(s,a) \\
&= \sum_a \left\{\nabla_\theta \pi_\theta(a|s)\right\} r(s,a) \\
&= \sum_a \left\{\nabla_\theta \pi_\theta(a|s)\right\} q_{\pi_\theta}(s,a)
\end{aligned}
$$

나머지 과정은 생략한다.

보조 정리 3 임의의 유한 상태 공간에서 상태 s_0에서 시작한 경로의 길이가 고정되었다고 할 때, 다음이 성립한다.

$$
\nabla_\theta v_{\pi_\theta}(s_0) \approx E_{\substack{s\sim\mu(s|s_0) \\ a\sim\pi_\theta(a|s)}}\left[\left\{\nabla_\theta \log \pi_\theta(a|s)\right\}\left\{q_{\pi_\theta}(s,a) - v_{\pi_\theta}(s)\right\}\right]
$$

여기서 $\mu(s|s_0) = \left(\sum_{s'}\sum_{k=0}^{T-1}\gamma^k p(s_0 \to s', k, \pi)\right)^{-1} \sum_{k=0}^{T-1} p(s_0 \to s, k, \pi)$

증명 보조 정리 2와 제 3장 부록 문제 1을 이용하면, 시작한 경로의 길이가 T 라고 할 때, 다음과 같이 원하는 결과를 얻는다.

$$
\begin{aligned}
\nabla_\theta v_{\pi_\theta}(s_0) &= \sum_s \left(\sum_{k=0}^{T-1} p(s_0 \to s, k, \pi)\right) \sum_a \left\{\nabla_\theta \pi_\theta(a|s)\right\} q_{\pi_\theta}(s,a) \\
&\equiv \sum_s \eta(s|s_0) \sum_a \left\{\nabla_\theta \pi_\theta(a|s)\right\} q_{\pi_\theta}(s,a) \\
&= \left(\sum_{s'} \eta(s'|s_0)\right) \sum_s \frac{\eta(s|s_0)}{\sum_{s'} \eta(s'|s_0)} \sum_a \left\{\nabla_\theta \pi_\theta(a|s)\right\} q_{\pi_\theta}(s,a)
\end{aligned}
$$

여기서 상수 $\sum_{s'} \eta(s'|s_0)$를 생략할 수 있다. 그 이유는 경사하강법으로 정책 신경망의 파라미터를 업데이트할 때, hyperparameter* $\nabla_\theta v_{\pi_\theta}(s_0)$인 형태로 $\nabla_\theta v_{\pi_\theta}(s_0)$를 사용하기 때문이다. 상수 $\sum_{s'} \eta(s'|s_0)$를 생략하여 다음을 얻는다.

$$
\begin{aligned}
\nabla_\theta v_{\pi_\theta}(s_0) &\approx \sum_s \left(\frac{\eta(s|s_0)}{\sum_{s'} \eta(s'|s_0)} \right) \sum_a \{\nabla_\theta \pi_\theta(a|s)\} q_{\pi_\theta}(s,a) \\
&\equiv \sum_s \mu(s|s_0) \sum_a \{\nabla_\theta \pi_\theta(a|s)\} q_{\pi_\theta}(s,a) \\
&= E_{s\sim\mu(s|s_0)}\left[\sum_a \{\nabla_\theta \pi_\theta(a|s)\} q_{\pi_\theta}(s,a) \right] \\
&= E_{s\sim\mu(s|s_0)}\left[\sum_a \pi_\theta(a|s) \frac{\nabla_\theta \pi_\theta(a|s)}{\pi_\theta(a|s)} q_{\pi_\theta}(s,a) \right] \\
&= E_{s\sim\mu(s|s_0)}\left[\sum_a \pi_\theta(a|s) \{\nabla_\theta \log \pi_\theta(a|s)\} q_{\pi_\theta}(s,a) \right] \\
&= E_{\substack{s\sim\mu(s|s_0) \\ a\sim\pi_\theta(a|s)}}\left[\{\nabla_\theta \log \pi_\theta(a|s)\} q_{\pi_\theta}(s,a) \right] \\
&= E_{\substack{s\sim\mu(s|s_0) \\ a\sim\pi_\theta(a|s)}}\left[\{\nabla_\theta \log \pi_\theta(a|s)\} \{q_{\pi_\theta}(s,a) - v_{\pi_\theta}(s)\} \right]
\end{aligned}
$$

⟨∵ REINFORCE_baseline 부록 문제 1

Q.E.D.

보조 정리 4 Advantage $A(s_t, a_t)$에 대하여 다음이 성립한다.

$$
\begin{aligned}
A(s_t,a_t) &= q_{\pi_\theta}(s_t,a_t) - v_{\pi_\theta}(s_t) \\
&= \sum_{s_{t+1}} p(s_{t+1}|s_t,a_t)\{r(s_t,a_t,s_{t+1}) + \gamma v_{\pi_\theta}(s_{t+1})\} - v_{\pi_\theta}(s_t) \\
&= \mathrm{E}_{s_{t+1}\sim p(s_{t+1}|s_t,a_t)}\left[r(s_t,a_t,s_{t+1}) + \gamma v_{\pi_\theta}(s_{t+1}) \right] - v_{\pi_\theta}(s_t) \\
&\approx r_{t+1} + \gamma v_{\pi_\theta}(s_{t+1}) - v_{\pi_\theta}(s_t)
\end{aligned}
$$

증명 Bellman 기대 방정식을 사용하면 원하는 결과를 얻는다.

부록: bootstrapping

통계에서 부트스트랩(bootstrap)은 모집단(통계적인 관찰의 대상이 되는 집단 전체)에서 추출한 표본(모집단의 부분 집합)에서 복원추출 방식으로 다시 표본을 뽑아 전체 표본을 늘리는 방법이다. 즉, 가설 검정 등에 사용할 표본에서 다시 표본을 추출한다. 강화학습에서 사용하는 부트스트랩 방법은 추정값 A에 추정값 B가 포함되었을 때를 말한다. 즉, 추정값을 이용해 또 다른 값을 추정하는 방법을 말한다.

부록: 5-step A2C 코드 **그림** 9(전체 코드)의 4. 메인 학습 루프를 아래와 같이 바꾸면 5-step A2C가 된다. 5-step 학습데이터, advantage, actor 손실은 다음과 같다.

$$\log \pi_\theta(a_t | s_t), v_\phi(s_t), v_\phi(s_{t+5}), r_{t+1}, r_{t+2}, r_{t+3}, r_{t+4}, r_{t+5}$$

$$\text{advantage} = r_{t+1} + \gamma r_{t+2} + \gamma^2 r_{t+3} + \gamma^3 r_{t+4} + \gamma^4 r_{t+5} + \gamma^5 v_\phi(s_{t+5}) - v_\phi(s_t)$$

$$\text{loss}_{\text{actor}} = -\log \pi_\theta(a_t | s_t) \left\{ \sum_{\ell=1}^{5} \gamma^{\ell-1} r_{t+\ell} + \gamma^5 v_\phi(s_{t+5}) - v_\phi(s_t) \right\}$$

```
##### 4. 메인 학습 루프(Main Training Loop)
episode_durations = [] # 각 에피소드에서 환경이 몇 스텝 동안 지속되었는지 저장
movement200 = []       # step_count가 200에 도달한 에피소드 번호를 저장
n_step = 5             # n-step A2C를 위한 n-스텝 설정
num_episodes = 5000    # 최대 에피소드 수
t0 = time.time()       # 학습 시작 시간

for episode in range(num_episodes):
    state = env.reset()
    done = False
    step_count = 0
    rollout = [] # (state, action, reward, value, log_prob_action) 저장

    while not done:
        state = torch.FloatTensor(state)
        action, log_prob_action = policy(state)
        next_state, reward, done, _ = env.step(action)

        # Critic estimates value function
        value = critic(state)
        rollout.append((state, action, reward, value, log_prob_action))

        state = next_state
        step_count += 1
```

```
# n-step이 쌓이거나 혹은 에피소드가 끝났을 경우에 업데이트
if len(rollout) == n_step or done:
  # 에피소드가 종료되지 않았다면 next_state의 가치 추정
  if not done:
    next_value = critic(torch.FloatTensor(next_state)).detach()
  else:
    # 에피소드가 끝났다면 next_state의 가치는 0
    next_value = torch.zeros(1)

  # returns (역으로 계산된 R) 리스트를 구함
  returns = []
  R = next_value
  for (_, _, r, v, _) in reversed(rollout):
    R = r + gamma * R
    returns.insert(0, R)# rollout 끝에서부터 계산한 보상 R를 앞에 삽입(index 0)

  # rollout에서 첫 번째 transition만 사용
  # (n-step A2C에서는 가장 오래된 transition부터 업데이트)
  s0, a0, r0, v0, log_p_a0 = rollout[0]

  # TD Target (R0)과 Advantage 계산
  R0 = returns[0].detach()
  advantage = R0 - v0.detach()

  # 1) Critic 업데이트: MSE(상태가치 - 타겟)
  critic_loss = F.mse_loss(v0, R0)
  optimizer_critic.zero_grad()
  critic_loss.backward()
  optimizer_critic.step()

  # 2) Actor 업데이트: -log_prob * advantage
  actor_loss = -log_p_a0 * advantage
  optimizer_actor.zero_grad()
  actor_loss.backward()
  optimizer_actor.step()

  # n-step 버퍼인 rollout 초기화
  rollout = []

# 각 에피소드마다 환경이 몇 스텝 유지되었는지 저장
episode_durations.append(step_count)

# CartPole-v0 환경에서는 200 스텝이면 성공이라고 간주
if step_count == 200:
  movement200.append(episode)
  print(episode, ',', max(consecutive_length(movement200)))
  # 200 스텝을 최소 30회 연속 달성하면 학습 중단
  if max(consecutive_length(movement200)) >= 30:
    break
```

부록: A2C 알고리즘 One-step A2C의 알고리즘에 대한 설명이다.

One-step Actor-Critic (episodic), for estimating $\pi_\theta \approx \pi_*$

1. Input: a differentiable policy parameterization $\pi(a|s, \boldsymbol{\theta})$
2. Input: a differentiable state-value function parameterization $\hat{v}(s, \boldsymbol{w})$
3. Parameters: step size $\alpha^{\boldsymbol{\theta}} > 0$, $\alpha^{\boldsymbol{w}} > 0$
4. Initialize policy parameter $\boldsymbol{\theta} \in R^{d'}$ and state-value parameter $\boldsymbol{w} \in R^{d}$ (e.g., to 0)

5. Loop forever (for each episode):
6.   Initialize S (first state of episode)
7.   Loop while S is not terminal (for each time step):
8. $A \sim \pi(\cdot|S, \theta)$
9.   Take action A, observe S', R
10. $\delta \leftarrow R + \gamma\hat{v}(S', \boldsymbol{w}) - \hat{v}(S, \boldsymbol{w})$ (if S' is terminal, then $\hat{v}(S', \boldsymbol{w}) = 0$)
11. $\boldsymbol{w} \leftarrow \boldsymbol{w} + \alpha^{\boldsymbol{w}}\delta\nabla\hat{v}(S, \boldsymbol{w})$
12. $\boldsymbol{\theta} \leftarrow \boldsymbol{\theta} + \alpha^{\boldsymbol{\theta}}\delta\nabla ln\pi(A|S, \boldsymbol{\theta})$
13. $S \leftarrow S'$

Line 1: $s, a, \theta, \pi(a|s, \theta)$는 각각 상태, 상태에서 선택한 행동, 정책 신경망의 파라미터와 확률적 정책 $\pi_\theta(a|s)$를 나타낸다.

Line 2: $s, w, \hat{v}(s, w)$는 각각 상태, 가치 신경망의 파라미터와 싱태 가치 $\hat{v}_w(s)$를 나타낸다.

Line 3: α^θ, α^w는 각각 정책과 가치 신경망의 학습률을 나타낸다.

Line 4: d', d는 각각 정책과 가치 신경망의 파라미터(가중치와 편향치) 개수를 나타낸다.

Line 5: 아래와 같이 **그림 9**(전체 코드)의 line 65에 해당한다.

```
for episode in range(num_episodes):
```

Line 6: 아래와 같이 **그림 9**(전체 코드)의 line 66에 해당한다.

```
state = env.reset()
```

Line 7~13: **그림 9**의 line 70~102에 해당한다. δ는 **그림 9**의 line 84에 있는 advantage에 해당한다.

제 4 장

Asynchronous Advantage Actor Critic(A3C)

지금까지 소개한 강화학습 방법에서는 하나의 에이전트만을 사용했지만, 여러 에이전트(로컬 모델1, …, 로컬 모델n)를 multi-core CPU에서 병렬적으로 사용하여 글로벌 모델을 업데이트하는 방법이 있다. 예를 들면, 아래 **그림 1**과 같이 두 개의 에이전트(로컬 모델1, 로컬 모델2를 가진 프로세스)가 독립적으로 환경과 상호작용하여 데이터를 수집하고, 이를 통해 손실 함수의 그래디언트를 계산한다. 그리고 로컬 모델1 또는 2의 그래디언트 중 하나만 선택하여 글로벌 모델을 업데이트한다(비동기적 업데이트). 즉, **그림 1**(c)를 보면 로컬 모델1의 그래디언트만 선택하여 글로벌 모델의 파라미터를 θ_0 에서 θ_1 으로 업데이트한 후, 로컬 모델1의 파라미터를 θ_1 으로 변경한다(**그림 1**(d)). 이때 로컬 모델2는 관여하지 않는다. 모델에 사용한 신경망이 A2C인 경우, **그림 1**과 같이 비동기적(Asynchronous)으로 A2C를 업데이트하는 방법을 Asynchronous A2C(A3C)라고 한다. **그림 1**은 A3C에서 사용하는 비동기적 업데이트 과정의 시작 부분을 요약한 **그림**으로 자세한 내용은 아래에서 다룬다.

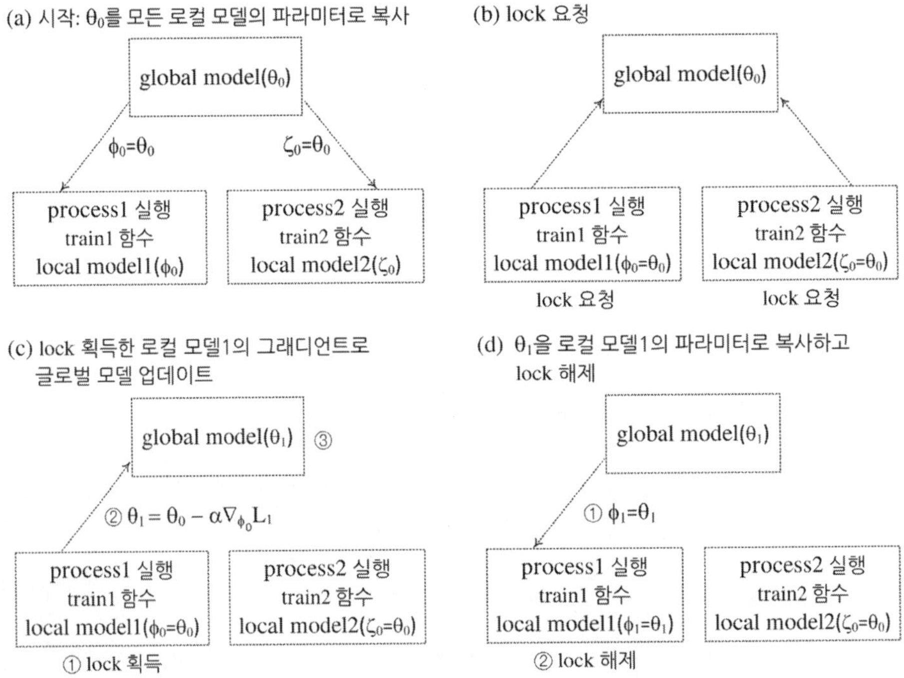

그림 1

1 용어 설명과 구성 요소

그림 2는 위 **그림 1**(a)에 대한 설명으로, 먼저 글로벌 모델을 생성한 후 파이썬의 멀티프로세스(multiprocessing.Process)를 이용하여 두 개의 에이전트(worker1, worker2)에 해당하는 프로세스(process1, process2)를 만든다. 이때, 각 프로세스에서 실행할 함수는 train이며, 편의상 process1과 process2에 실행하는 함수 train을 각각 train1과 train2라고 하자. 각 train 함수 내부에는 로컬 모델(local model)이 있으며, A3C를 시작할 때 글로벌 모델의 파라미터 θ_0 를 로컬 모델 파라미터로 복사(load)한다. 즉,

$$\phi_0 = \theta_0 , \ \xi_0 = \theta_0$$

로 설정한다.

(a) 시작: θ_0를 모든 로컬 모델의 파라미터로 복사

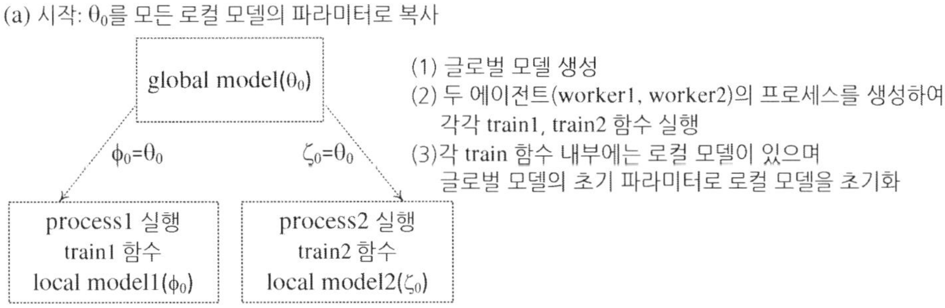

그림 2. 위 그림1(a) 설명

그림 3은 위 **그림 1**(b)에 대한 설명으로 lock 요청에 대하여 알아보자.

(b) lock 요청

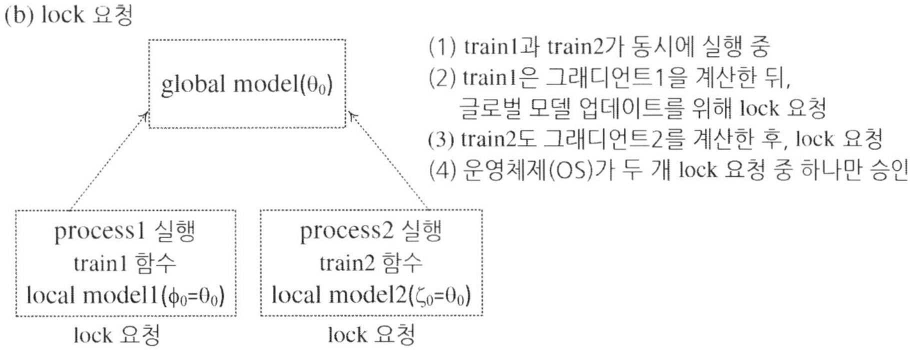

그림 3. 위 그림 1(b) 설명

실행 중인 함수 train1 내부에서 로컬 모델1이 환경과 상호작용하면서 데이터를 수집하고 이를 사용하여 손실(loss)을 만들어 그래디언트1 을 계산한다. 그래디언트1으로 글로벌 모델을 업데이트하겠다고 운영 체제(OS)에 요청한다. 이를 lock 요청이라고 하자. 마찬가지로 함수 train2 내부에서도 그래디언트2로 글로벌 모델을 업데이트하겠다고 lock 요청을 한다. 운영 체제(OS)가 lock을 사용할 프로세스를 하나 결정한다.

그림 4는 위 **그림** 1(c)에 대한 설명으로, 실행 중인 train1의 내부에서 lock을 획득하여 그래디언트1$\left(\nabla_{\phi_0} L_2,\ \phi_0 = \theta_0\right)$으로 글로벌 모델을 업데이트한다.

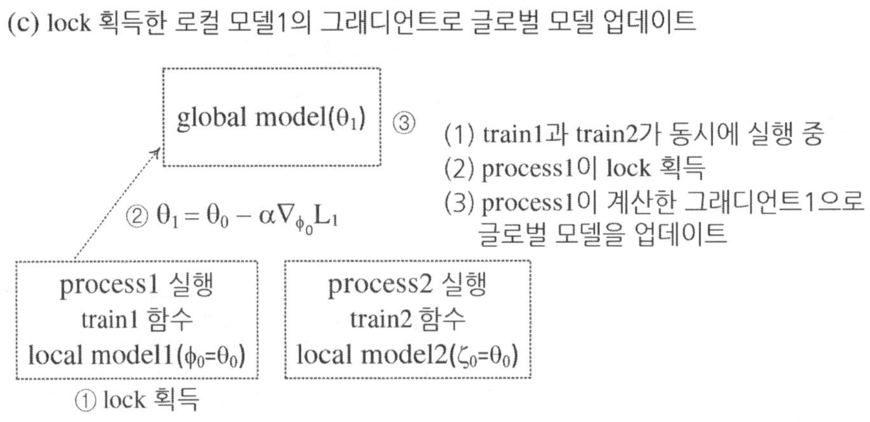

그림 4. 위 그림 1(c) 설명

그림 5는 위 **그림** 1(d)에 대한 설명으로, 실행 중인 train1의 내부에서 글로벌 모델의 파라미터를 로컬 모델1의 파라미터로 load한다. 그리고 획득한 lock을 해제한다.

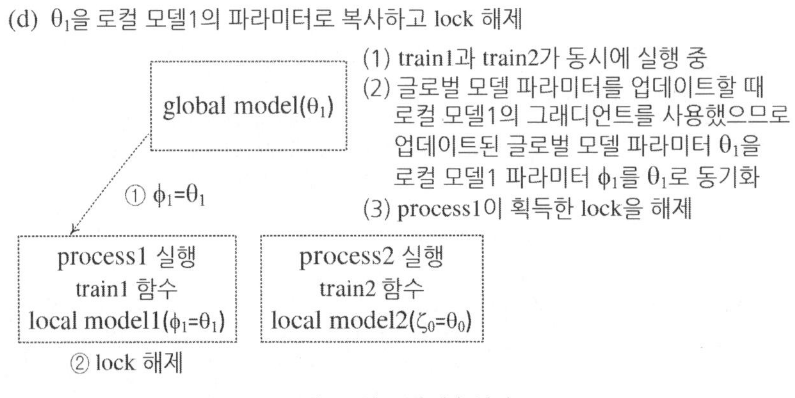

그림 5. 위 그림 1(d) 설명

만약 위 **그림** 1(d)에 이어서 process2가 lock을 획득한다면, process2는 이전에 계산해 둔 그래디언트2를 사용하여 글로벌 모델을 업데이트한다.

$$\theta_2 = \theta_1 - \alpha\nabla_{\zeta_0} L_2,\ \zeta_0 = \theta_0$$

여기서 사용된 그래디언트2는 최신 파라미터 θ_1 이 아닌 이전 파라미터 θ_0 로 계산된 값이다. 즉, 지연된 그래디언트(stale gradient)이다. 글로벌 모델이 θ_2 로 업데이트되면, 로컬 모델2의 파라미터 ζ_1 도 θ_2 로 동기화된다.

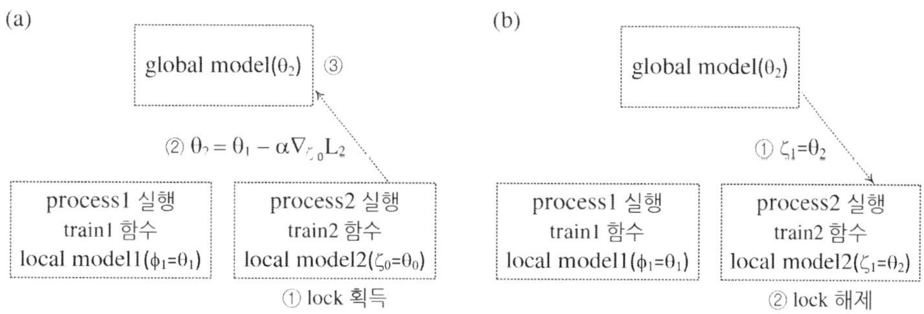

그림 6

이를 식으로 표현하면 다음과 같다.

$$\theta_{global} \leftarrow \theta_{global} - \alpha\nabla_{\theta_{local}^{(k)}} L_k$$
$$k = 1, 2,\ \theta_{local}^{(1)} = \phi_0, \phi_0, \cdots,,\ \theta_{local}^{(2)} = \zeta_0, \zeta_1, \cdots$$

지연된 그래디언트(stale gradient)는 최신 파라미터가 아닌 조금 이전의 파라미터로 계산된 기울기이지만, 모델 파라미터는 한 번에 크게 변하지 않기 때문에, 오래된 기울기라도 여전히 대체로 올바른 방향을 가리키므로, 전역 최적점으로 가는 경로에서 약간의 노이즈가 추가될 뿐, 전체적인 학습 흐름은 여전히 올바른 쪽으로 진행된다. A3C에서는 여러 에이전트(worker)가 비동기적으로 학습을 진행하므로 빠른 업데이트가 가능하며 실제로 잘 작동한다.

위 **그림 1~6**에서 설명한 글로벌 모델 업데이트 과정에 관여하는 구성 요소는 **그림 7**과 같이 global(A2C 모델), process1(local 모델1을 내부에 가진 train1 함수), process2(local 모델2를 내부에 가진 train2 함수)와 global 모델 업데이트에 사용하는 lock이 있다. **그림 7**에서 ①은 lock을 획득한 프로세스n로 구한 그래디언트으로 global 모델을 업데이트하고, ②는 업데이트한 global 모델의 파라미터로 local 모델n의 파라미터를 변경하는 내용을 나타낸다. 즉, global 모델 자체가 그래디언트를 계산하지 않고 각 local 모델에서 계산한 지연된 그래디언트(stale gradient)를 사용하여 글로벌 모델 파라미터를 업데이트하는 구조이다.

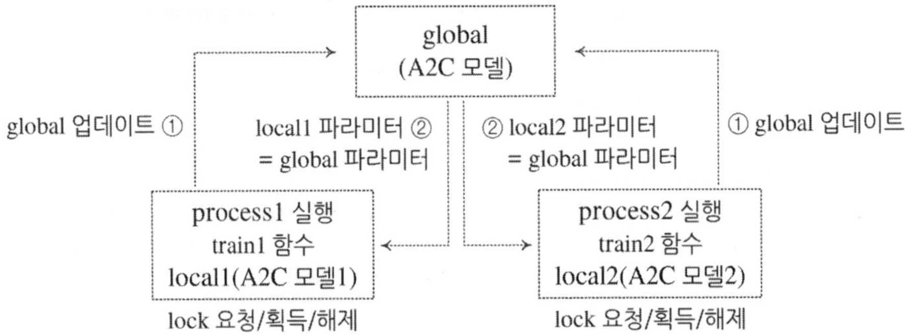

그림 7. 구성 요소

요약하면, A3C에서는 여러 프로세스(worker)가 독립적으로 환경과 상호작용하며 로컬 모델로부터 그래디언트를 계산한다. 이 그래디언트는 최신 글로벌 파라미터가 아니라 조금 이전 파라미터 기준으로 계산되므로 지연된 그래디언트(stale gradient)가 된다. 하지만 모델 파라미터는 한 번에 크게 변하지 않기 때문에, stale gradient도 여전히 올바른 방향을 제시한다. 따라서 전체 학습은 전역 최적점으로 수렴하며, 동시에 여러 워커가 병렬로 학습을 수행하므로 빠른 업데이트가 가능하다.

2 신경망 구조

그림 8은 A3C에서 사용할 정책 신경망과 가치 신경망으로 자세한 설명은 제3장 A2C의 신경망 구조 설명으로 대신한다.

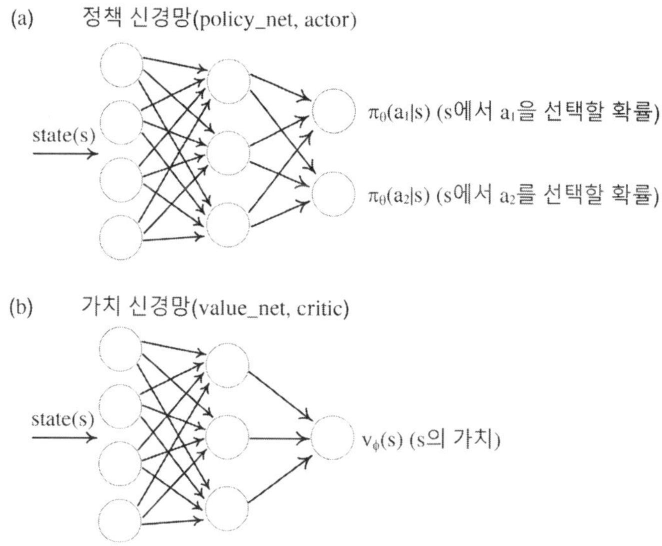

그림 8. Actor와 critic 클래스 코딩에 사용하는 이미지

3 정책(상태를 입력하면 행동 출력) 정의

그림 9와 같이 정책을 정할 때, 로컬 신경망을 사용한다. 자세한 내용은 제1장 REINFORCE_MC에 대한 설명으로 대신한다.

action_prob = policy_net(state)

action_prob = $[\pi_\theta(a_1|s)\ ,\ \pi_\theta(a_2|s)]$

action	a_1	a_2
확률	$\pi_\theta(a_1|s)$	$\pi_\theta(a_2|s)$
log(확률)	$\log\pi_\theta(a_1|s)$	$\log\pi_\theta(a_2|s)$

표본추출 → ① a_1 , a_2 중 하나 a_i

↓

② $\log\pi_\theta(a_i|s)$

그림 9. 정책 코딩에 사용하는 이미지

4 학습데이터 정의

그림 10은 제3장 A2C와 같이 정책 신경망(Actor-net)과 가치 신경망(Critic-net)을 사용하여 1-step 학습데이터를 만드는 과정으로, 이를 사용하여 정책과 가치 신경망을 업데이트한다. 2-step 학습데이터를 만들려면 환경과 로컬 신경망의 상호 작용을 s_t, a_t, s_{t+1}, a_{t+1}, s_{t+2} 까지 진행하면 된다.

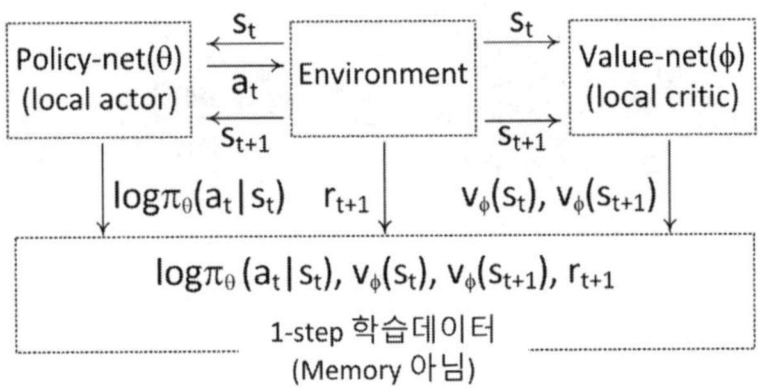

그림 10. 학습데이터 코딩에 사용하는 이미지

5 손실 정의

아래 **그림 11**의 ①~③을 보면, 정책 신경망을 업데이트할 때 사용하는 actor 손실($\text{loss}_{\text{actor}}$)은 다음과 같음을 알 수 있다.

$$\text{loss}_{\text{local\_actor}}(\theta) = -\log \pi_\theta(a_t|s_t)\left\{r_{t+1} + \gamma v_\phi(s_{t+1}) - v_\phi(s_t)\right\}$$

그림 11의 ④는 가치 신경망를 업데이트할 때 사용하는 critic 손실($\text{loss}_{\text{critic}}$)이다.

$$\text{loss}_{\text{local\_critic}}(\phi) = \left\{r_{t+1} + \gamma v_\phi(s_{t+1}) - v_\phi(s_t)\right\}^2$$

상태 s_t 에서 가치 신경망(파라미터 ϕ)의 target은 아래 ④와 같이 $v_\theta(s_t)$ 에 대한 Bellman 기대 방정식으로 만든다. **그림 11**에 대한 자세한 설명은 제3장 [부록: 손실]을 참고한다.

① $\tau = (s_t, a_t, s_{t+1})$

1-step 학습데이터 $\left[\log \pi_\theta(a_t|s_t), v_\phi(s_t), v_\phi(s_{t+1}), r_{t+1}\right]$

② $$\nabla_\theta J_{\text{local\_actor}}(\theta) = \nabla_\theta E_{\pi_\theta}\left[R_{t+1} + \gamma R_{t+2} + \cdots + \gamma^{T-t-1} R_T\right]$$
$$\approx \nabla_\theta \log \pi_\theta(a_t|s_t)\left\{r_{t+1} + \gamma v_\phi(s_{t+1}) - v_\phi(s_t)\right\}$$

③ $\nabla_\theta \text{loss}_{\text{local\_actor}}(\theta) \approx -\nabla_\theta J_{\text{policy}}(\theta)$

$\therefore\ \text{loss}_{\text{local\_actor}}(\theta) = -\log \pi_\theta(a_t|s_t)\left\{r_{t+1} + \gamma v_\phi(s_{t+1}) - v_\phi(s_t)\right\}$

④ $$v_\theta(s_t) = \sum_{a_t} \pi_\theta(a_t|s_t) q_\theta(s_t, a_t)$$
$$= \sum_{a_t} \pi_\theta(a_t|s_t) \sum_{s_{t+1}} p(s_{t+1}|s_t, a_t)\left\{r_{t+1} + \gamma v_\theta(s_{t+1})\right\}$$
$$\approx r_{t+1} + \gamma v_\theta(s_{t+1}) \langle \because \text{1-step}$$
$$\approx r_{t+1} + \gamma v_\phi(s_{t+1})$$

$\therefore\ \text{loss}_{\text{local\_critic}}(\phi) = \left\{r_{t+1} + \gamma v_\phi(s_{t+1}) - v_\phi(s_t)\right\}^2$

그림 11. 정책과 가치의 손실 코딩에 사용하는 이미지

6 train 함수

모든 로컬 모델은 동일한 코드로 정의된 train 함수를 가지고, 아래 순서로 코딩하여 글로벌 모델의 파라미터를 업데이트한 후, 로컬 모델의 파라미터로 load한다.

① train의 입력(독립변수)은 글로벌 모델(global_model), 글로벌 모델을 업데이트할 때 사용할 옵티마이저(optimizer), **그림 1**에서 설명한 lock, 로컬 모델 번호 rank, 학습 기록을 저장할 train_rewards이다.

② 환경과 로컬 모델을 정의하고, 글로벌 모델의 파라미터를 로컬 모델의 파라미터로 load한 후, 로컬 모델과 환경이 상호작용하여 위 **그림 11**에서 설명한 손실을 만들어 로컬 모델의 그래디언트를 계산한다.

③ lock을 요청하여 획득하면 다음을 진행한다.

- local_grad를 글로벌 모델의 그래디언트(global_grad)로 저장한다.
- global_grad로 글로벌 모델의 파라미터(global_param)를 업데이트한다.
- local_grad를 제공한 로컬 모델의 파라미터로 global_param을 load한다.

7 Main

지금까지 위에서 설명한 '신경망 클래스 코딩에 사용하는 이미지(**그림 8**)', '정책 코딩에 사용하는 이미지(**그림 9**)', '학습데이터 코딩에 사용하는 이미지(**그림 10**)'와 '정책과 가치의 손실 코딩에 사용하는 이미지(**그림 11**)'를 이용하여 아래 순서로 1-step A2C를 사용한 A3C를 코딩한다.

① 글로벌 모델을 생성하고(**그림 8**) 파라미터 공유를 설정한다.

② 공유 옵티마이저(공유할 수 있도록 만든 Adam)를 초기화한다.

③ 파이썬의 multiprocessing으로 lock을 만든다(**그림 1**).

④ multiprocessing.Process로 프로세스1과 2를 생성한다(**그림 1**).

⑤ 프로세스1과 2를 실행한다. 즉, 위에서 설명한 train1과 train2 함수를 독립적으로 실행한다.

⑥ 프로세스1과 2의 실행이 모두 끝날 때까지 기다린다.

8 코드 설명

아래 **그림 12**는 lock 획득/해제 흐름과 공유 메모리를 설명하기 위한 toy 코드이다. 신경망은 nn.Linear(1,1,bias=False)를 사용했고 두 개의 에피소드(episode)와 각 에피소드에서 각 로컬 모델이 글로벌 모델을 1회만 업데이트한다.

```
import torch, torch.nn as nn, torch.optim as optim, multiprocessing as mp, time, warnings
warnings.filterwarnings('ignore')
NUM_WORKERS = 2
# -----------------------
# 공유 옵티마이저 정의
# -----------------------
class SharedAdam(optim.Adam):
    """
    PyTorch의 Adam을 상속하여,
    A3C(A2C) 멀티프로세싱 시에도 옵티마이저의 상태(모멘텀 등)를
    공유 메모리에 저장하도록 확장.
    """
    def __init__(self, params, lr=1e-4):
        super(SharedAdam, self).__init__(params, lr=lr)
        for group in self.param_groups:
            for p in group['params']:
                state = self.state[p]
                # step, exp_avg, exp_avg_sq를 share_memory로 설정
                state['step'] = torch.zeros(1).share_memory_()
                state['exp_avg'] = torch.zeros_like(p.data).share_memory_()
                state['exp_avg_sq'] = torch.zeros_like(p.data).share_memory_()
# -----------------------
# 함수 train 정의
# -----------------------
def train(global_model, optimizer, lock, rank):
    # 로컬 모델 초기화 및 글로벌 모델 파라미터 복사
    local_model = nn.Linear(1,1, bias=False)
    local_model.load_state_dict(global_model.state_dict())
    print(f"# 1. process{rank}: train 시작 (time {time.time():.4f}) \n")

    for episode in [0,1]:
        state=torch.tensor([1.0])
        step_count=0

        while step_count < 1:
            step_count += 1
            next_state=local_model(state)
            loss=(state-next_state)**2
            optimizer.zero_grad()
            loss.backward()

            # lock으로 보호된 상태에서 grad 복사 → 전역 모델 업데이트 → 로컬 동기화
            with lock:
```

```
        # --------- lock 획득 시점 ---------
        print(f" process{rank}: lock 획득 (time {time.time():.4f}),\n")
        # 로컬 -> 전역 파라미터 grad 복사
        for local_param, global_param in zip(local_model.parameters(), global_model.parameters()):
          if global_param.grad is None:
            global_param._grad = local_param.grad

        # 전역 모델 업데이트
        optimizer.step()
        # 전역 모델 업데이트 횟수
        for group in optimizer.param_groups:
          for p in group['params']:
            state = optimizer.state[p]
            print(f'process{rank}: 전역 모델 업데이트({int(state["step"].item())}번째, time {time.time():.4f})
        # 로컬 동기화 : 전역 파라미터 -> 로컬 파라미터
        local_model.load_state_dict(global_model.state_dict())
        # --------- lock 해제 시점 ---------
        print(f" process{rank}: lock 해제 (time {time.time():.4f}),\n")

      # Detach next_state to prevent graph accumulation
      state = next_state.detach()

    # 한 에피소드 종료
    print(f" process{rank}: episode {episode} 마침 (time {time.time():.4f}),\n")
  print(f"## 2. process{rank}: train 종료 (time {time.time():.4f}) \n")
# -----------------------
# 메인 실행
# -----------------------
if __name__ == '__main__':
  # 1. 글로벌 모델 생성 및 파라미터를 공유 메모리로 설정
  global_model = nn.Linear(1,1,bias=False)
  global_model.share_memory()
  # 2. 공유 옵티마이저 초기화
  optimizer = SharedAdam(global_model.parameters(), lr=0.01)
  # 3. 전역 모델 업데이트할 때, 동기화를 위한 Lock
  lock = mp.Lock()

  # 4. 로컬 프로세스 생성 및 시작
  # mp.Process는 하나의 프로세스에 하나의 함수를 할당하여 실행
  processes = []
  for rank in range(NUM_WORKERS):
    p = mp.Process(target=train, args=(global_model, optimizer, lock, rank))
    p.start()
    processes.append(p)

  # 5. 모든 로컬 프로세스가 끝날 때까지 대기
  for p in processes:
    p.join()

  print(f"### 3. 모든 로컬 프로세스 종료 (time {time.time():.4f})")
```

그림 12

그림 13은 위 **그림** 12 코드를 실행 결과이다.

```
# 1. process0: train 시작 (time 1736742592.0588)
 process0: lock 획득 (time 1736742592.0885).
# 1. process1: train 시작 (time 1736742592.0793)
 process0: 전역 모델 업데이트 (1번째. time 1736742592.0985)
 process0: lock 해제 (time 1736742592.1083).
 process0: episode 0 마침(time 1736742592.1152).
 process0: lock 획득 (time 1736742592.1257).
 process0: 전역 모델 업데이트 (2번째. time 1736742592.1322)
 process0: lock 해제 (time 1736742592.1362).
 process0: episode 1 마침(time 1736742592.1409).
 process1: lock 획득 (time 1736742592.1398).
## 2. process0: train 종료 (time 1736742592.1445)
 process1: 전역 모델 업데이트 (3번째. time 1736742592.1652)
 process1: lock 해제 (time 1736742592.1755).
 process1: episode 0 마침(time 1736742592.1815).
 process1: lock 획득 (time 1736742592.1864).
 process1: 전역 모델 업데이트 (4번째. time 1736742592.1919)
 process1: lock 해제 (time 1736742592.2004).
 process1: episode 1 마침(time 1736742592.2089).
## 2. process1: train 종료 (time 1736742592.2145)
### 3. 모든 로컬 프로세스 종료 (time 1736742592.2383)
```

그림 13. 그림 1~7의 process1, process2를 각각 process0, process1로 나타냄

8-1. 그림 12의 공유 옵티마이저(SharedAdam) 코드 설명

위 **그림** 12 line 7~21에서 정의한 클래스 sharedAdam은 로컬 모델이 Adam을 공유해서 사용할 수 있도록, torch.optim.Adam을 상속하여, __init__를 재정의(오버라이딩 overriding)한다. 공유 메모리로 전송하는 데이터는 각 파라미터(p)의 상태값(state value)이다.

state['step'] # 스텝 카운트(t)

state['exp_avg'] # 1차 모멘텀 (m_t)

state['exp_avg_sq'] # 2차 모멘텀 (v_t)

[부록: Adam 알고리즘]을 보면 위 세 개와 그래디언트(g_t)만 주어지면 Adam 공식을 적용하여 파라미터를 업데이트할 수 있음을 알 수 있다.

8-2. lock 획득/해제 흐름 코드 설명

위 **그림** 12의 line 72~93에 대한 설명은 다음과 같다.

line 75(**그림** 12): 글로벌(전역) 모델의 파라미터를 공유 메모리로 보내서 로컬 모델이 공유할 수 있도록 한다.

line 84, 85: 두 개의 프로세스가 생성된다. 이때 실행할 함수를 train(line 25~68)으로 정한다.

line 86: 각 프로세스에서 train 함수를 독립적으로 실행한다. 위 **그림** 13을 보면, lock을 획득한 프로세스 순서는 다음과 같다.

프로세스0 → 프로세스0 → 프로세스1 → 프로세스1

프로세스0이 두 개 episode에서 각각 lock을 한 번 획득해서 글로벌 모델을 총 두 번 업데이트한다. 그리고 프로세스1이 종료된다. 마찬가지로 프로세스1도 두 개 episode와 각각 lock을 한 번 획득해서 글로벌 모델을 총 두 번 업데이트한 후, 종료된다. 그러면 모든 프로세스가 종료한다.

line 90, 91: 모든 로컬 프로세스가 끝날 때까지 대기

line 93: 모든 로컬 프로세스가 끝났으므로 print문 실행

9 전체 코드

그림 14는 전체 코드를 실행했을 때의 학습 과정을 나타낸다.

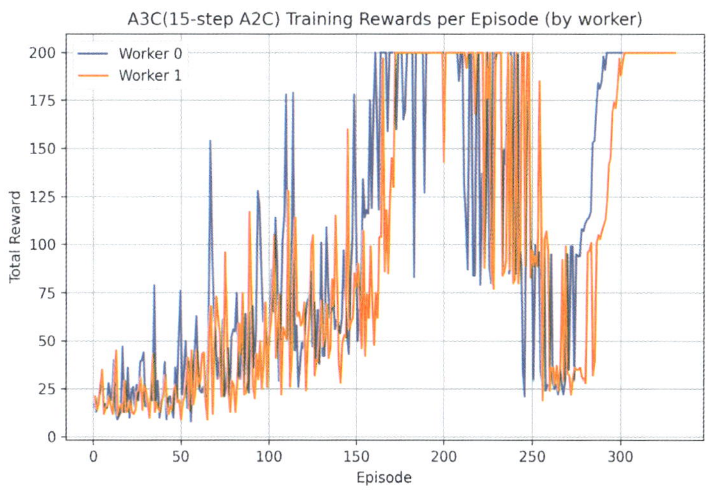

그림 14

전체 코드를 아래와 같은 흐름으로 구현한다.

#1. 정책과 가치 신경망 정의(**그림 15** line 25~47)

그림 8을 이용하여 정책과 가치 신경망을 코드로 구현한다. 정책 신경망의 입력은 환경의 상태이고 출력은 각 행동을 선택할 확률이다. 가치 신경망의 입력도 상태이고 출력은 상태 가치이다.

#2. 공유 옵티마이저 정의(line 52~66)

로컬 모델이 Adam을 공유해서 사용할 수 있도록 각 파라미터(p)의 상태 state가 가진 value(스텝 카운트 state['step'], 1차 모멘텀 state['exp_avg'], 2차 모멘텀 state ['exp_avg_sq'])를 공유 메모리로 보낸다(.share_memory_()).

#3. train 함수 정의(line 71~203)

인자(argument)는 global_actor, global_critic, optimizer_actor, optimizer_critic, lock, rank, train_rewards이다. 여기서 rank는 프로세스 번호로, 편의상 1(로컬_actor1,

로컬_critic1)이라고 하자.

```
환경 정의
로컬_actor1을 Actor-net(15-step A2C의 Actor)으로 초기화
로컬_critic1을 Critic-net(15-step A2C의 Critic)으로 초기화
글로벌 actor, critic 파라미터를 로컬 actor1, critic1의 파라미터로 복사
for 에피소드_인덱스 in range(num_episodes):
    state에 환경의 초기 상태 저장
    done = False
    15-step transition을 저장할 buffer를 5개 준비
    while not done:
        state를 로컬_actor1에 입력하여 action과 log_prob_action을 구하기
        state를 로컬_critic1에 입력하여 state_value를 구하기
        action을 환경에 입력하여 다음 상태, 보상, 종료여부(done)를 구하기
        buffer에 state, action, log_prob_action, state_value, 보상을 저장하기

        # if 조건문 시작
        각 buffer에 15개 원소가 쌓이면 아래 과정 진행
            로컬_actor1 손실함수의 그래디언트a1을 계산
            로컬_critic1 손실함수의 그래디언트c1을 계산

            # with lock 시작
            lock 획득하면 아래 과정 진행
                그래디언트a1으로 글로벌 actor 업데이트
                그래디언트c1으로 글로벌 critic 업데이트
                업데이트된 글로벌 actor 파라미터를 로컬_actor1으로 load하기
                업데이트된 글로벌 critic 파라미터를 로컬_critic1으로 load하기
                lock 해제

            각 buffer를 초기화
        다음 상태를 state에 저장
```

전체 코드를 구현하면 다음과 같다.

```
import torch, torch.nn as nn, torch.nn.functional as F, torch.optim as optim, warnings
import gym,numpy as np, matplotlib.pyplot as plt, multiprocessing as mp, time
from torch.distributions import Categorical; from tqdm import tqdm
warnings.filterwarnings('ignore')
# gym(0.25.2)는 np.bool8을 사용. numpy(2.0.2)는 np.bool8 대신 np.bool_를 사용
np.bool8 = np.bool_

# -----------------------
# 하이퍼파라미터 및 상수
# -----------------------
HIDDEN_SIZE = 128                    # 은닉 노드 개수
GAMMA = 0.99                         # 할인율
LEARNING_RATE = 1e-4                 # 학습률 (공유 옵티마이저를 사용하는 만큼 작게 설정)
MAX_EPISODES = 1000                  # 최대 에피소드 수
MAX_CONSECUTIVE_SUCCESS = 30 # 연속으로 목표 단계 이상 도달 시 학습 중단
MAX_STEPS_PER_EPISODE = 200      # 에피소드 당 최대 단계 수
EVAL_EPISODES = 50                   # 평가 시 에피소드 수
NUM_WORKERS = 2                      # 워커 프로세스 수
device = torch.device("cpu")         # 학습에 CPU 사용

# -----------------------
# ActorCritic 모델 정의
# # -----------------------
# 정책 신경망(Policy Network or Actor)
class Actor(nn.Module):
  def __init__(self, input_size=4, num_actions=2):
    super(Actor, self).__init__()
    self.input_layer = nn.Linear(input_size, 128)
    self.output_layer = nn.Linear(128, num_actions)

  def forward(self, state):
    x = F.relu(self.input_layer(state))
    action_logits = self.output_layer(x)
    action_probs = F.softmax(action_logits, dim = -1)
    return action_probs

# 상태가치 신경망(State-Value Network or Critic)
class Critic(nn.Module):
  def __init__(self, input_size=4):
    super(Critic, self).__init__()
    self.input_layer = nn.Linear(input_size, 128)
    self.output_layer = nn.Linear(128, 1)

  def forward(self, state):
    x = F.relu(self.input_layer(state))
    state_value = self.output_layer(x)
    return state_value

```

```python
# -----------------------
# 공유 옵티마이저 정의
# -----------------------
class SharedAdam(optim.Adam):
    """
    PyTorch의 Adam을 상속하여,
    A3C(A2C) 멀티프로세싱 시에도 옵티마이저의 상태(모멘텀 등)를
    공유 메모리에 저장하도록 확장.
    """
    def __init__(self, params, lr=1e-4):
        super(SharedAdam, self).__init__(params, lr=lr)
        for group in self.param_groups:
            for p in group['params']:
                state = self.state[p]
                # step, exp_avg, exp_avg_sq를 share_memory로 설정
                state['step'] = torch.zeros(1).share_memory_()
                state['exp_avg'] = torch.zeros_like(p.data).share_memory_()
                state['exp_avg_sq'] = torch.zeros_like(p.data).share_memory_()

# -----------------------
# 15-step A2C(A3C) 학습 함수
# -----------------------
def train(global_actor, global_critic, optimizer_actor, optimizer_critic, lock, rank, train_rewards):
    """
    각 워커(worker) 프로세스에서 실행되는 학습 함수.
    15-step 버퍼를 채운 뒤, 한 번에 업데이트하는 방식을 사용.
    - global_model: 공유되는 전역 ActorCritic 모델
    - optimizer: 공유되는 SharedAdam 옵티마이저
    - lock: 전역 모델 업데이트 시 동기화 위한 Lock
    - rank: 현재 워커 번호
    - train_rewards: (rank, episode, total_reward)를 저장하는 공유 리스트
    """
    env = gym.make('CartPole-v0')
    env.seed(rank)  # (옵션) 워커별 시드 고정

    # 로컬 모델 초기화 및 글로벌 모델 파라미터 복사
    local_actor = Actor().to(device)
    local_critic = Critic().to(device)
    local_actor.load_state_dict(global_actor.state_dict())
    local_critic.load_state_dict(global_critic.state_dict())

    print(f"Training process {rank} started.")
    consecutive_max_steps = 0

    for episode in range(1, MAX_EPISODES + 1):
        state = env.reset()
        done = False
        total_reward = 0
        step_count = 0

        # 15-step 버퍼 (transition을 저장: state, action, log_prob, value, reward)
```

```
buffer_states = []
buffer_actions = []
buffer_log_probs = []
buffer_values = []
buffer_rewards = []

while not done and step_count < MAX_STEPS_PER_EPISODE:

    step_count += 1
    state_tensor = torch.from_numpy(state).float().to(device)

    # 1. 현재 상태에 대한 정책, 가치 추론
    action_probs = local_actor(state_tensor)
    state_value = local_critic(state_tensor)
    dist = Categorical(action_probs)
    action = dist.sample()
    log_prob = dist.log_prob(action)

    # 2. 환경에서 한 스텝 진행
    next_state, reward, done, _ = env.step(action.item())
    total_reward += reward

    # 버퍼에 저장
    buffer_states.append(state_tensor)
    buffer_actions.append(action)
    buffer_log_probs.append(log_prob)
    buffer_values.append(state_value.squeeze())
    buffer_rewards.append(reward)

    # 3. 15-step 또는 에피소드 종료 시 업데이트
    # 만약 버퍼에 15개가 쌓였거나(즉 n=15) done이면 업데이트
    if len(buffer_rewards) == 15 or done:

        # 3-1. bootstrap을 위한 다음 상태 가치 계산
        #  에피소드가 종료되지 않았다면 V(s_{t+15}) 추가
        if not done:
            with torch.no_grad():
                next_value = local_critic(torch.from_numpy(next_state).float().to(device)).squeeze()
        else:
            # 에피소드가 끝났으면 다음 상태 가치는 0
            next_value = torch.tensor(0.0, device=device)

        # 3-2. 뒤에서부터 n-step 리턴 R 계산
        R = next_value
        loss_actor = 0
        loss_critic = 0

        # 거꾸로(backward) n-step return을 계산
        for i in reversed(range(len(buffer_rewards))):
            R = buffer_rewards[i] + GAMMA * R
            advantage = R - buffer_values[i]
```

```
      # 각 transition마다 actor, critic 손실 누적
      loss_actor += -buffer_log_probs[i] * advantage.detach()
      loss_critic += F.smooth_l1_loss(buffer_values[i], R.detach())

    # 3-3. 역전파 및 전역 모델 업데이트
    optimizer_actor.zero_grad()
    optimizer_critic.zero_grad()
    loss_actor.backward()
    loss_critic.backward()

    # lock으로 보호된 상태에서 grad 복사 → 전역 업데이트 → 로컬 동기화
    with lock:
      # 로컬 -> 글로벌 파라미터 grad 복사
      for local_actor_param, global_actor_param in zip(local_actor.parameters(),
                                                        global_actor.parameters()):
        global_actor_param._grad = local_actor_param.grad
      for local_critic_param, global_critic_param in zip(local_critic.parameters(),
                                                          global_critic.parameters()):
        global_critic_param._grad = local_critic_param.grad

      # 전역 모델 업데이트
      optimizer_actor.step()
      optimizer_critic.step()

      # 글로벌 모델 -> 로컬 모델 파라미터 동기화
      local_actor.load_state_dict(global_actor.state_dict())
      local_critic.load_state_dict(global_critic.state_dict())

    # 3-4. 버퍼 초기화
    buffer_states = []
    buffer_actions = []
    buffer_log_probs = []
    buffer_values = []
    buffer_rewards = []

  # 다음 스텝 진행
  state = next_state

# 한 에피소드 종료
print(f"Process {rank}, Episode {episode}: Reward={total_reward}")
train_rewards.append((rank, episode, total_reward))

# 연속 성공 체크 (MAX_STEPS_PER_EPISODE 달성 시 성공으로 가정)
if step_count >= MAX_STEPS_PER_EPISODE:
  consecutive_max_steps += 1
  if consecutive_max_steps >= MAX_CONSECUTIVE_SUCCESS:
    print(f"Process {rank}: Solved for {consecutive_max_steps} consecutive episodes. Stopping.")
    break
else:
  consecutive_max_steps = 0

```

```
    env.close()
    print(f"Training process {rank} finished at episode {episode}.")

# ----------------------
# 평가 함수
# ----------------------
def evaluate_actor(global_actor, global_critic):
    """
    학습된 전역(글로벌) 모델을 가지고 CartPole 에피소드를 실행하여
    평균 스텝 수를 측정.
    """
    env = gym.make('CartPole-v0')
    global_actor.eval()
    global_critic.eval()

    scores = []
    print("\nStarting Evaluation...\n")

    with torch.no_grad():
        for _ in tqdm(range(EVAL_EPISODES), desc="Evaluating"):
            state = env.reset()
            done = False
            t = 0
            while not done:
                t += 1
                state_tensor = torch.from_numpy(state).float().to(device)
                action_probs = global_actor(state_tensor)
                action = torch.argmax(action_probs).item()

                next_state, _, done, _ = env.step(action)
                state = next_state
                if done:
                    scores.append(t)
                    break

    env.close()
    avg_score = np.mean(scores)
    print(f"\nEvaluation over {EVAL_EPISODES} episodes: average steps = {avg_score:.2f}")
    return scores

# ----------------------
# 메인 실행 부분
# ----------------------
if __name__ == '__main__':
    # 1. 전역 모델 생성 및 공유 설정
    global_actor = Actor().to(device)
    global_critic = Critic().to(device)
    global_actor.share_memory()
    global_critic.share_memory()

    # 2. 공유 옵티마이저 초기화
```

```
optimizer_actor = SharedAdam(global_actor.parameters(), lr=LEARNING_RATE)
optimizer_critic = SharedAdam(global_critic.parameters(), lr=LEARNING_RATE)

# 3. 전역 모델 업데이트 시 동기화를 위한 Lock
lock = mp.Lock()

# 4. train() 함수에서 사용할 공유 리스트 (에피소드별 보상 기록)
manager = mp.Manager()
train_rewards = manager.list()

# 5. 학습 시간 측정 시작
start_time = time.time()

# 6. 워커 프로세스 생성 및 시작
processes = []
for rank in range(NUM_WORKERS):
  p = mp.Process(target=train, args=(global_actor, global_critic, optimizer_actor, optimizer_critic,
                                                                      lock, rank, train_rewards))
  p.start()
  processes.append(p)

# 7. 모든 워커 프로세스가 끝날 때까지 대기
for p in processes:
  p.join()

# 8. 학습 시간 출력
end_time = time.time()
elapsed_time = end_time - start_time
print(f"Training time: {round(elapsed_time/60, 2)} min")

# 9. 학습 기록 시각화
rewards_np = np.array(train_rewards)
plt.figure(figsize=(8, 5))
for r in range(NUM_WORKERS):
  worker_data = rewards_np[rewards_np[:, 0] == r]
  # 에피소드 번호에 따라 정렬
  worker_data = worker_data[worker_data[:, 1].argsort()]
  plt.plot(worker_data[:, 1], worker_data[:, 2], label=f"Worker {r}")
plt.title("A3C(15-step A2C) Training Rewards per Episode (by worker)")
plt.xlabel("Episode")
plt.ylabel("Total Reward")
plt.legend()
plt.grid(True)
plt.savefig("training_rewards_A3C_15stepA2C.png", dpi=300)
plt.show()

# 10. 평가 수행
evaluation_scores = evaluate_actor(global_actor, global_critic)
```

그림 15. Colab에서 test한 코드이고, 주요 패키지 버전은 머리말 참고

10 부록

부록: Adam 알고리즘 PyTorch에서 사용하는 Adam 알고리즘

아래 알고리즘은 글로벌 모델이 1회 업데이트되는 내용으로, while 문을 보면, t, g_t, m_t, v_t만 계산하여 파라미터를 업데이트할 수 있음을 알 수 있다. 여기서 g_t는 각 프로세스에서 구하는 그래디언트이고 t, m_t, v_t는 공유 메모리(**그림 15** line 52~66에 있는 클래스 SharedAdam)에 있는 step count(글로벌 모델이 업데이트된 횟수), 시간 t에서 1차 모멘텀와 2차 모멘텀을 나타낸다. 아래 line 1~3은 **그림 15** line 65, 66, 64에 있고, line 6은 **그림 15** line 158, 159에 있고, line 5~11은 **그림 15** line 162~173에 있다.

Algorithm Adam, Pytorch algorithm for stochastic optimization

---

g_t^2 indicates the elementwise square $g_t \odot g_t$. Learning rate $\alpha = 0.001$, $\beta_1 = 0.9, \beta_2 = 0.999$ and $\epsilon = 10^{-8}$. All operations on vectors are element-wise. With β_1^t and β_2^t we denote β_1 and β_2 to the power t. (see https://arxiv.org/pdf/1412.6980)

Require: α: Stepsize
Require: $\beta_1, \beta_2 \in [0, 1)$: Exponential decay rates for the moment estimates
Require: $f(\theta)$: Stochastic objective function with parameters θ
Require: θ_0: Initial parameter vector

1: $m_0 \leftarrow 0$ {Initialize 1st moment vector}
2: $v_0 \leftarrow 0$ {Initialize 2nd moment vector}
3: $t \leftarrow 0$ {Initialize timestep}
4: **while** θ_t not converged **do**
5: $t \leftarrow t + 1$
6: $g_t \leftarrow \nabla_\theta f_t(\theta_{t-1})$ {Get gradients w.r.t. stochastic objective}
7: $m_t \leftarrow \beta_1 \cdot m_{t-1} + (1 - \beta_1) \cdot g_t$ {Update biased 1st moment estimate}
8: $v_t \leftarrow \beta_2 \cdot v_{t-1} + (1 - \beta_2) \cdot g_t^2$ {Update biased 2nd raw moment estimate}
9: $\hat{m}_t \leftarrow \frac{m_t}{1-\beta_1^t}$ {Compute bias-corrected 1st moment estimate}
10: $\hat{v}_t \leftarrow \frac{v_t}{1-\beta_2^t}$ {Compute bias-corrected 2nd raw moment estimate}
11: $\theta_t \leftarrow \theta_{t-1} - \alpha \cdot \frac{\hat{m}_t}{\sqrt{\hat{v}_t}+\epsilon}$ {Update parameters}
12: **end while**
13: **return** θ_t {Resulting parameters}

부록: A3C 알고리즘

아래는 각 worker(프로세스)가 max−episodes 만큼 글로벌 actor와 critic을 업데이트하는 A3C의 알고리즘이다.

Algorithm Advantage Actor Critic (A3C)

1. Initialize the global actor π_θ and the global critic v_ϕ.
2. For each worker i in parallel:
3.   For episode = 1 to max-episodes:
4.   Copy the global actor π_θ and critic v_ϕ to local worker i.
5.   Collect N steps of data using the local actor–critic.
6.   Compute local gradients $d\theta_i$ and $d\phi_i$.
7.   Ask lock.
8.   If acquire lock:
9.   update the global actor π_θ and critic v_ϕ with $d\theta_i$ and $d\phi_i$.
10.   update the actor and critic of the worker i with the global.
11.   release lock.
12.   else:
13.   continue to ask lock
14.   End For
15. End For

Line 1: **그림 15**(전체 코드) line 247, 248에 해당한다.

Line 2~15: **그림 15** line 267~272에 해당한다.

Line 3: **그림 15** line 93에 해당한다.

Line 4: **그림 15** line 85~88에 해당한다. 위 알고리즘과 달리 **그림 15**에서는 episode for loop 이전에 글로벌 신경망 파라미터를 로컬 모델 파라미터로 copy한다.

Line 5: N=15(**그림 15** line 131)

Line 6: **그림 15** line 158, 159에 해당한다.

Line 7~13: **그림 15** line 162~177에 해당한다.

제 5 장

Deep Deterministic Policy Gradient(DDPG)

지금까지 소개한 강화학습 방법에서는 왼쪽으로 cartpole을 밀기(−1)와 오른쪽 밀기(1)와 같이 이산 값(−1 또는 1)을 가지는 행동(이산적 행동 공간 discrete action space)을 다루었다. 이와 달리 연속적 행동 공간(continuous action space)에서는 행동이 연속 값을 가진다. 예를 들면, 아래 **그림 1**과 같이 1차원 산악 지형에 있는 자동차(car)를 미는 행동은 방향력이고 폐구간 [−1, 1]의 어떤 실수도 가질 수 있다. 여기서 −1(뉴턴)은 왼쪽으로 자동차를 미는 최대 강도의 힘이고, 0은 힘을 가하지 않고, 1은 오른쪽으로 최대 강도의 힘을 나타낸다(**그림 1**에 대한 자세한 내용은 [부록: MountainCarContinuous−v0] 참고). 이러한 연속적 행동 공간에 사용할 수 있는 방법으로 DDPG(Deep Determinant Policy Gradient)가 있다. 여기서 determinant는 결정적 정책(determinant policy)을 의미하고, 그래디언트(gradient)를 구하는 과정이 확률적 정책(stochastic policy)의 경우와 다르다. 이를 이해하면 Actor 신경망 업데이트에 사용하는 손실을 이해할 수 있다.

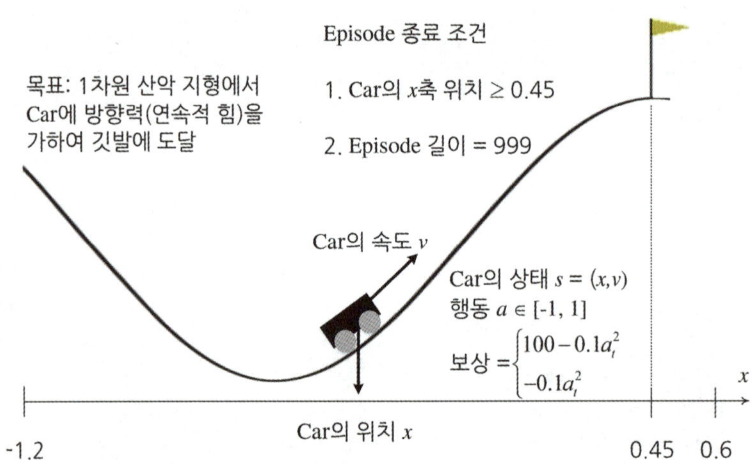

$$\begin{cases} v_{t+1} = v_t + 0.0015a_t - 0.0025\cos(3x_t), \quad x_{t+1} = x_t + v_{t+1} \\ \text{초기조건: } x_0 \in [-0.6, \text{-}0.4], \ v_0 = 0 \\ \text{제약조건:} \\ \quad v_{t+1} = clip(v_{t+1}, \ -0.007, \ 0.007), \ x_{t+1} = clip(x_{t+1}, \ -1.2, \ 0.6) \\ \quad x_{t+1} < -1.2\text{면 } x_{t+1} > 0.6\text{이면 } v_{t+1} = 0 \end{cases}$$

그림 1. 환경 MountainCarContinuous−v0

1 용어 설명과 구성 요소

환경 상태 s에서 행동 a를 확률적으로 선택할 때, 확률적 정책이라 하고 기호로 $\pi(a|s)$를 사용했다. 그러나 결정적 정책(deterministic policy)에서는 행동을 확률적으로 선택하지 않는다. 즉, 주어진 상태 s에서 항상 단 하나의 행동이 결정되고, 이런 행동을 $\mu(s)$로 나타낸다. DDPG에서 'PG(policy gradient)'는 actor 신경망을 업데이트할 때 정책 그래디언트를 사용함을 의미한다.

DDPG의 전체 구성은 **그림 2**와 같다. 환경으로는 MountainCarContinuous를 사용하고, actor가 환경과 상호작용하여 얻은 경험 (상태, 행동, 보상, 다음 상태, 종료 여부)= (s,a,r,s',d)를 replay memory에 저장한다. 이 경험은 actor와 critic의 학습에 활용된다. Actor를 업데이트할 때 critic이 사용되고, critic을 업데이트할 때는 target_actor와 target _critic가 사용된다. 업데이트의 세부 내용은 아래에서 설명한다.

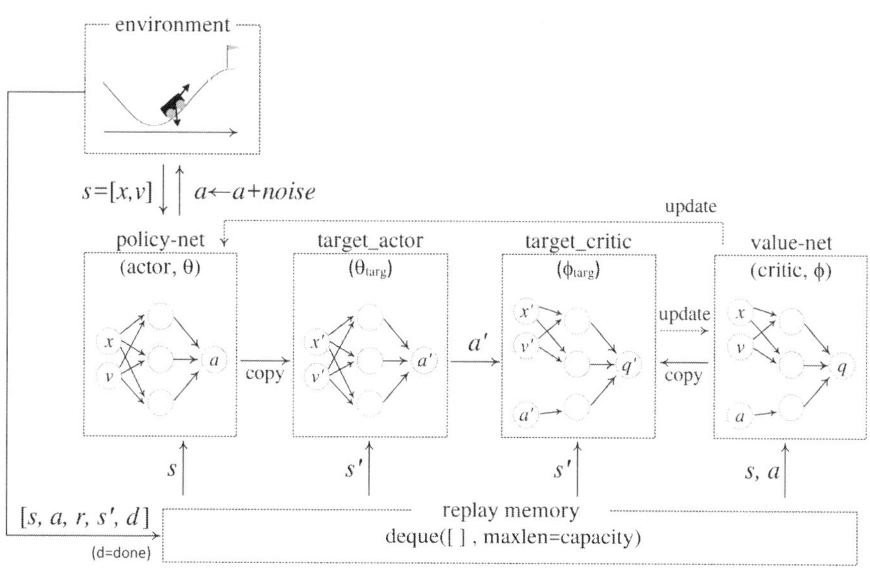

그림 2. DDPG 구성 요소

2 신경망 구조

아래 **그림** 3은 DDPG와 제3장 A2C의 신경망 구조를 비교한 **그림**이다. Actor (a)를 보면 A2C의 입력은 4개 숫자로 이루어진 상태(CartPole)이고, 출력은 각 행동을 선택할 확률이다. DDPG의 입력은 2개 숫자로 이루어진 상태(MountainCar Continuous)이고, 출력은 deterministic policy로 결정한 행동에 noise를 더한 값이다. Critic (b)를 보면 A2C의 입력은 actor와 같고 출력은 상태 가치(V값)이다. DDPG의 입력은 상태와 행동이고 출력은 행동 가치(Q값)임을 알 수 있다.

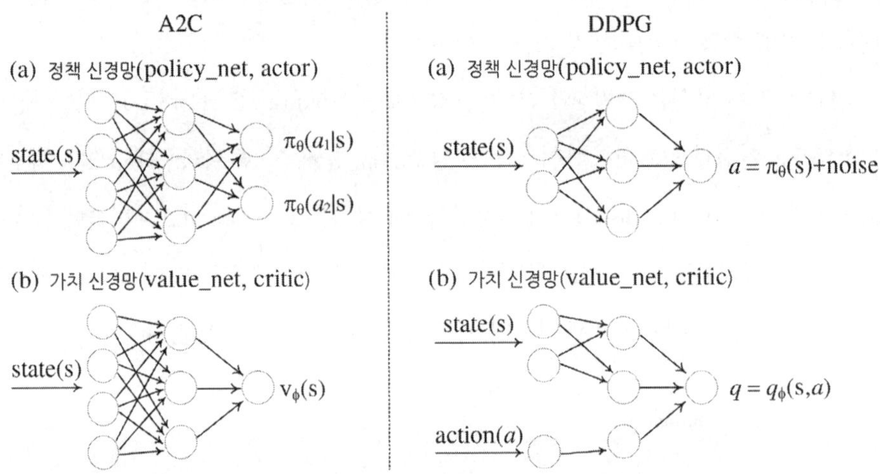

	policy_net(actor)	value_net(critic)
A2C	확률적 정책	상태 가치
DDPG	결정적 정책	상태-행동 가치

그림 3. Actor와 critic 신경망 클래스 코딩에 사용하는 이미지

3 정책(상태를 입력하면 행동 출력) 정의와 노이즈 추가

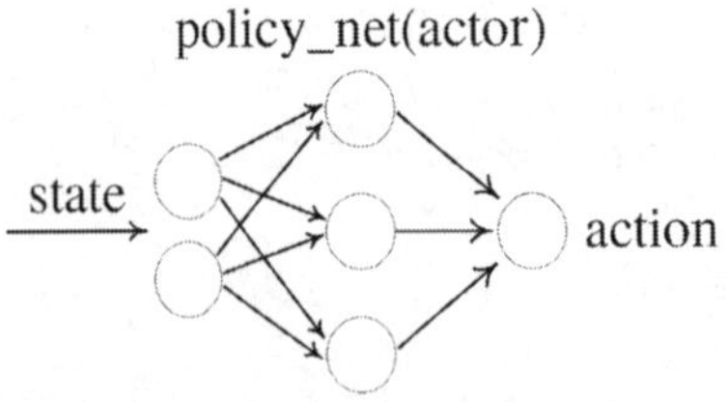


```
action = policy_net(state)
action = action + noise
action = torch.clamp(action, -1, 1)
```

여기서 noise는 아래 수열 $\{X_t\}_{t=0}^{\infty}$ 로 생성

$$\begin{cases} X_0 = 0 \\ X_{t+1} = X_t + \alpha(\mu - X_t) + \sigma\varepsilon_t \ (t \geq 0) \end{cases}$$

$$\alpha = 0.15,\ \mu = 0,\ \sigma = 0.3,\ \varepsilon_t \sim N(0,1)$$

그림 4. 정책 코딩에 사용하는 이미지

위 **그림** 4와 같이 상태(state)를 정책 신경망(policy_net)에 입력하여 출력으로 행동(action)을 얻는다. 그리고 행동에 noise를 더한다(noise에 대한 설명은 [부록: noise] 참고). 마지막으로 -1보다 작은 행동은 -1(환경에서 허용하는 행동의 최솟값)로, 1보다 큰 행동은 1(환경에서 허용하는 행동의 최댓값)로 변경하여 행동을 결정한다.

4 학습데이터(replay memory) 정의

그림 5는 환경과 actor가 상호작용하여 얻은 경험 $[s_t, a_t, r_{t+1}, s_{t+1}, d_{t+1}]$를 재생 메모리에 저장하는 **그림**으로, critic은 관여하지 않는다. 메모리에 원하는 만큼의 경험이 쌓이면 메모리에서 경험을 추출하여 actor와 critic을 업데이트한다.

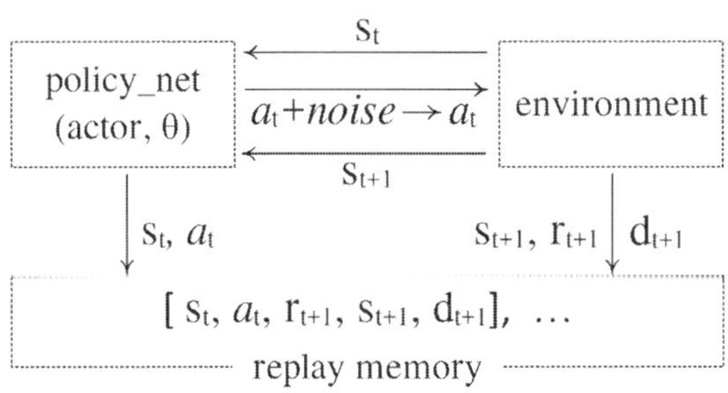

그림 5. 학습데이터(Replay memory) 코딩에 사용하는 이미지

5 손실 정의

위 **그림** 2와 같이 정책의 출력인 행동에 노이즈를 더하여 환경에 입력하므로, **그림** 6의 ①을 보면 학습데이터에 있는 행동은 노이즈가 더해진 행동이다.

그림 6의 ②는 가치 신경망을 업데이트할 때 사용하는 critic 손실($\text{loss}_{\text{critic}}$)이다.

$$\text{loss}_{\text{critic}}(\phi) = \frac{1}{|\mathcal{D}|} \sum_{(s,a,r,s',d)\in\mathcal{D}} \left[q_\phi(s,a) - \left\{ r + \gamma(1-d)\, q_{\phi_{\text{targ}}}\left(s', \pi_{\theta_{\text{targ}}}(s')\right) \right\} \right]^2$$

여기서 $\mathcal{D}$는 replay memory에서 추출한 학습데이터 집합이고, $q_\phi(s,a)$는 상태 s와 행동 a를 critic에 입력하여 얻은 출력이다. $q_{\phi_{\text{targ}}}\left(s', \pi_{\theta_{\text{targ}}}(s')\right)$는 다음 상태 s'과

다음 행동 $\pi_{\theta_{\text{targ}}}(s')$ 를 target_critic에 입력하여 얻은 출력이다. $q_\phi(s,a)$ 의 target 은 $q_*(s,a)$ 에 대한 Bellman 최적 방정식으로 만든다.

그림 6의 ③, ④를 보면, 정책 신경망을 업데이트할 때 사용하는 actor 손실($\text{loss}_{\text{actor}}$)은 다음과 같음을 알 수 있다.

$$\text{loss}_{\text{actor}}(\theta) = -\frac{1}{|\mathcal{D}|}\sum_{s\sim\mathcal{D}} q_\phi(s,\pi_\theta(s))$$

여기서 $q_\phi(s,\pi_\theta(s))$ 는 상태 s와 actor의 출력인 행동 $\pi_\theta(s)$ 를 critic에 입력하여 얻은 출력이다. **그림 6**에 대한 자세한 설명은 [부록: 손실]을 참고한다.

① 학습데이터 $\mathcal{D}=\{(s,a,r,s',d),\cdots,(\tilde{s},\tilde{a},\tilde{r},\tilde{s}',\tilde{d})\}\langle a,\cdots,\tilde{a}$ 노이즈 포함

② $q_*(s,a)=\sum_{s'} p(s'|s,a)\{r(s,a,s')+\gamma\max_{a'} q_*(s',a')\}$

$\approx r+\gamma(1-d)\,q_{\phi_{\text{targ}}}(s',\pi_{\theta_{\text{targ}}}(s'))$

$\therefore \text{loss}_{\text{critic}}(\phi)=\frac{1}{|\mathcal{D}|}\sum_{(s,a,r,s',d)\in\mathcal{D}}\left[q_\phi(s,a)-\{r+\gamma(1-d)\,q_{\phi_{\text{targ}}}(s',\pi_{\theta_{\text{targ}}}(s'))\}\right]^2$

③ $\nabla_\theta J_{\text{actor}}(\theta)=\nabla_\theta E_{\pi_\theta}\left[\sum_{t=0}^{\infty}\gamma^t r(s_t,a_t)\right]$

$=E_{s\sim\rho_{\pi_\theta}(s)}\left[\nabla_\theta q_{\pi_\theta}(s,\pi_\theta(s))\right]$

$\approx\nabla_\theta\frac{1}{|\mathcal{D}|}\sum_{s\in\mathcal{D}} q_\phi(s,\pi_\theta(s))$

④ $\nabla_\theta\text{loss}_{\text{actor}}(\theta)\approx-\nabla_\theta J_{\text{actor}}(\theta)$

$\therefore\ \text{loss}_{\text{actor}}(\theta)=-\frac{1}{|\mathcal{D}|}\sum_{s\in\mathcal{D}} q_\phi(s,\pi_\theta(s))$

그림 6. 정책과 가치의 손실 코딩에 사용하는 이미지. $\text{loss}_{\text{actor}}$와 $\text{loss}_{\text{critic}}$을 보면 4개 신경망(파라미터 $\theta,\phi,\theta_{targ},\phi_{targ}$)이 필요함을 알 수 있다.

6 Main

위에서 설명한 '신경망 클래스 코딩에 사용하는 이미지(**그림 3**)', '정책 코딩에 사용하는 이미지(**그림 4**)', '학습데이터 코딩에 사용하는 이미지(**그림 5**)'와 '정책과 가치의 손실 코딩에 사용하는 이미지(**그림 6**)'를 이용하여 아래 순서로 DDPG를 코딩한다.

① 환경의 상태를 초기화한다.

② 환경의 현재 상태 s를 정책 신경망에 입력하여 행동 a를 출력으로 얻는다. 그리고 출력에 노이즈를 더한다.(**그림 3, 4**).

③ 노이즈를 더한 행동 a를 환경에 입력하여, 환경으로부터 다음 상태, 보상, Car 이동 종료 여부(done)를 반환받는다

④ 리플레이 메모리에 transition(상태, 행동, 보상, 다음 상태, 종료 여부)을 저장한다(**그림 5**).

⑤ 메모리에 충분한 transition이 쌓이면 메모리에서 학습데이터를 추출한다.

⑥ Critic, actor, target_critic과 target_actor를 업데이트한다(**그림 6**).

⑦ 다음 상태를 현재 상태로 저장하여 ②~⑥을 반복한다.

7 코드 설명

위 **그림 4**를 보면, 상태(state)를 policy_net에 입력하여 행동(action)을 얻은 뒤, 여기에 노이즈(noise)를 추가한다. 이 노이즈는 **그림 7**에서 정의된 함수에 의해 생성된다. **그림 7** line 15에서 return 대신 yield를 사용하기 때문에, 함수가 호출될 때마다 "제너레이터 객체 noise = OUNoise()"가 생성되며, 이후 next(noise)를 호출(**그림 10** line 327)할 때마다 현재 행동에 더해질 노이즈가 즉시 계산되어 반환된다. 즉, 모든 노이즈 값을 사전에 한꺼번에 생성하는 것이 아니라, "next(noise)가 호출되는 순간"에 시간적으로 연속된 Ornstein-Uhlenbeck(OU) 노이즈가 하나씩 생성되는 방식이다. DDPG 논문에서도 언급되었듯이, OU 노이즈는 물리 환경과 같이 관성이 존재하는 제어 문제에서 단순한 독립 가우시안 노이즈보다 탐색 효율성이 높다. 따라서 정책이 생

성한 행동에 OU 노이즈를 실시간으로 더해 줌으로써, 연속적이고 자기상관적인 탐색이 가능해지고 학습의 안정성도 향상된다.

```
def OUNoise(alpha=0.15, sigma=0.3, mu=0.0):
    """
    Ornstein-Uhlenbeck (OU) 노이즈를 생성하는 제너레이터 함수.
    상태(state)가 매 스텝마다 확률적으로 업데이트되며, 그 값을 yield.

    alpha: 평균 복원 항의 계수 (state가 mu로 복원되는 속도)
    sigma: 노이즈(무작위성)의 세기
    mu   : OU 노이즈의 목표(평균) 값
    """
    noise = 0.0
    while True:
      # dx = alpha*(mu - state) + sigma * N(0,1)
      dx = alpha * (mu - state) + sigma * np.random.randn()
      state += dx
      yield noise
```

그림 7

한편, OU(Ornstein–Uhlenbeck) 노이즈는 평균 복원(mean–reverting) 성질을 가진다. 즉, 시간이 지남에 따라 상태가 평균값 μ(여기서는 0)으로 되돌아가려는 경향이 있다([부록: noise] 참고). 이를 확인하기 위해 next(noise)를 1000번 반복 호출하여 시퀀스를 그려 보면 **그림 8**과 같은 결과가 나타난다([부록: noise plot code] 참고). 시간이 흐를수록 노이즈 값이 μ = 0 주변에서 진동하며 평균으로 복원되는 모습을 확인할 수 있다. 여기서 α = 0.15는 평균 0으로 끌어당기는 복원력의 크기를, σ = 0.3은 무작위 변동(노이즈)의 세기를 의미한다.

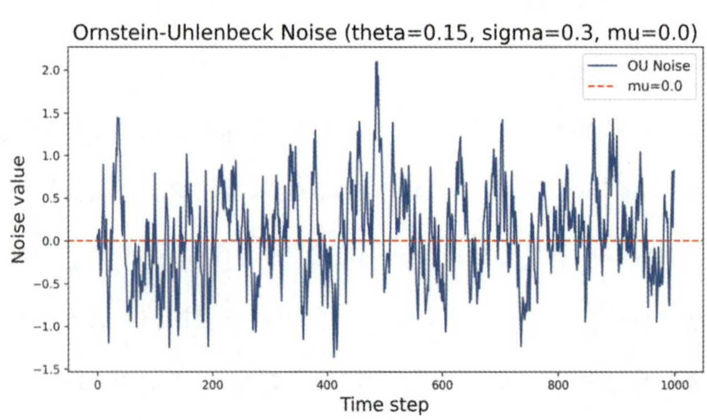

그림 8

8 전체 코드

그림 9은 전체 코드를 실행했을 때의 결과이다. 왼쪽은 학습 과정에서 얻은 Score (보상)를 나타낸다. 오른쪽은 학습 종료 후 10회 에피소드를 평가(evaluation)한 동영상 중, 마지막 동영상의 이미지를 나타낸다.

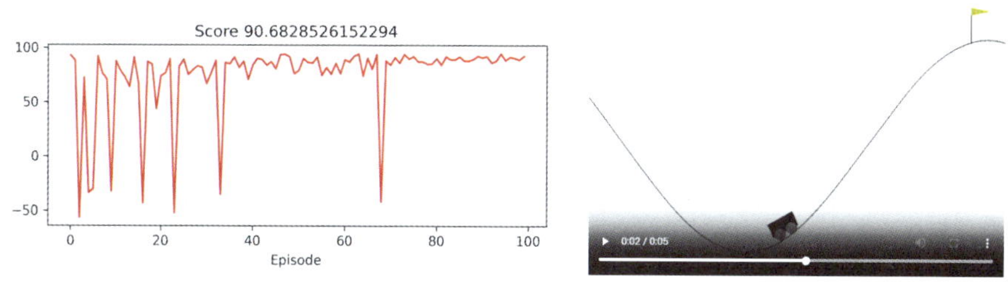

그림 9

전체 코드를 아래와 같은 흐름으로 구현한다.

#1. scores, actor_loss, critic_loss의 학습 진행 상황을 그래프로 그려주는 함수 정의(**그림 10** line 46~74).

#2. 리플레이 메모리(replay memory) 클래스 정의(line 79~108)

그림 5를 이용하여 메모리를 코드로 구현한다.

#3. 노이즈 함수 정의(line 113~128).

Ornstein-Uhlenbeck(OU) 노이즈를 1차원으로 생성하기 위한 제너레이터 함수를 정의한다(위 6. 코드 설명과 [부록: noise] 참고).

#4. 신경망 정의(line 133~189)

그림 3을 이용하여 actor와 critic 신경망을 코드로 구현한다.

#5. DDPG agent 정의(line 194~309)

#5-1. 초기화 함수(line 195~215)

actor / critic 네트워크와 리플레이 메모리 초기화, optimizer 설정(Adam)과 학습 과정 모니터링용 리스트 변수를 선언한다.

#5-2. 행동을 얻는 함수 select_action 정의(line 217~230)

상태를 actor에 입력하여 환경 MountainCarContinuous에서 허용하는 행동을 반환받는다(**그림 4**).

#5-3. critic의 파라미터를 업데이트하는 함수 정의(line 232~243, **그림 6**)

#5-4. actor의 파라미터를 업데이트하는 함수 정의(line 245~259, **그림 6**)

#5-5. critic과 actor를 업데이트, 타겟 네트워크(target_actor, target_critic)를 소프트 업데이트 하고 plot_train_history에 사용할 손실을 저장하는 train 함수 정의(line 261~299)

#5-6. train 함수에 사용할 소프트 업데이트 함수 정의(line 301~309)

#6. Training Loop(line 314~358)

```
DDPG 에이전트 초기화
에피소드별 누적 보상 기록
for 에피소드 〈 max_episodes:
  환경, 에피소드 누적 보상과 노이즈를 초기화
  for t_step 〈 max_t:
    상태를 select_action에 입력하여 행동을 얻은 후, OU 노이즈 추가
    행동 범위가 벗어나지 않도록 clip
    행동을 입력받은 환경이 다음 상태, 보상, 종료 여부를 제공
    transition(상태, 행동, 보상, 다음 상태, 종료 여부)을 리플레이 메모리에 저장
    다음 상태를 현재 상태로 갱신하고 episode_score도 갱신
    메모리에 원하는 만큼의 transition이 쌓이면 critic과 actor를 1회 업데이트
    종료 여부가 True이면 for 문 중단
  에피소드 보상 기록
  에피소드별 episode_score 출력
  최근 10개 에피소드 평균이 solved_reward 초과 시 for 문 중단
```

#7. 주피터 노트북에서 상호작용 비디오를 재생하기 위한 함수 정의(line 369~393)

#8. 학습된 actor를 평가하는 함수 정의(line 395~434)

#9. actor 평가 함수를 실행하고 마지막으로 저장된 비디오 재생(line 440~444)

전체 코드를 구현하면 다음과 같다.

```
import time                              # 시간(대기) 관련 함수를 사용하기 위해 임포트
import gym                               # OpenAI Gym 라이브러리 (강화학습 환경)
import numpy as np                       # 수치 연산을 위한 NumPy
from collections import deque            # 메모리를 관리하기 위한 deque 자료구조
import torch                             # 파이토치(PyTorch) 라이브러리
import torch.nn as nn                    # 파이토치의 신경망 모듈
import torch.nn.functional as F          # 신경망에 자주 쓰이는 함수(활성화 함수 등)
import torch.nn.init as init             # 파이토치 가중치 초기화
import matplotlib.pyplot as plt          # 그래프 시각화를 위한 matplotlib
import random                            # 랜덤(무작위) 관련 함수 사용 모듈
import os                                # 파일 경로/디렉터리 접근
from glob import glob                    # 특정 패턴의 파일 목록을 얻기 위한 glob
import io                                # 비디오 파일 입출력을 위한 io
import base64, warnings                  # base64(비디오 인코딩), 경고 제어(warnings)
from IPython.display import HTML         # 주피터 노트북에서 HTML 형태로 출력
from IPython.display import clear_output # 주피터 노트북 셀을 지우기 위해 사용

warnings.filterwarnings('ignore')             # 불필요한 경고를 무시
# gym(0.25.2)는 np.bool8을 사용. numpy(2.0.2)는 np.bool8 대신 np.bool_를 사용
np.bool8 = np.bool_

# GPU 사용 가능 시, GPU로 학습하도록 설정
device = torch.device('cuda' if torch.cuda.is_available() else 'cpu')

# 하이퍼파라미터 설정
gamma = 0.99           # 할인율(감가율). 미래 보상을 얼마나 할인하여 고려할 것인지 결정
lr = 1e-4              # 학습률
tau = 0.001            # 타겟 네트워크로의 소프트 업데이트 비율
max_episodes = 1000  # 최대 에피소드 수
max_t = 1000         # 에피소드 당 최대 스텝
batch_size = 64        # 미니배치 사이즈
memory_size = 10000      # 리플레이 메모리 버퍼 크기
memory_warmup = batch_size * 3  # 메모리가 batch_size의 3배이면 학습 시작
solved_reward = 90     # 문제 해결(Convergence) 기준 점수

# 환경 설정(MountainCarContinuous)
env = gym.make('MountainCarContinuous-v0')            # 환경 생성
state_dim = env.observation_space.shape[0]            # 상태 차원
act_dim = env.action_space.shape[0]                   # 액션 차원
min_action = float(env.action_space.low[0])  # 연속 액션의 최솟값
max_action = float(env.action_space.high[0])          # 연속 액션의 최댓값

# =====================
# Plotting Function
# =====================
def plot_train_history(scores, actor_loss_history, critic_loss_history):
```

```
    """
    학습 진행 상황(에피소드 별 보상, Actor/ Critic Loss)을 시각화.
    """
    # 그래프에 표시할 데이터 목록
    data = [scores, actor_loss_history, critic_loss_history]

    # 각 그래프의 타이틀에 최근 10개 에피소드의 평균값을 함께 표기
    labels = [
        f"Score {np.mean(scores[-10:])}",
        f"Actor Loss {np.mean(actor_loss_history[-10:])}",
        f"Critic Loss {np.mean(critic_loss_history[-10:])}",
    ]

    # 주피터 노트북 상에서 이전 그래프를 지우고 새 그래프를 표시하기 위해 사용
    clear_output(True)

    # seaborn 스타일을 적용하여 그래프를 더 보기 좋게 표시
    with plt.style.context("seaborn-v0_8-dark-palette"):  # 시각화 스타일 지정
        fig, axes = plt.subplots(3, 1, figsize=(6, 8))     # 3행 1열의 그래프 구조, 크기는 (6,8)
        for i, ax in enumerate(axes):                      # axes 배열을 순회하며 각 그래프에 대해 반복
            ax.plot(data[i], c="crimson")                  # 데이터 그리기, 선 색상은 'crimson'
            ax.set_title(labels[i])                        # 그래프 제목 설정(최근 10개 평균 포함)
        axes[0].set_xlabel('Episode')                      # 첫 번째 그래프의 x축 레이블을 'Episode'로 설정
        plt.tight_layout()                                 # 그래프 간격 및 레이아웃 자동 조정
        plt.show()                                         # 그래프 시각적으로 표시

# =====================
# Replay Memory
# =====================
class Memory(object):
    """
    (state, action, reward, next_state, done) 형태의 transition을 저장하고,
    batch_size만큼 무작위로 샘플링하여 학습에 사용.
    """
    def __init__(self, memory_size):
        """
        memory_size: 리플레이 버퍼에 저장할 수 있는 최대 transition 수
        """
        # deque 자료구조를 사용하여 FIFO(First In First Out)로 관리
        self.memory = deque(maxlen=memory_size)

    def __len__(self):
        """
        len(Memory)로 호출할 때 리플레이 버퍼에 몇 개의 transition이 저장되어있는지 반환
        """
        return len(self.memory)

    def append(self, item):
```

```
        """
        리플레이 버퍼에 transition을 추가
        item: [state, action, reward, next_state, done] 형태
        """
        self.memory.append(item)

    def sample(self, batch_size):
        """
        메모리에서 batch_size만큼 무작위로 샘플링
        """
        return random.sample(self.memory, batch_size)

# ==============================
# Ornstein-Uhlenbeck(OU) 노이즈
# ==============================
def OUNoise(theta=0.15, sigma=0.3, mu=0.0):
    """
    Ornstein-Uhlenbeck(OU) 노이즈를 1차원으로 생성하기 위한 제너레이터 함수
    OU 프로세스는 시간에 따라 자기상관이 있는 노이즈를 생성.
    일반적으로 연속적인 행동을 다루는 환경(Ex. 로봇 관절 제어)에서
    action에 노이즈를 섞어 탐험(Exploration)을 유도할 때 사용.
    theta: 평균 복원 항의 계수
    sigma: 노이즈 표준편차
    mu: 노이즈 평균
    """
    state = 0
    while True:
        # dx = theta*(mu - state) + sigma*N(0,1)
        dx = theta * (mu - state) + sigma * np.random.randn()
        state += dx
        yield state  # step마다 노이즈를 하나씩 생성해 반환

# ====================
# Actor(정책) 신경망
# ====================
class Actor(nn.Module):
    """
    상태(state)를 입력받아 연속적인 행동(action)을 출력하는 신경망.
    MountainCarContinuous-v0에서는 상태가 2차원, 행동이 1차원.
    """
    def __init__(self):
        super(Actor, self).__init__()
        self.fc_1 = nn.Linear(state_dim, 64)
        self.fc_2 = nn.Linear(64, 32)
        self.fc_out = nn.Linear(32, act_dim, bias=False)

        # 가중치 초기화(Xavier)
        init.xavier_normal_(self.fc_1.weight)
```

```
        init.xavier_normal_(self.fc_2.weight)
        init.xavier_normal_(self.fc_out.weight)

    def forward(self, state):
        x = F.elu(self.fc_1(state))
        x = F.elu(self.fc_2(x))
        x = self.fc_out(x)
        return torch.tanh(x) * max_action

# ====================
# Critic(Q 함수) 신경망
# ====================
class Critic(nn.Module):
    """
    (state, action)을 입력받아 Q-value를 출력.
    """
    def __init__(self):
        super(Critic, self).__init__()
        # 상태와 행동을 각각 다른 레이어로 처리 후 결합(concat)
        self.fc_state = nn.Linear(state_dim, 32)      # 상태 2차원, 은닉층 32차원
        self.fc_action = nn.Linear(act_dim, 32)       # 행동 1차원, 은닉층 32차원
        self.fc = nn.Linear(32+32, 32)                # (상태 32+ 행동 32)차원
        self.fc_value = nn.Linear(32, act_dim, bias=False) # 출력층 Q-value(스칼라)

        # 가중치 초기화(Xavier)
        init.xavier_normal_(self.fc_state.weight)
        init.xavier_normal_(self.fc_action.weight)
        init.xavier_normal_(self.fc.weight)
        init.xavier_normal_(self.fc_value.weight)

    def forward(self, state, action):
        """
        (state, action)을 각각 fc_state, fc_action에 통과시킨 뒤
        두 출력을 concat하여(fc) -> elu -> fc_value -> Q-value.
        """
        # 상태, 행동 각각 elu 활성화
        out_s = F.elu(self.fc_state(state))
        out_a = F.elu(self.fc_action(action))
        # 두 출력을 concat하여 하나의 벡터로 만든다. (dim=1 기준)
        out_sa = torch.cat([out_s, out_a], dim=1)
        out = F.elu(self.fc(out_sa))
        # 마지막 레이어 -> Q-value(스칼라)
        out = self.fc_value(out)
        return out

# ====================
# DDPG Agent
# ====================
```

```python
class DDPG:
    def __init__(self):
        # Actor / Critic 네트워크 초기화
        self.actor = Actor().to(device)
        self.target_actor = Actor().to(device)
        self.target_actor.load_state_dict(self.actor.state_dict())  # 타깃 = 메인 동일 초기화

        self.critic = Critic().to(device)
        self.target_critic = Critic().to(device)
        self.target_critic.load_state_dict(self.critic.state_dict())

        # 리플레이 메모리 초기화
        self.memory = Memory(memory_size)

        # Optimizer 설정(Adam)
        self.actor_optimizer = torch.optim.Adam(self.actor.parameters(), lr=lr)
        self.critic_optimizer = torch.optim.Adam(self.critic.parameters(), lr=lr)

        # 학습 과정 모니터링용 리스트
        self.scores = []
        self.actor_loss_history = []
        self.critic_loss_history = []

    def select_action(self, state, OU_noise):
        """
        상태(state)를 입력받아 행동(action)을 선택 함수
        - Actor 네트워크로부터 액션 출력
        - 탐험을 위해 OU 노이즈 추가
        - 액션 범위[min_action, max_action]를 넘지 않도록 클리핑
        """
        state = torch.FloatTensor(state).to(device) # 텐서로 변환

        with torch.no_grad():
            action = self.actor(state).cpu().data.numpy() # Actor 출력 액션

        action += OU_noise # 탐험 OU 노이즈 추가
        return np.clip(action, min_action, max_action)  # 액션 범위 클리핑

    def update_critic(self, state, action, target):
        """
        Critic의 파라미터를 업데이트하는 함수
        - 예측 Q-value(critic(state, action))와 target(목표 Q-value) 사이의
          MSE 오차를 계산하여 역전파로 파라미터를 갱신.
        """
        q_value = self.critic(state, action)          # 현재 Critic이 예측한 Q값
        loss = F.mse_loss(q_value, target)  # MSE 손실
        self.critic_optimizer.zero_grad()          # 기울기(gradient) 초기화
        loss.backward()                     # 역전파
```

```python
        self.critic_optimizer.step()                    # 옵티마이저로 파라미터 업데이트
        return loss.item()                       # 학습 모니터링을 위해 수치값 반환

    def update_actor(self, state):
        """
        Actor의 파라미터를 업데이트하는 함수
        - Critic이 계산하는 Q-value를 최대화하는 방향(즉, -Q를 최소화)에 맞춰 Actor를 학습
        """
        # Actor를 통해 행동을 구함
        action = self.actor(state)
        action = torch.clamp(action, min_action, max_action)
        # Critic으로부터 Q-value를 구하고, 그 값을 최대화해야 하므로 -를 붙여 minimization으로 변환
        loss = -torch.mean(self.critic(state, action))

        self.actor_optimizer.zero_grad()
        loss.backward()
        self.actor_optimizer.step()
        return loss.item()

    def train(self, batch_size):
        # 배치 샘플링
        batch = self.memory.sample(batch_size)  # 리플레이 메모리에서 배치 샘플

        # 배치 데이터를 텐서로 변환
        states, actions, rewards, next_states, dones = zip(*batch)
        states = torch.FloatTensor(states).to(device) # torch.Size([64, 2])
        actions = torch.FloatTensor(actions).to(device) # torch.Size([64, 2])
        next_states = torch.FloatTensor(next_states).to(device) # torch.Size([64, 2])
        rewards = torch.FloatTensor(rewards).unsqueeze(1).to(device) # torch.Size([64, 2])
        dones = torch.FloatTensor(dones).unsqueeze(1).to(device) # torch.Size([64, 2])

        # ------------------------------------
        # 1단계: Critic 업데이트
        # ------------------------------------
        # 타겟 네트워크(Actor Target, Critic Target)을 이용해 target Q값 계산
        with torch.no_grad():
            next_actions = self.target_actor(next_states)
            next_actions = torch.clamp(next_actions, min_action, max_action)
            target_Q = self.target_critic(next_states, next_actions)
            target_Q = rewards + gamma * (1 - dones) * target_Q      # 벨만식으로 타깃 Q 계산

        # Critic 학습
        critic_loss_value = self.update_critic(states, actions, target_Q)

        # ------------------------------------
        # 2단계: Actor 업데이트
        # ------------------------------------
        actor_loss_value = self.update_actor(states)
```

```python

        # -----------------------------------
        # 3단계: 타겟 네트워크 소프트 업데이트
        # -----------------------------------
        self.soft_update(self.target_actor, self.actor, tau)
        self.soft_update(self.target_critic, self.critic, tau)

        # 손실 저장
        self.actor_loss_history.append(actor_loss_value)
        self.critic_loss_history.append(critic_loss_value)

    def soft_update(self, target, source, tau):
        """
        타겟 네트워크(Actor Target, Critic Target)를 소프트 업데이트 하는 함수
        θ_target := (1 - τ) * θ_target + τ * θ_source
        """
        for target_param, param in zip(target.parameters(), source.parameters()):
            # 아래 target_param.data는 타겟(self.target_actor, self.target_critic)의 파라미터
            # 아래 param.data는 학습 대상(self.actor, self.critic)의 파라미터
            target_param.data.copy_((1.0 - tau) * target_param.data +  tau * param.data)

# =====================
# Training Loop
# =====================
ddpg = DDPG()  # DDPG 에이전트 초기화
t0 = time.time()  # 학습 시간 측정 시작
scores = []  # 에피소드별 누적 보상 기록

# 학습 루프
for episode in range(max_episodes):
    state = env.reset()        # 환경 초기화
    episode_score = 0.0        # 에피소드 누적 보상
    noise = OUNoise()

    for t_step in range(max_t):

        # 1) Actor 정책에서 행동 선택 + 탐험 노이즈
        action = ddpg.select_action(state, next(noise))

        # 2) 환경에 행동을 적용하고 다음 상태, 보상, 종료 여부 등을 얻음
        next_state, reward, done, _ = env.step(action)

        # 3) 리플레이 메모리에 transition 저장
        ddpg.memory.append([state, action, reward, next_state, done])

        # 4) 상태와 스코어 갱신
        state = next_state
        episode_score += reward
```

```
        # 5) 메모리에 충분한 transition이 쌓이면 학습 진행
        if len(ddpg.memory) >= memory_warmup:
            ddpg.train(batch_size)

        # 6) 에피소드 종료 여부 확인
        if done:
            break

    # 에피소드 보상 기록
    scores.append(episode_score)
    ddpg.scores = scores  # TD3 클래스의 scores에 scores 저장

    # 콘솔 출력
    print(f"Episode {episode} ended with score {episode_score:.2f}")

    # 최근 10개 에피소드 평균이 solved_reward 초과 시 중단
    if len(scores) >= 100 and np.mean(scores[-10:]) > solved_reward:
        plot_train_history(ddpg.scores, ddpg.actor_loss_history, ddpg.critic_loss_history)
        print('# 최근 10개 에피소드의 평균 보상이 solved_reward 초과')
        break

# 모든 학습이 끝난 뒤 환경 종료
env.close()
# 학습 시간 측정 종료
t1 = time.time()
print("Training time: {}min".format(round((t1 - t0)/60, 2)))

# ==========================================
# 학습 완료 후, 에이전트 평가 및 비디오 녹화
# ==========================================
def show_video(path: str):
    """
    주피터 노트북에서 에이전트 상호작용 비디오 재생을 위한 함수
    Parameters:
        path (str): 비디오(.mp4) 파일들이 저장된 디렉토리 경로
    Returns:
        HTML: 주피터 노트북에서 비디오를 재생할 수 있는 HTML 객체
        - `video controls`: 비디오 재생 컨트롤(재생, 일시정지, 볼륨 조절 등)을 제공
        - `source src`: base64로 인코딩된 비디오 데이터를 `data:video/mp4;base64,...` 형식으로 삽입
        - `type="video/mp4"`: 비디오 파일 형식이 MP4임을 명시
        - `encoded.decode()`: base64로 인코딩된 데이터를 문자열로 디코딩하여 HTML에 삽입
        이 코드는 주피터 노트북에서 비디오를 직접 재생할 수 있도록 HTML 객체를 반환
    """
    # 가장 최근 녹화된 mp4 파일 경로
    video_path = sorted(glob(os.path.join(path, "*.mp4")))[-1]
    # 파일을 이진 모드로 읽기
    video = io.open(video_path, 'rb').read()
```

```
    # base64로 인코딩
    encoded = base64.b64encode(video)
    # HTML 태그를 사용해 주피터 노트북에서 비디오 표시
    return HTML(data=f'''
    <video controls>
    <source src="data:video/mp4;base64,{encoded.decode()}" type="video/mp4" />
    </video>
    ''')

def evaluate(actor, num_episodes: int = 10, record: bool = False,
             video_dir: str = "MountainCarContinuous-v0/videos"):
    """
    학습된 에이전트(Actor 네트워크)를 평가하는 함수
    - agent: DDPG 에이전트
    - num_episodes: 평가 에피소드 수
    - record: True이면 비디오 녹화를 진행
    - video_dir: 녹화 비디오를 저장할 폴더 경로
    """
    # 새로운 환경 생성
    env = gym.make("MountainCarContinuous-v0")

    if record: # 비디오 녹화를 원하는 경우
        # gym.wrappers.RecordVideo로 감싸 비디오 녹화 가능 (gym==0.26 이상)
        env = gym.wrappers.RecordVideo(
            env,
            video_dir,
            episode_trigger=lambda episode_id: True  # 모든 에피소드를 녹화
        )

    for episode in range(1, num_episodes + 1):
        state = env.reset()
        episode_reward = 0
        done = False

        while not done:
            # 학습된 Actor로 행동 선택(탐험 노이즈 없음)
            with torch.no_grad():
                action = ddpg.select_action(state, OU_noise=0.0)
            next_state, reward, done, _ = env.step(action)
            episode_reward += reward
            state = next_state

        print(f"Episode {episode}: Reward = {episode_reward:.2f}")

    # 환경 종료
    env.close()

    if record:        # 비디오 녹화를 진행했을 경우
```

```
    time.sleep(1)  # 파일이 완전히 저장될 때까지 대기

# -------------------------------------------
# 학습 완료 후 에이전트 평가 및 비디오 녹화
# -------------------------------------------
print('## After training, evaluate the agent')
dir="MountainCarContinuous-v0/videos"
evaluate(ddpg, num_episodes=10, record=True, video_dir=dir)

# 주피터 노트북 상에서 마지막으로 저장된 비디오 재생
show_video("MountainCarContinuous-v0/videos")
```

그림 10. Colab에서 실행. 주요 패키지 버전은 머리말 참고

9 부록

부록: MountainCarContinuous-v0

OpenAI Gym 라이브러리에 있는 강화학습 환경 MountainCarContinuous-v0에 대한 Markov Decision Process(MDP) 정의는 다음과 같다.

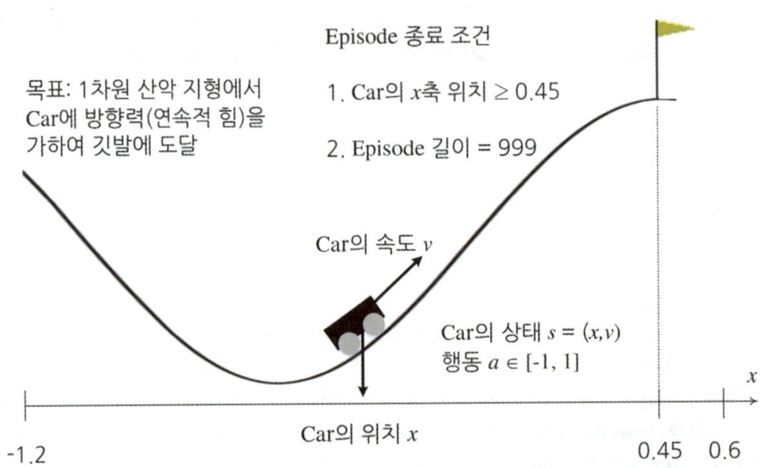

부록 그림 1. 환경 MountainCarContinuous-v0

- 상태 공간(S)

$$\mathcal{S} = \{(x, v) | x \in [-1.2, 0.6], v \in [-0.07, 0.07]\}$$

여기서 x, v는 각각 Car의 위치(meters)와 속도(meters/second)이다. 시간 t에서 상태 s_t는 $[x_t,\ v_t]$가 된다.

• 행동 공간(A)

시간 t에서 상태 a_t는 방향력(directional force, N)으로 폐구간 $[-1,\ 1]$의 원소이다. 따라서 행동 공간은 아래와 같이 연속 행동 공간이 된다.

$$\mathcal{A} = \{a \mid -1 \le a \le 1\}$$

• 전이 함수(Transition function T)

$$\begin{aligned} s_0 &= [x_0, v_0],\ x_0 \sim \mathcal{U}(-0.6, -0.4),\ v_0 = 0 \\ s_{t+1} &= \mathcal{T}(x_t, v_t) \\ &= \begin{cases} x_{t+1} = \text{clip}(x_t + v_{t+1}, -1.2, 0.6), & t \ge 0 \\ v_{t+1} = \text{clip}(v_t + 0.0015 a_t - 0.0025 \cos(3x_t), -0.07, 0.07) \end{cases} \end{aligned}$$

여기서 clip 함수 정의는 다음과 같다.

$$\begin{aligned} x_{t+1} &= \text{clip}(x_t + v_{t+1}, -1.2, 0.6) \\ &= \begin{cases} -1.2 & (x_t + v_{t+1} < -1.2) \\ 0.6 & (x_t + v_{t+1} > 0.6) \\ x_t + v_{t+1} & otherwise \end{cases} \end{aligned}$$

• 보상 함수(Reward function R)

$$\begin{aligned} r_{t+1} &= \mathcal{R}(s_t, a_t, s_{t+1}) \\ &= \begin{cases} -0.1 a_t^2 + 100 & (x_{t+1} \ge 0.45) \\ -0.1 a_t^2 & otherwise \end{cases} \end{aligned}$$

여기서 $-0.1a_t^2$ 을 패널티 보상(음의 보상) $r_{t+1}^{penalty} = -0.1a_t^2$ 이라 하고, Car가 목표(Car의 위치가 **그림** 1에서 깃발 위치 이상)에 도달했을 때 받는 보상을 $r_{t+1}^{goal} = \begin{cases} 100 & (x_{t+1} \geq 0.45) \\ 0 & otherwise \end{cases}$ 라고 하면, 다음이 성립한다.

$$r_{t+1} = r_{t+1}^{penalty} + r_{t+1}^{goal}$$

부록: noise

$$\begin{cases} X_0 = 0 \\ X_{t+1} = X_t + \theta(\mu - X_t) + \sigma\varepsilon_t \ (t \geq 0) \end{cases}$$
$$\theta = 0.15,\ \mu = 0,\ \sigma = 0.3,\ \varepsilon_t \sim N(0,1)$$

위 차분 방정식은 DDPG의 행동에 더한 noise를 만들 때 사용한 수열을 만든 방정식으로, 아래 확률 미분 방정식(stochastic differential equation, SDE)의 이산화(Euler–Maruyama discretization) 방정식이다.

$$dX_t = \theta(\mu - X_t)dt + \sigma dW_t$$

여기서 W_t 는 표준 Wiener process(Brownian motion)이다. 만약 불규칙 요동(random fluctuation)을 나타내는 σ 가 zero라고 하면 다음이 성립한다.

$$\begin{aligned} & dX_t = \theta(\mu - X_t)dt \\ & \frac{dX_t}{dt} = \theta(\mu - X_t) \\ & X_t = \mu + (X_0 - \mu)e^{-\theta t} \\ & \lim_{t \to \infty} X_t = \mu \end{aligned} \tag{1}$$

식 (1)을 보면 양의 실수 θ(drift 항)가 클수록 X_t는 μ에 더 빨리 가까워짐을 알 수 있다.

부록: noise plot code

```python
import numpy as np
import matplotlib.pyplot as plt

def OUNoise(theta=0.15, sigma=0.3, mu=0.0):
    """
    Ornstein-Uhlenbeck 노이즈를 발생시키는 제너레이터.
    """
    state = 0.0
    while True:
        dx = theta * (mu - state) + sigma * np.random.randn()
        state += dx
        yield state

# 1. 제너레이터 객체 생성
ou_gen = OUNoise(theta=0.15, sigma=0.3, mu=0.0)

# 2. 일정 개수(step)만큼 노이즈 샘플링
num_steps = 1000
values = [next(ou_gen) for _ in range(num_steps)]

# 3. 플롯 그리기
plt.figure(figsize=(10, 5))
plt.plot(values, label='OU Noise')
plt.axhline(y=0.0, color='red', linestyle='--', label='mu=0.0')

plt.title('Ornstein-Uhlenbeck Noise (theta=0.15, sigma=0.3, mu=0.0)', fontsize=18)
plt.xlabel('Time step', fontsize=16)
plt.ylabel('Noise value', fontsize=16)
plt.legend(loc=1, prop={'size': 12})
plt.savefig('Ornstein-Uhlenbeck Noise.png', dpi=300)
plt.show()
```

부록: 손실 아래 수식 출처는 다음과 같다.

https://proceedings.mlr.press/v32/silver14.pdf

https://proceedings.mlr.press/v32/silver14-supp.pdf

https://spinningup.openai.com/en/latest/algorithms/ddpg.html

아래 정리가 성립하기 위한 수학적 조건은 위의 사이트로 대신한다

정리 Actor와 Critic의 파라미터를 각각 θ, ϕ라 하자. $\mathcal{D}$는 Replay memory에서 추출한 학습 데이터 집합이고, s는 $\mathcal{D}$의 원소에 있는 상태이다. 상태 s가 주어졌을 때, Actor와 Critic의 출력을 각각 $\pi_\theta(s)$와 $q_\phi(s, \pi_\theta(s))$라고 하자.
이때, Actor의 손실 함수는 다음과 같게 된다.

$$\text{loss}_{actor\theta} = -E_{s\sim\mathcal{D}}\left[q_\phi(s, \pi_\theta(s))\right]$$

증명 기호 $d(s)$를 상태 s의 확률밀도함수라고 하면, 다음과 같이 목적함수의 그래디언트를 상태 가치의 그래디언트로 나타낼 수 있다.

$$\begin{aligned}\nabla_\theta J(\pi_\theta) &= \nabla_\theta E\left[\sum_{t=0}^{\infty}\gamma^t r(s_t, a_t)\right] \\ &= \nabla_\theta \int_S d(s) E\left[\sum_{t=0}^{\infty}\gamma^t r(s_t, a_t)\middle| s_0 = s\right] ds \\ &= \nabla_\theta \int_S d(s) v_{\pi_\theta}(s) ds \\ &= \int_S d(s) \nabla_\theta v_{\pi_\theta}(s) ds\end{aligned}$$

상태 가치의 그래디언트를 결정적 정책을 사용하여 행동 가치의 그래디언트로 나타내면 다음과 같다.

$$\begin{aligned}
\nabla_\theta v_{\pi_\theta}(s) &= \nabla_\theta q_{\pi_\theta}\left(s, \pi_\theta(s)\right) \\
&= \nabla_\theta \int_S p\left(s' \middle| s, \pi_\theta(s)\right)\left\{r\left(s, \pi_\theta(s), s'\right) + \gamma v_{\pi_\theta}\left(s'\right)\right\} ds' \\
&= \nabla_\theta \begin{Bmatrix} \int_S p\left(s' \middle| s, \pi_\theta(s)\right) r\left(s, \pi_\theta(s), s'\right) ds' \\ + \gamma \int_S p\left(s' \middle| s, \pi_\theta(s)\right) v_{\pi_\theta}\left(s'\right) ds' \end{Bmatrix} \\
&= \nabla_\theta \begin{Bmatrix} r\left(s, \pi_\theta(s)\right) \\ + \gamma \int_S p\left(s' \middle| s, \pi_\theta(s)\right) v_{\pi_\theta}\left(s'\right) ds' \end{Bmatrix}
\end{aligned}$$

여기서 마지막 두 항을 다음과 같이 나타낼 수 있다.

$$\nabla_\theta r\left(s, \pi_\theta(s)\right) = \nabla_\theta \pi_\theta(s) \nabla_a r(s, a)\Big|_{a=\pi_\theta(s)}$$

$$\begin{aligned}
&\nabla_\theta \gamma \int_S p\left(s' \middle| s, \pi_\theta(s)\right) v_{\pi_\theta}\left(s'\right) ds' \\
&= \gamma \int_S \left\{ \nabla_\theta \pi_\theta(s) \nabla_a p\left(s' \middle| s, a\right)\Big|_{a=\pi_\theta(s)} v_{\pi_\theta}\left(s'\right) + p\left(s' \middle| s, \pi_\theta(s)\right) \nabla_\theta v_{\pi_\theta}\left(s'\right) \right\} ds' \\
&= \nabla_\theta \pi_\theta(s) \nabla_a \gamma \int_S p\left(s' \middle| s, a\right) v_{\pi_\theta}\left(s'\right) ds' \Big|_{a=\pi_\theta(s)} + \gamma \int_S p\left(s' \middle| s, \pi_\theta(s)\right) \nabla_\theta v_{\pi_\theta}\left(s'\right) ds'
\end{aligned}$$

지금까지 계산을 다음과 같이 나타낼 수 있다.

$$\begin{aligned}
\nabla_\theta v_{\pi_\theta}(s) &= \nabla_\theta \begin{Bmatrix} r\left(s, \pi_\theta(s)\right) \\ + \gamma \int_S p\left(s' \middle| s, \pi_\theta(s)\right) v_{\pi_\theta}\left(s'\right) ds' \end{Bmatrix} \\
&= \nabla_\theta \pi_\theta(s) \nabla_a \left\{ r(s, a) + \gamma \int_S p\left(s' \middle| s, a\right) v_{\pi_\theta}\left(s'\right) ds' \right\}\Big|_{a=\pi_\theta(s)} \\
&\quad + \gamma \int_S p\left(s' \middle| s, \pi_\theta(s)\right) \nabla_\theta v_{\pi_\theta}\left(s'\right) ds' \\
&= \nabla_\theta \pi_\theta(s) \nabla_a q_{\pi_\theta}(s, a)\Big|_{a=\pi_\theta(s)} + \gamma \int_S p\left(s \to s', 1, \pi_\theta\right) \nabla_\theta v_{\pi_\theta}\left(s'\right) ds'
\end{aligned}$$

마지막 항을 아래와 같이 계산할 때 Fubini's 정리에 의하여 적분 순서를 교환한다.

$$
\begin{aligned}
&\gamma\int_S p(s\to s',1,\pi_\theta)\nabla_\theta v_{\pi_\theta}(s')ds' \\
&=\gamma\int_S p(s\to s',1,\pi_\theta)\begin{Bmatrix}\nabla_\theta\pi_\theta(s')\nabla_a q_{\pi_\theta}(s',a)\big|_{a=\pi_\theta(s)} \\ +\gamma\int_S p(s'\to s'',1,\pi_\theta)\nabla_\theta v_{\pi_\theta}(s'')ds''\end{Bmatrix}ds' \\
&=\gamma\int_S p(s\to s',1,\pi_\theta)\nabla_\theta\pi_\theta(s')\nabla_a q_{\pi_\theta}(s',a)\big|_{a=\pi_\theta(s')}ds' \\
&\quad+\gamma^2\int_S p(s\to s',1,\pi_\theta)\int_S p(s'\to s'',1,\pi_\theta)\nabla_\theta v_{\pi_\theta}(s'')ds''ds' \\
&=\gamma\int_S p(s\to s',1,\pi_\theta)\nabla_\theta\pi_\theta(s')\nabla_a q_{\pi_\theta}(s',a)\big|_{a=\pi_\theta(s')}ds' \\
&\quad+\gamma^2\int_S\int_S p(s\to s',1,\pi_\theta)p(s'\to s'',1,\pi_\theta)ds'\nabla_\theta v_{\pi_\theta}(s'')ds'' \\
&\equiv\gamma\int_S p(s\to s',1,\pi_\theta)\nabla_\theta\pi_\theta(s')\nabla_a q_{\pi_\theta}(s',a)\big|_{a=\pi_\theta(s')}ds' \\
&\quad+\gamma^2\int_S p(s\to s'',2,\pi_\theta)\nabla_\theta v_{\pi_\theta}(s'')ds''
\end{aligned}
$$

즉,

$$
\begin{aligned}
&\gamma\int_S p(s\to s',1,\pi_\theta)\nabla_\theta v_{\pi_\theta}(s')ds' \\
&=\gamma\int_S p(s\to s',1,\pi_\theta)\nabla_\theta\pi_\theta(s')\nabla_a q_{\pi_\theta}(s',a)\big|_{a=\pi_\theta(s')}ds' \\
&\quad+\gamma^2\int_S p(s\to s',2,\pi_\theta)\nabla_\theta v_{\pi_\theta}(s')ds'
\end{aligned}
$$

지금까지 계산을 다음과 같이 나타낼 수 있다.

$$
\begin{aligned}
\nabla_\theta v_{\pi_\theta}(s) &= \nabla_\theta \pi_\theta(s) \nabla_a q_{\pi_\theta}(s,a)\Big|_{a=\pi_\theta(s')} + \gamma \int_{\mathcal{S}} p(s \to s',1,\pi_\theta) \nabla_\theta v_{\pi_\theta}(s') ds' \\
&= \nabla_\theta \pi_\theta(s) \nabla_a q_{\pi_\theta}(s,a)\Big|_{a=\pi_\theta(s')} \\
&\quad + \gamma \int_{\mathcal{S}} p(s \to s',1,\pi_\theta) \nabla_\theta \pi_\theta(s') \nabla_a q_{\pi_\theta}(s',a)\Big|_{a=\pi_\theta(s')} ds' \\
&\quad + \gamma^2 \int_{\mathcal{S}} p(s \to s',2,\pi_\theta) \nabla_\theta v_{\pi_\theta}(s') ds' \\
&= \gamma^0 \int_{\mathcal{S}} p(s \to s',0,\pi_\theta) \nabla_\theta \pi_\theta(s') \nabla_a q_{\pi_\theta}(s',a)\Big|_{a=\pi_\theta(s')} ds' \\
&\quad + \gamma \int_{\mathcal{S}} p(s \to s',1,\pi_\theta) \nabla_\theta \pi_\theta(s') \nabla_a q_{\pi_\theta}(s',a)\Big|_{a=\pi_\theta(s')} ds' \\
&\quad + \gamma^2 \int_{\mathcal{S}} p(s \to s',2,\pi_\theta) \nabla_\theta v_{\pi_\theta}(s') ds' \\
&= \int_{\mathcal{S}} \sum_{t=0}^{1} \gamma^t p(s \to s',t,\pi_\theta) \nabla_\theta \pi_\theta(s') \nabla_a q_{\pi_\theta}(s',a)\Big|_{a=\pi_\theta(s')} ds' \\
&\quad + \gamma^2 \int_{\mathcal{S}} p(s \to s',2,\pi_\theta) \nabla_\theta v_{\pi_\theta}(s') ds'
\end{aligned}
$$

위 식에서 $p(s \to s',0,\pi_\theta)$를 Dirac delta $\delta(s-s')$로 정의하면 다음이 성립한다.

$$
\begin{aligned}
&\nabla_\theta \pi_\theta(s) \nabla_a q_{\pi_\theta}(s,a)\Big|_{a=\pi_\theta(s)} \\
&= \int_{\mathcal{S}} \delta(s-s') \nabla_\theta \pi_\theta(s') \nabla_a q_{\pi_\theta}(s',a)\Big|_{a=\pi_\theta(s')} ds' \\
&= \int_{\mathcal{S}} p(s \to s',0,\pi_\theta) \nabla_\theta \pi_\theta(s') \nabla_a q_{\pi_\theta}(s',a)\Big|_{a=\pi_\theta(s')} ds'
\end{aligned}
$$

이 과정을 계속하면 다음이 성립한다.

$$
\begin{aligned}
&\nabla_\theta v_{\pi_\theta}(s) \\
&= \int_S \sum_{t=0}^{1} \gamma^t p(s \to s', t, \pi_\theta) \nabla_\theta \pi_\theta(s') \nabla_a q_{\pi_\theta}(s', a)\Big|_{a=\pi_\theta(s')} ds' \\
&\quad + \gamma^2 \int_S p(s \to s', 2, \pi_\theta) \nabla_\theta v_{\pi_\theta}(s') ds' \\
&= \int_S \sum_{t=0}^{1} \gamma^t p(s \to s', t, \pi_\theta) \nabla_\theta \pi_\theta(s') \nabla_a q_{\pi_\theta}(s', a)\Big|_{a=\pi_\theta(s')} ds' \\
&\quad + \gamma^2 \int_S p(s \to s', 2, \pi_\theta) \left\{ \begin{aligned} &\int_S \sum_{t=0}^{1} \gamma^t p(s' \to s'', t, \pi_\theta) \nabla_\theta \pi_\theta(s'') \nabla_a q_{\pi_\theta}(s'', a)\Big|_{a=\pi_\theta(s'')} ds'' \\ &+ \gamma^2 \int_S p(s' \to s'', 2, \pi_\theta) \nabla_\theta v_{\pi_\theta}(s'') ds'' \end{aligned} \right\} ds' \\
&= \int_S \sum_{t=0}^{1} \gamma^t p(s \to s', t, \pi_\theta) \nabla_\theta \pi_\theta(s') \nabla_a q_{\pi_\theta}(s', a)\Big|_{a=\pi_\theta(s')} ds' \\
&\quad + \int_S \sum_{t=0}^{1} \gamma^{t+2} \int_s p(s \to s', 2, \pi_\theta) p(s' \to s'', t, \pi_\theta) ds' \, \nabla_\theta \pi_\theta(s'') \nabla_a q_{\pi_\theta}(s'', a)\Big|_{a=\pi_\theta(s'')} ds'' \\
&\quad + \gamma^4 \int_S \int_S p(s \to s', 2, \pi_\theta) p(s' \to s'', 2, \pi_\theta) ds' \, \nabla_\theta v_{\pi_\theta}(s'') ds'' \\
&= \int_S \sum_{t=0}^{1} \gamma^t p(s \to s', t, \pi_\theta) \nabla_\theta \pi_\theta(s') \nabla_a q_{\pi_\theta}(s', a)\Big|_{a=\pi_\theta(s')} ds' \\
&\quad + \int_S \sum_{t=0}^{1} \gamma^{t+2} p(s \to s'', t+2, \pi_\theta) \nabla_\theta \pi_\theta(s'') \nabla_a q_{\pi_\theta}(s'', a)\Big|_{a=\pi_\theta(s'')} ds'' \\
&\quad + \gamma^4 \int_S p(s \to s'', 4, \pi_\theta) \nabla_\theta v_{\pi_\theta}(s'') ds'' \\
&= \int_S \sum_{t=0}^{4-1} \gamma^t p(s \to s', t, \pi_\theta) \nabla_\theta \pi_\theta(s') \nabla_a q_{\pi_\theta}(s', a)\Big|_{a=\pi_\theta(s')} ds' \\
&\quad + \gamma^4 \int_S p(s \to s', 4, \pi_\theta) \nabla_\theta v_{\pi_\theta}(s') ds' \\
&= \cdots = \int_S \sum_{t=0}^{\infty} \gamma^t p(s \to s', t, \pi_\theta) \nabla_\theta \pi_\theta(s') \nabla_a q_{\pi_\theta}(s', a)\Big|_{a=\pi_\theta(s')} ds'
\end{aligned}
$$

즉, 다음이 성립한다.

$$
\nabla_\theta v_{\pi_\theta}(s) = \int_S \sum_{t=0}^{\infty} \gamma^t p(s \to s', t, \pi_\theta) \nabla_\theta \pi_\theta(s') \nabla_a q_{\pi_\theta}(s', a)\Big|_{a=\pi_\theta(s')} ds'
$$

지금까지 계산한 결과를 사용하여 목적함수의 그래디언트를 계산하면 다음과 같다.

$$\nabla_\theta J(\pi_\theta) = \int_S d(s) \nabla_\theta v_{\pi_\theta}(s) ds$$

$$= \int_S \int_S \sum_{t=0}^{\infty} \gamma^t d(s) p(s \to s', t, \pi_\theta) \nabla_\theta \pi_\theta(s') \nabla_a q_{\pi_\theta}(s', a) \Big|_{a=\pi_\theta(s')} ds' ds$$

$$= \int_S \int_S \sum_{t=0}^{\infty} \gamma^t d(s) p(s \to s', t, \pi_\theta) ds \nabla_\theta \pi_\theta(s') \nabla_a q_{\pi_\theta}(s', a) \Big|_{a=\pi_\theta(s')} ds'$$

$$= \frac{1}{1-\gamma} \int_S \int_S (1-\gamma) \sum_{t=0}^{\infty} \gamma^t d(s) p(s \to s', t, \pi_\theta) ds \nabla_\theta \pi_\theta(s') \nabla_a q_{\pi_\theta}(s', a) \Big|_{a=\pi_\theta(s')} ds'$$

$$= \frac{1}{1-\gamma} \int_S \rho_{\pi_\theta}(s') \nabla_\theta \pi_\theta(s') \nabla_a q_{\pi_\theta}(s', a) \Big|_{a=\pi_\theta(s')} ds'$$

$$= \frac{1}{1-\gamma} E_{s \sim \rho_{\pi_\theta}(s)} \left[\nabla_\theta \pi_\theta(s) \nabla_a q_{\pi_\theta}(s, a) \Big|_{a=\pi_\theta(s)} \right]$$

$$= \frac{1}{1-\gamma} E_{s \sim \rho_{\pi_\theta}(s)} \left[\nabla_\theta q_{\pi_\theta}(s, \pi_\theta(s)) \right]$$

손실과 목적함수는 다음과 같은 관계이다.

$$\nabla_\theta \text{loss}_{actor\theta} \approx -\nabla_\theta J(\pi_\theta)$$

따라서 Replay memory에서 추출한 학습 데이터 집합 $\mathcal{D}$로 손실을 만들어야 하고, $q_{\pi_\theta}(s, \pi_\theta(s))$ 대신에 $q_\phi(s, \pi_\theta(s))$를 사용하여 다음과 같이 손실을 정의한다.

$$\text{loss}_{actor\theta} = -E_{s \sim \mathcal{D}} \left[q_\phi(s, \pi_\theta(s)) \right]$$

Q.E.D.

부록-DDPG-알고리즘 아래 사이트에 있는 DDPG 알고리즘을 본 저서의 **그림 10**(전체 코드)에 맞게 일부 수정했다.

https://spinningup.openai.com/en/latest/algorithms/ddpg.html

Line 4에 OU 노이즈가 있다. Line 10에 있는 "for however many updates do"는 "필

요한 만큼의 업데이트를 수행하기 위해" 또는 **"아무리 많은 업데이트가 필요하든지"**라는 뜻으로 이해할 수 있다. Line 12에 critic 손실에 사용할 target이 있고, line 13, 14에 critic 손실과 actor 손실의 그래디언트가 있다. Line 15에서 target_critic과 target_actor의 파라미터를 soft-update하는 내용이 있다.

Algorithm 1 Deep Deterministic Policy Gradient

1: Input: initial policy parameters θ, Q-function parameters ϕ, empty replay buffer $\mathcal{D}$
2: Set target parameters equal to main parameters $\theta_{\text{targ}} \leftarrow \theta$, $\phi_{\text{targ}} \leftarrow \phi$
3: **repeat**
4:   Observe state s and select action $a = \text{clip}(\mu_\theta(s) + \epsilon, a_{Low}, a_{High})$, where $\epsilon \sim \mathcal{N}$
5:   Execute a in the environment
6:   Observe next state s', reward r, and done signal d to indicate whether s' is terminal
7:   Store (s, a, r, s', d) in replay buffer $\mathcal{D}$
8:   If s' is terminal, reset environment state.
9:   **if** it's time to update **then**
10:     **for** however many updates **do**
11:       Randomly sample a batch of transitions, $B = \{(s, a, r, s', d)\}$ from $\mathcal{D}$
12:       Compute targets

$$y(r, s', d) = r + \gamma(1 - d) Q_{\phi_{\text{targ}}}(s', \mu_{\theta_{\text{targ}}}(s'))$$

13:       Update Q-function by one step of gradient descent using

$$\nabla_\phi \frac{1}{|B|} \sum_{(s,a,r,s',d) \in B} \left(Q_\phi(s, a) - y(r, s', d)\right)^2$$

14:       Update policy by one step of gradient ascent using

$$\nabla_\theta \frac{1}{|B|} \sum_{s \in B} Q_\phi(s, \mu_\theta(s))$$

15:       Update target networks with

$$\begin{aligned} \phi_{\text{targ}} &\leftarrow \rho\phi_{\text{targ}} + (1 - \rho)\phi \\ \theta_{\text{targ}} &\leftarrow \rho\theta_{\text{targ}} + (1 - \rho)\theta \end{aligned}$$

16:     **end for**
17:   **end if**
18: **until** convergence

제 6 장

Twin Delayed Deep Deterministic Policy Gradient(TD3)

DDPG 방식에서는 단일 Q 함수 근사로 인해 'Q값의 과추정(overestimation)' 문제가 발생할 수 있고, 이는 학습의 불안정성을 높이는 원인이 된다. TD3(Twin Delayed DDPG)는 이를 해결하기 위해 **두 개의** critic(twin critic)을 사용하여 Q값의 과추정을 완화하고, target policy smoothing **기법**(타깃 정책으로 구한 액션에 노이즈를 추가하여 타깃 Q값이 급격히 변하지 않도록 완화하는 기법)을 적용함으로써 정책 학습을 보다 안정화한다. 또한, **지연된 정책 업데이트**(Delayed Policy Update) 전략을 통해 critic을 먼저 충분히 학습시킨 뒤 일정 주기마다 actor를 갱신하는 알고리즘이다.

1 용어 설명과 구성 요소

TD3에서 T는 Twin(두 개)의 첫 글자로 'Twin Critics(두 개의 행동 가치 신경망)'를 사용한다는 것을 나타낸다. 즉, Q값을 계산하기 위해서 동일한 구조를 가지는 critic1과 critic2라는 두 개의 가치 신경망을 쓴다. 이를 업데이트하기 위해 신경망 target_critic1, target_critic2를 만들어 각각 target_Q1과 target_Q2를 구한 후, 두 값 중 더 작은 값을 최종 target_Q값으로 사용한다. 이렇게 함으로써 Q값의 과추정 문제를 완화한다. 정책 신경망(actor)을 업데이트할 때는 두 개의 critic 모두가 아니라 critic1 하나만 사용한다.

D는 'Delayed(지연된)'의 첫 글자로 'Delayed Policy Update(지연된 정책 업데이트)'를 의미한다. 즉, critic1과 critic2를 매 스텝마다 업데이트하지만 정책 신경망(actor)은 지정된 횟수마다(예: 두 스텝에 한 번) 업데이트한다.

또한 TD3는 'Deterministic Policy(결정적 정책)'를 사용한다. 즉, 정책 신경망은 확률 분포에서 샘플링하지 않고, 상태를 입력받아 결정적인 하나의 행동을 출력한다. 탐험은 외부에서 인위적으로 추가한 노이즈를 통해 이루어진다.

마지막으로, TD3에서 '3'는 DDPG를 더 안정적이고 강력하게 만드는 데 사용되는 세 가지 주요 기법—① Twin Critics, ② Delayed Policy Update, ③ Target Policy Smoothing(타깃 정책에 노이즈를 추가하여 과적합을 방지하는 기법)—을 모두 포함한다는 의미이다.

TD3의 전체 구성은 아래 **그림 1**과 같다. 환경은 MountainCarContinuous이고, actor의 출력인 행동에 노이즈를 추가하여 환경과 상호작용한다. 이때 얻은 경험 (상태, 행동, 보상, 다음 상태, 종료 여부)=(s,a,r,s',d)을 replay memory에 저장하여 actor, critic1과 critic2를 업데이트할 때 사용한다. Actor를 업데이트할 때 critic1을 사용한다. Critic1과 critic2를 업데이트할 때는, 각각에 대해 target_actor와 target_critic1과 target_critic2을 함께 사용한다. 업데이트에 대한 설명은 아래에서 다룬다.

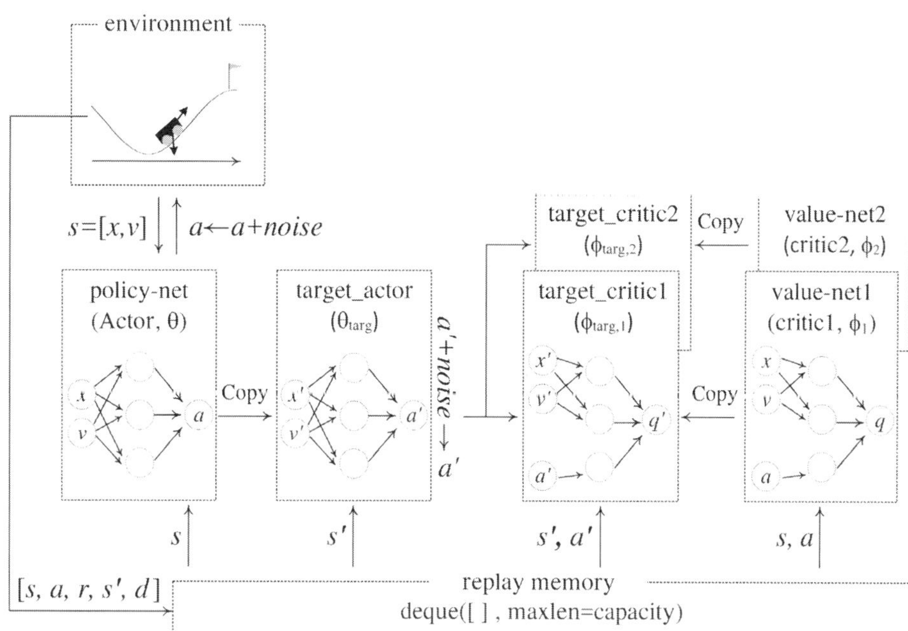

그림 1. TD3 구성 요소. s,x,v는 각각 Car의 현재 시간 t에서 상태, 일직선 위에서의 위치, 속도이고, a,r,q는 현재의 행동, 보상, Q값이다. 다음 시간 t+1에서는 각각을 s',x',v',a',r',q'으로 나타냄.

2 신경망 구조

그림 2은 TD3의 신경망 구조를 비교한 **그림**이다. Actor(a)를 보면 입력은 2개 숫자로 이루어진 상태(MountainCarContinuous)이고, 출력은 행동임을 알 수 있다. Critic(b)를 보면 입력은 상태와 행동이고 출력은 Q값(상태–행동 가치)임을 알 수 있다. 제5장의 DDPG 신경망 구조와 같다.

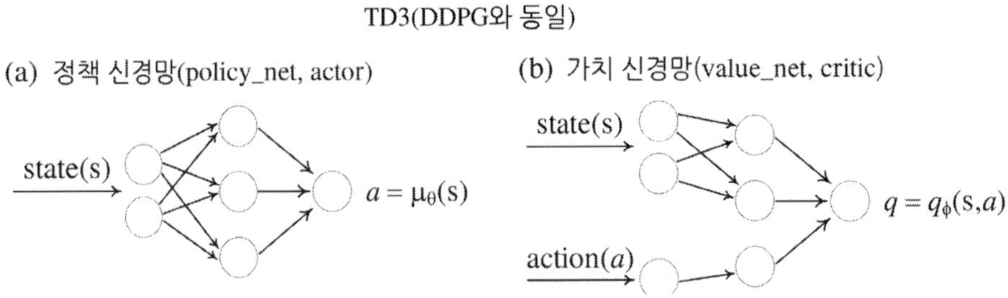

그림 2. Actor와 critic 신경망 클래스 코딩에 사용하는 이미지

3 정책(상태를 입력하면 행동 출력) 정의와 노이즈 추가

그림 3(a)에 보인 절차는 다음과 같다. 먼저 상태(state)를 정책 신경망(policy net)에 입력하여 행동(action)을 얻는다. 이어서 이 행동에 노이즈를 더해 최종 후보 행동을 만든다.

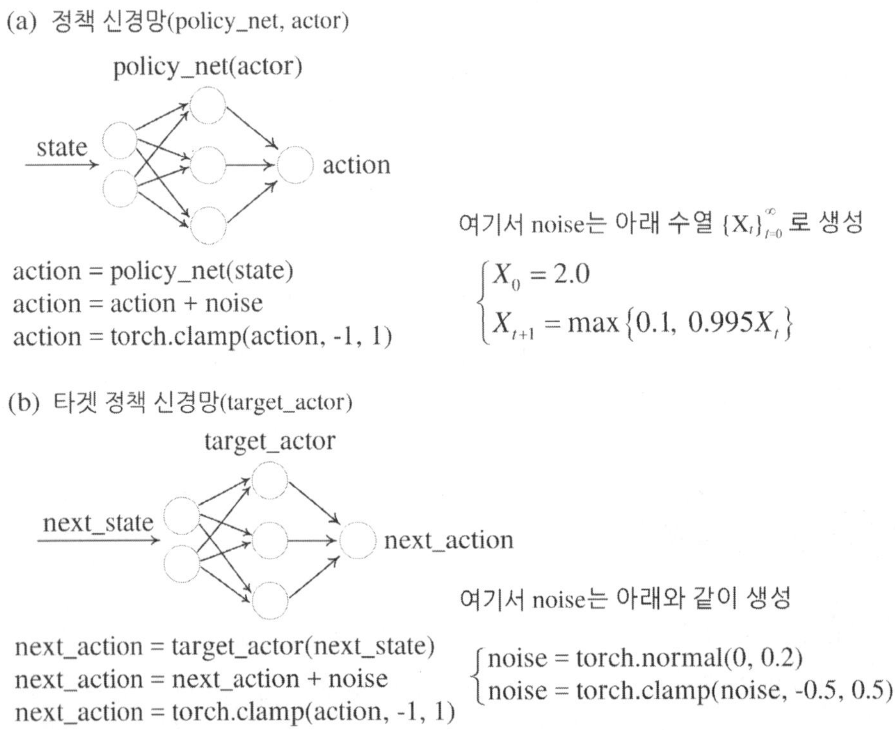

그림 3. 정책 코딩에 사용하는 이미지. action과 next_action에 noise를 추가
(DDPG에서는 (a)와 같이 action에만 noise를 추가)

마지막으로, 이 값이 −1보다 작으면 −1로, 1보다 크면 1로 조정하여 환경에서 허용하는 범위 안의 최종 행동을 결정한다. DDPG에서 사용한 노이즈와 달리, TD3에서는 학습이 진행될수록 노이즈의 크기가 감소한다. **그림** 3(b)에 나타난 절차는 다음과 같다. 먼저 다음 상태(next state)를 타깃 정책 신경망(target actor)에 입력하여 다음 행동(next action)을 얻는다. 이어서 이 행동에 정규분포에서 추출한 노이즈를 더한다. 마지막으로, 계산된 값이 −1보다 작으면 −1로, 1보다 크면 1로 조정하여 환경에서 허용되는 범위 내의 최종 다음 행동을 결정한다.

4 학습데이터(replay memory) 정의

그림 4는 환경과 actor가 상호작용하여 얻은 경험 $[s_t, a_t, r_{t+1}, s_{t+1}, d_{t+1}]$를 재생 메모리에 저장하는 **그림**으로, critic1과 critic2는 관여하지 않는다. 메모리에 원하는 만큼의 경험이 쌓이면 메모리에서 경험을 추출하여 actor와 critic1, critic2를 업데이트한다.

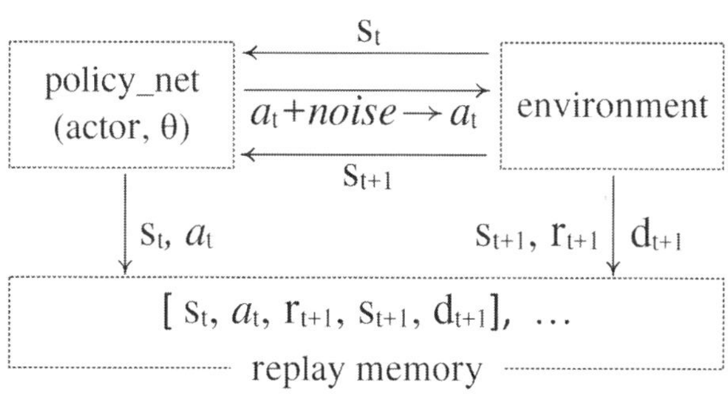

그림 4. 학습데이터 코딩에 사용하는 이미지

5 손실 정의

위 **그림** 1와 같이 정책의 출력인 행동에 노이즈를 더하여 환경에 입력하므로, 아래 **그림** 5의 ①과 같이 노이즈가 더해진 행동이 학습데이터에 있다.

그림 5의 ②는 두 개의 가치 신경망을 업데이트할 때 사용하는 손실($\text{loss}_{\text{critic}}$)이다.

$$\text{loss}_{\text{critic}}(\phi_i)=\frac{1}{|\mathcal{D}|}\sum_{(s,a,r,s',d)\in\mathcal{D}}\begin{bmatrix}q_{\phi_i}(s,a)\\-\left\{r+\gamma(1-d)\min_{j=1,2}q_{\phi_{\text{targ},j}}\left(s',\mu_{\theta_{\text{targ}}}(s')+noise\right)\right\}\end{bmatrix}^2$$

여기서 $\mathcal{D}$는 replay memory에서 추출한 학습데이터 집합이고, $q_{\phi_i}(s,a)$는 상태 s와 행동 a를 i번째 critic에 입력하여 얻은 행동 가치이다. $q_{\phi_{\text{targ},j}}\left(s',\mu_{\theta_{\text{targ}}}(s')+noise\right)$는 j번째 target_critic에 두 개를 입력해서 얻은 행동 가치이다: (1) 다음 상태 s' (2) s'을 결정적 정책인 target_actor에 입력하여 얻은 다음 행동 $\mu_{\theta_{\text{targ}}}(s')$에 noise를 더한 값. $q_{\phi_i}(s,a)$의 target은 $q_*(s,a)$에 대한 Bellman 최적 방정식으로 만든다.

① 학습데이터 $\mathcal{D}=\left\{(s,a,r,s',d),\cdots,(\tilde{s},\tilde{a},\tilde{r},\tilde{s}',\tilde{d})\right\}\langle a,\cdots,\tilde{a}$ 노이즈 포함

② $q_*(s,a)=\sum_{s'}p(s'|s,a)\left\{r(s,a,s')+\gamma\max_{a'}q_*(s',a')\right\}$

$$\approx r+\gamma(1-d)\min_{i=1,2}q_{\phi_{\text{targ},i}}\left(s',\mu_{\theta_{\text{targ}}}(s')\right)$$

$\therefore i=1,2,\ \text{loss}_{\text{critic}}(\phi_i)$

$$=\frac{1}{|\mathcal{D}|}\sum_{(s,a,r,s',d)\in\mathcal{D}}\begin{bmatrix}q_{\phi_i}(s,a)\\-\left\{r+\gamma(1-d)\min_{i=1,2}q_{\phi_{\text{targ},i}}\left(s',\mu_{\theta_{\text{targ}}}(s')+noise\right)\right\}\end{bmatrix}^2$$

③ $\nabla_\theta J_{\text{actor}}(\theta)=\nabla_\theta E_{\pi_\theta}\left[\sum_{t=0}^{\infty}\gamma^t r(s_t,a_t)\right]=E_{s\sim\rho_{\mu_\theta}(s)}\left[\nabla_\theta q_{\phi_1}(s,\mu_\theta(s))\right]$

$$\approx\nabla_\theta\frac{1}{|\mathcal{D}|}\sum_{s\in\mathcal{D}}q_{\phi_1}(s,\mu_\theta(s))$$

④ $\nabla_\theta\text{loss}_{\text{actor}}(\theta)\approx-\nabla_\theta J_{\text{actor}}(\theta)\ \therefore\ \text{loss}_{\text{actor}}(\theta)=-\frac{1}{|\mathcal{D}|}\sum_{s\in\mathcal{D}}q_{\phi_1}(s,\mu_\theta(s))$

그림 5. 정책과 가치의 손실 코딩에 사용하는 이미지. $\text{loss}_{\text{actor}}$와 $\text{loss}_{\text{critic}}$을 보면 6개 신경망(파라미터 $\theta,\phi_1,\phi_2,\theta_{targ},\phi_{targ,1},\phi_{targ,2}$)이 필요함을 알 수 있다.

그림 5의 ③, ④를 보면, 정책 신경망을 업데이트할 때 사용하는 손실($\text{loss}_{\text{actor}}$)은 다음과 같음을 알 수 있다.

$$\text{loss}_{\text{actor}}(\theta) = -\frac{1}{|\mathcal{D}|}\sum_{s\sim\mathcal{D}} q_{\phi_1}\left(s, \mu_\theta(s)\right)$$

여기서 $\mathcal{D}$는 replay memory에서 추출한 학습데이터 집합이고, s는 $\mathcal{D}$의 원소에 있는 상태이고, 행동 $\mu_\theta(s)$는 상태 s를 결정적 정책인 actor에 입력하여 얻은 출력이고, $q_{\phi_1}\left(s, \mu_\theta(s)\right)$는 상태 s와 행동 $\mu_\theta(s)$를 critic1에 입력하여 얻은 출력이다. 이에 대한 자세한 설명은 제5장 DDPG의 [부록: 손실]을 참고한다.

6 Main

위에서 설명한 '신경망 클래스 코딩에 사용하는 이미지(**그림 2**)', '정책 코딩에 사용하는 이미지(**그림 3**)', '학습데이터 코딩에 사용하는 이미지(**그림 4**)'와 '정책과 가치의 손실 코딩에 사용하는 이미지(**그림 5**)'를 이용하여 아래 순서로 TD3를 코딩한다.

① 환경의 상태를 초기화한다.

② 환경의 현재 상태 s를 정책 신경망에 입력하여 행동 a를 출력으로 얻는다. 그리고 출력에 노이즈를 더한다(**그림 2, 3**).

③ 노이즈를 더한 행동 a를 환경에 입력하여, 환경으로부터 다음 상태 s′, 보상 r, Car 이동 종료 여부(done)를 반환받는다

④ 리플레이 메모리에 transition(상태, 행동, 보상, 다음 상태, 종료 여부)을 저장한다(**그림 4**).

⑤ 메모리에 충분한 transition이 쌓이면 메모리에서 학습데이터를 추출한다.

⑥ critic1, critic2, actor, target_critic1, target_critic2와 target_actor를 업데이트한다(**그림 5**).

⑦ 다음 상태를 현재 상태로 저장하여 ②~⑥을 반복한다.

7 전체 코드

그림 6은 전체 코드를 실행했을 때의 결과이다. 왼쪽은 학습 과정에서 얻은 Score (보상)를 나타낸다. 오른쪽은 학습 종료 후 50회 에피소드를 평가(evaluation)한 동영상 중, 마지막 동영상의 이미지를 나타낸다.

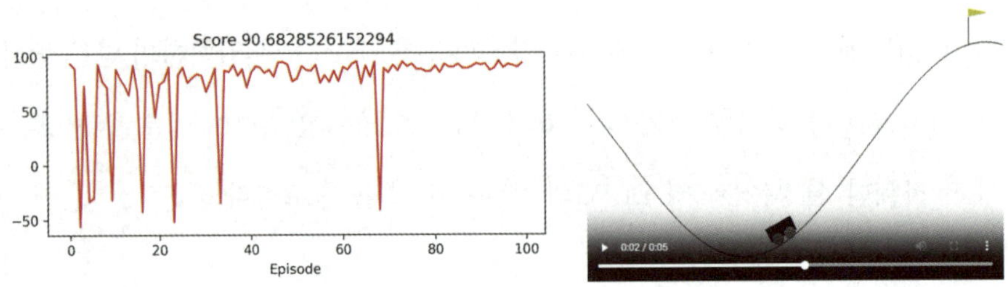

그림 6

전체 코드를 아래와 같은 흐름으로 구현한다.

#1. score, actor_loss, critic_loss의 학습 진행 상황을 그래프로 그려주는 함수 정의 (**그림 7** line 37~58).

#2. 리플레이 메모리(replay memory) 클래스 정의(line 63~92)

그림 4를 이용하여 메모리를 코드로 구현한다.

#3. 신경망 정의(line 97~166)

그림 2을 이용하여 actor와 critic 신경망을 코드로 구현한다.

#4. TD3 agent 정의(line 171~321)

#4-1. 초기화 함수(line 177~206)

actor / critic 네트워크와 리플레이 메모리 초기화, 지연 업데이트를 위한 전체 스텝 카운트, optimizer 설정(Adam)과 학습 과정 모니터링용 리스트 변수를 선언한다.

#4-2. 행동을 얻는 함수 select_action 정의(line 208~222)

상태를 actor에 입력하여 얻은 행동에 노이즈를 더한 후, 환경에서 허용하는 범위로 클리핑하여 만든 행동을 반환받는다(**그림 3**).

#4-3. critic의 파라미터를 업데이트하는 함수 정의(line 224~245, **그림 5**)

#4-4. actor의 파라미터를 업데이트하는 함수 정의(line 247~257, **그림 5**)

#4-5. critic과 actor를 업데이트, 타겟 네트워크(target_actor, target_critic)를 소프트 업데이트 하고 plot_train_history에 사용할 손실을 저장하는 train 함수 정의(line 259~309)

#4-6. train 함수에 사용할 소프트 업데이트 함수 정의(line 311~321)

#5. Training Loop(line 326~370)

TD3 에이전트 초기화

에피소드별 누적 보상 기록

for 에피소드 〈 max_episodes:

환경과 에피소드 누적 보상을 초기화

for t_step 〈 max_t:

상태와 noise를 함수 select_action 입력하여 노이즈가 있는 행동을 반환받음

행동을 입력받은 환경이 다음 상태, 보상, 종료 여부를 제공

transition([상태, 행동, 보상, 다음 상태, 종료 여부])를 리플레이 메모리에 저장

다음 상태를 현재 상태로 갱신하고 episode_score도 갱신

메모리에 원하는 만큼의 transition이 쌓이면 train 함수 실행하여 critic과 actor를 1회 업데이트

종료 여부가 True이면 for 문 중단

에피소드 보상 기록

에피소드별 episode_score 출력

최근 10개 에피소드 평균이 solved_reward 초과 시 for 문 중단

#6. 주피터 노트북에서 상호작용 비디오를 재생하기 위한 함수 정의(line 380~404)

#7. 학습된 actor를 평가하는 함수 정의(line 406~446)

#8. actor 평가 함수를 실행하고 마지막으로 저장된 비디오 재생(line 452~456)

전체 코드를 구현하면 다음과 같다.

```
import torch, torch.nn as nn, torch.nn.functional as F, matplotlib.pyplot as plt, os, io
import torch.nn.init as init, time, numpy as np, random, gym, warnings, base64
from glob import glob
from IPython.display import clear_output, HTML; from collections import deque
warnings.filterwarnings('ignore')

# gym(0.25.2)는 np.bool8을 사용. numpy(2.0.2)는 np.bool8 대신 np.bool_를 사용
np.bool8 = np.bool_

device = torch.device('cuda' if torch.cuda.is_available() else 'cpu')

# 하이퍼파라미터
lr = 0.001
tau = 0.005                    # 타깃 네트워크 소프트 업데이트 계수
gamma = 0.99
policy_noise = 0.2             # 타깃 정책에 추가하는 노이즈 표준편차
noise_clip = 0.5               # 타깃 정책 노이즈 클리핑 범위
policy_delay = 2               # actor 업데이트 지연 주기
max_t = 1000                   # 에피소드 당 최대 스텝
memory_size = 2000             # 리플레이 메모리 버퍼 크기
memory_warmup = 500            # 학습 시작 전 최소 버퍼 크기
batch_size = 32
exploration_noise = 2.0        # 초기 탐험 노이즈 크기
max_episodes = 2000            # 학습 에피소드 수
solved_reward = 90             # 해결(Convergence) 판정 기준 보상

# 환경 설정(MountainCarContinuous)
env = gym.make('MountainCarContinuous-v0')
state_dim = env.observation_space.shape[0]
act_dim = env.action_space.shape[0]
min_action = float(env.action_space.low[0])
max_action = float(env.action_space.high[0])

# =====================
# Plotting Function
# =====================
def plot_train_history(scores, actor_loss_history, critic_loss_history):
    """
    학습 이력을 그래프로 시각화하는 함수
    1) 에피소드별 Score
    2) Actor Loss
    3) Critic Loss
    """
    data = [scores, actor_loss_history, critic_loss_history]
    labels = [
        f"Score {np.mean(scores[-10:])}",
        f"Actor Loss {np.mean(actor_loss_history[-10:])}",
```

```
            f"Critic Loss {np.mean(critic_loss_history[-10:])}",
    ]
    clear_output(True)
    with plt.style.context("seaborn-v0_8-dark-palette"):
        fig, axes = plt.subplots(3, 1, figsize=(6, 8))
        for i, ax in enumerate(axes):
            ax.plot(data[i], c="crimson")
            ax.set_title(labels[i])
        axes[0].set_xlabel('Episode')
        plt.tight_layout()
        plt.show()

# =====================
# Replay Memory
# =====================
class ReplayMemory:
    """
    리플레이 메모리(버퍼) 구현
    - (state, reward, action, next_state, done) 튜플 저장
    - TD3 학습 시 미니배치 단위로 샘플링
    """
    def __init__(self, memory_size):
        """
        memory_size: 리플레이 버퍼에 저장할 최대 transition 수
        """
        self.memory = deque(maxlen=memory_size)  # deque로 FIFO 구조 관리

    def __len__(self):
        """
        len(ReplayMemory) 호출 시 저장된 transition 개수 반환
        """
        return len(self.memory)

    def append(self, transition):
        """
        transition = (state, reward, action, next_state, done)
        를 버퍼에 저장
        """
        self.memory.append(transition)  # 버퍼에 추가

    def sample(self, batch_size):
        """
        메모리에서 batch_size만큼 무작위로 샘플링
        """
        return random.sample(self.memory, batch_size)

# =====================
# Actor(정책) 신경망
```

```
# =====================
class Actor(nn.Module):
    """
    상태(state)를 입력받아 연속적인 행동(action)을 출력.
    MountainCarContinuous-v0에서는 상태가 2차원, 행동이 1차원.
    """
    def __init__(self):
        super(Actor, self).__init__()
        self.fc1 = nn.Linear(state_dim, 64)
        self.fc2 = nn.Linear(64, 32)
        self.fc_out = nn.Linear(32, act_dim, bias=False)

        # 가중치 초기화(Xavier)와 clamp
        init.xavier_normal_(self.fc1.weight)
        self.fc1.weight.data.clamp_(-0.1, 0.1)

        init.xavier_normal_(self.fc2.weight)
        self.fc2.weight.data.clamp_(-0.1, 0.1)

        init.xavier_normal_(self.fc_out.weight)
        self.fc_out.weight.data.clamp_(-0.1, 0.1)

    def forward(self, state):
        x = F.elu(self.fc1(state))
        x = F.elu(self.fc2(x))
        x = self.fc_out(x)
        return torch.tanh(x) * max_action

# =====================
# Critic(Q 함수) 신경망
# =====================
class Critic(nn.Module):
    """
    - 상태(state)와 액션(action)을 입력받아 Q값을 출력
    - TD3에서 Twin Critic 구조를 위해 이 네트워크를 2개 생성하여 사용
    """
    def __init__(self):
        super(Critic, self).__init__()
        # 상태와 행동을 각각 다른 레이어로 처리 후 결합(concat)
        self.fc_state = nn.Linear(state_dim, 32)       # 상태 2차원, 은닉층 32차원
        self.fc_action = nn.Linear(act_dim, 32)        # 행동 1차원, 은닉층 32차원
        self.fc = nn.Linear(32+32, 32)                 # (상태 32+ 행동 32)차원
        self.fc_value = nn.Linear(32, act_dim, bias=False) # 출력층 Q-value(스칼라)

        # 가중치 초기화(Xavier)와 clamp
        init.xavier_normal_(self.fc_state.weight)
        self.fc_state.weight.data.clamp_(-0.1, 0.1)

```

```
        init.xavier_normal_(self.fc_action.weight)
        self.fc_action.weight.data.clamp_(-0.1, 0.1)

        init.xavier_normal_(self.fc.weight)
        self.fc.weight.data.clamp_(-0.1, 0.1)

        init.xavier_normal_(self.fc_value.weight)
        self.fc_value.weight.data.clamp_(-0.1, 0.1)

    def forward(self, state, action):
        """
        (state, action)을 각각 fc_state, fc_action에 통과시킨 뒤
        두 출력을 concat하여(fc) -> elu -> fc_value -> Q-value.
        """
        # 상태, 행동 각각 elu 활성화
        out_s = F.elu(self.fc_state(state))
        out_a = F.elu(self.fc_action(action))
        # 두 출력을 concat하여 하나의 벡터로 만든다. (dim=1 기준)
        out_sa = torch.cat([out_s, out_a], dim=1)
        out = F.elu(self.fc(out_sa))
        # 마지막 레이어 -> Q-value(스칼라)
        out = self.fc_value(out)
        return out

# =====================
# TD3 Agent
# =====================
class TD3:
    """
    TD3(Twin Delayed DDPG) 에이전트 클래스
    - Actor, Critic 네트워크 정의 및 타깃 네트워크 구성
    - 학습(Train), 행동 선택(Select Action), 소프트 업데이트 등을 수행
    """
    def __init__(self):
        # Actor / Critic 네트워크 초기화
        self.actor = Actor().to(device)
        self.target_actor = Actor().to(device)
        self.target_actor.load_state_dict(self.actor.state_dict())  # 타깃 = 메인 동일 초기화

        self.critic1 = Critic().to(device)
        self.target_critic1 = Critic().to(device)
        self.target_critic1.load_state_dict(self.critic1.state_dict())

        self.critic2 = Critic().to(device)
        self.target_critic2 = Critic().to(device)
        self.target_critic2.load_state_dict(self.critic2.state_dict())

        # 리플레이 메모리
```

```python
        self.memory = ReplayMemory(memory_size)

        # 지연 업데이트를 위한 전체 스텝 카운트
        self.total_it = 0

        # Optimizer 설정(Adam)
        self.actor_optimizer = torch.optim.Adam(self.actor.parameters(), lr=lr)
        self.critic1_optimizer = torch.optim.Adam(self.critic1.parameters(), lr=lr)
        self.critic2_optimizer = torch.optim.Adam(self.critic2.parameters(), lr=lr)

        # 학습 과정 모니터링용 리스트
        self.scores = []
        self.actor_loss_history = []
        self.critic1_loss_history = []
        self.critic2_loss_history = []

    def select_action(self, state, exploration_noise):
        """
        상태(state)를 입력받아 행동(action)을 선택 함수
        - Actor 네트워크로부터 액션 출력
        - 탐험을 위해 가우시안 노이즈 추가
        - 액션 범위[min_action, max_action]를 넘지 않도록 클리핑
        """
        state = torch.FloatTensor(state).to(device)  # 텐서로 변환
        with torch.no_grad():
            action = self.actor(state).cpu().data.numpy()  # Actor 출력 액션

        # 탐험 노이즈 추가
        action += np.random.normal(0, exploration_noise, size=action.shape)

        return np.clip(action, min_action, max_action)  # 액션 범위 클리핑

    def update_critic(self, states, actions, target_Q):
        """
        Critic의 파라미터를 업데이트하는 함수
        - 예측 Q-value(critic(state, action))와 target(목표 Q-value) 사이의
          MSE 오차를 계산하여 역전파로 파라미터를 갱신.
        """
        current_Q1 = self.critic1(states, actions)              # 현재 Critic1
        current_Q2 = self.critic2(states, actions)              # 현재 Critic2

        critic1_loss = F.mse_loss(current_Q1, target_Q.detach())      # Critic1 손실(MSE)
        critic2_loss = F.mse_loss(current_Q2, target_Q.detach())      # Critic2 손실(MSE)

        # Critic1 역전파 & 최적화
        self.critic1_optimizer.zero_grad()
        critic1_loss.backward()
        self.critic1_optimizer.step()
```

```
        # Critic2 역전파 & 최적화
        self.critic2_optimizer.zero_grad()
        critic2_loss.backward()
        self.critic2_optimizer.step()
        return critic1_loss.item()

    def update_actor(self, states):
        """
        Actor의 파라미터를 업데이트하는 함수
        - Critic이 계산하는 Q-value를 최대화하는 방향(즉, -Q를 최소화)에 맞춰 Actor를 학습
        """
        # Critic1의 Q값을 최대화하도록 (-Q값 최소화)
        actor_loss = -self.critic1(states, self.actor(states)).mean()
        self.actor_optimizer.zero_grad()
        actor_loss.backward()
        self.actor_optimizer.step()
        return actor_loss.item()

    def train(self, batch_size=32):
        """
        TD3 학습 함수
        - Twin Critic 업데이트 (매 스텝)
        - Actor 업데이트 (지연 업데이트)
        - 타깃 네트워크 소프트 업데이트
        """
        batch = self.memory.sample(batch_size)  # 리플레이 메모리에서 배치 샘플
        # 배치 데이터를 텐서로 변환
        states, rewards, actions, next_states, dones = zip(*batch)
        states = torch.FloatTensor(states).to(device)
        rewards = torch.FloatTensor(rewards).unsqueeze(1).to(device)
        actions = torch.FloatTensor(actions).to(device)
        next_states = torch.FloatTensor(next_states).to(device)
        dones = torch.FloatTensor(dones).unsqueeze(1).to(device)
        # -----------------------------------
        # 1단계: Critic 업데이트
        # -----------------------------------
        with torch.no_grad():
            # 타깃 액션에 노이즈를 더하고(Target Policy Smoothing), 범위 내로 클리핑
            noise = torch.normal(0, policy_noise, size=actions.shape).to(device)
            noise = torch.clamp(noise, -noise_clip, noise_clip)          # 노이즈 클리핑
            next_actions = self.target_actor(next_states) + noise       # 타깃 액터에 노이즈 추가
            next_actions = torch.clamp(next_actions, min_action, max_action)
            # 타겟 네트워크(Actor Target, Critic Target)을 이용해 target Q값 계산
            target_Q1 = self.target_critic1(next_states, next_actions)   # 타깃 Critic1
            target_Q2 = self.target_critic2(next_states, next_actions)   # 타깃 Critic2
            target_Q = torch.min(target_Q1, target_Q2)                   # 더 작은 Q 선택
            target_Q = rewards + (1 - dones) * gamma * target_Q          # 벨만식으로 타깃 Q 계산
```

```
        # Critic1, 2 학습
        critic1_loss = self.update_critic(states, actions, target_Q)

        if self.total_it % policy_delay == 0:
            # -----------------------------------
            # 2단계: Actor 업데이트
            # -----------------------------------
            actor_loss = self.update_actor(states)

            # -----------------------------------
            # 3단계: 타겟 네트워크 소프트 업데이트
            # -----------------------------------
            # 네트워크 파라미터 소프트 업데이트
            self.soft_update(self.critic1, self.target_critic1)
            self.soft_update(self.critic2, self.target_critic2)
            self.soft_update(self.actor, self.target_actor)

            # 손실 저장
            self.actor_loss_history.append(actor_loss)
            self.critic1_loss_history.append(critic1_loss)

        self.total_it += 1  # 전체 스텝 카운트 증가

    def soft_update(self, source, target):
        """
        타겟 네트워크(Actor Target, Critic Target)를 소프트 업데이트 하는 함수
        θ_target := (1 - τ) * θ_target + τ * θ_source
        """
        # for param, target_param in zip(source.parameters(), target.parameters()):
        #     target_param.data.copy_((1 - tau) * target_param.data + tau * param.data)
        for target_param, param in zip(target.parameters(), source.parameters()):
            # 아래 target_param.data는 타겟(self.target_actor, self.target_critic)의 파라미터
            # 아래 param.data는 학습 대상(self.actor, self.critic)의 파라미터
            target_param.data.copy_((1.0 - tau) * target_param.data +  tau * param.data)

# =====================
# Training Loop
# =====================
td3 = TD3()  # TD3 에이전트 초기화
t0 = time.time()  # 학습 시간 측정 시작
scores = []  # 에피소드별 누적 보상 기록

for episode in range(max_episodes):
    state = env.reset()       # 환경 초기화
    episode_score = 0.0       # 에피소드 누적 보상

    for t_step in range(max_t):
        # 1) Actor 정책에서 행동 선택 + 탐험 노이즈
```

```
        action = td3.select_action(state, exploration_noise)

        # 2) 환경에 행동을 적용하고 다음 상태, 보상, 종료 여부 등을 얻음
        next_state, reward, done, _ = env.step(action)

        # 3) 리플레이 메모리에 transition 저장
        td3.memory.append([state, reward, action, next_state, done])

        # 4) 상태와 스코어 갱신
        state = next_state
        episode_score += reward

        # 5) 메모리에 충분한 transition이 쌓이면 학습 수행
        if len(td3.memory) >= memory_warmup:
            td3.train(batch_size)

        # 6) 에피소드 종료 여부 확인
        if done:
            break

    # 탐험 노이즈 점진적 감소
    exploration_noise = max(0.1, exploration_noise * 0.995)

    # 에피소드 보상 기록
    scores.append(episode_score)
    td3.scores = scores  # TD3 클래스의 scores에 scores 저장

    # 콘솔 출력
    print(f"Episode {episode} ended with score {episode_score:.2f}")

    # 최근 10개 에피소드 평균이 solved_reward 초과 시 중단
    if len(scores) >= 100 and np.mean(scores[-10:]) > solved_reward:
        plot_train_history(td3.scores, td3.actor_loss_history, td3.critic1_loss_history)
        print('# 최근 10개 에피소드의 평균 보상이 solved_reward 초과')
        break

# 모든 학습이 끝난 뒤 환경 종료
env.close()
t1 = time.time()  # 학습 시간 측정 종료
print("Training time: {}min".format(round((t1 - t0)/60, 2)))

# ==========================================
# 학습 완료 후, 에이전트 평가 및 비디오 녹화
# ==========================================
def show_video(path: str):
    """
    주피터 노트북에서 에이전트 상호작용 비디오 재생을 위한 함수
    Parameters:
```

```
        path (str): 비디오(.mp4) 파일들이 저장된 디렉토리 경로
    Returns:
        HTML: 주피터 노트북에서 비디오를 재생할 수 있는 HTML 객체
        - `video controls`: 비디오 재생 컨트롤(재생, 일시정지, 볼륨 조절 등)을 제공
        - `source src`: base64로 인코딩된 비디오 데이터를 `data:video/mp4;base64,...` 형식으로 삽입
        - `type="video/mp4"`: 비디오 파일 형식이 MP4임을 명시
        - `encoded.decode()`: base64로 인코딩된 데이터를 문자열로 디코딩하여 HTML에 삽입
        이 코드는 주피터 노트북에서 비디오를 직접 재생할 수 있도록 HTML 객체를 반환
    """
    # 가장 최근 녹화된 mp4 파일 경로
    video_path = sorted(glob(os.path.join(path, "*.mp4")))[-1]
    # 파일을 이진 모드로 읽기
    video = io.open(video_path, 'rb').read()
    # base64로 인코딩
    encoded = base64.b64encode(video)
    # HTML 태그를 사용해 주피터 노트북에서 비디오 표시
    return HTML(data=f'''
    <video controls>
    <source src="data:video/mp4;base64,{encoded.decode()}" type="video/mp4" />
    </video>
    ''')

def evaluate(agent, num_episodes: int = 5, record: bool = False,
             video_dir: str = "MountainCarContinuous-v0/videos"):
    """
    학습된 에이전트(Actor 네트워크)를 평가하는 함수
    - agent: TD3 에이전트
    - num_episodes: 평가 에피소드 수
    - record: True이면 비디오 녹화
    - video_dir: 녹화 비디오 저장 폴더 경로
    """
    # 새로운 환경 생성
    env = gym.make("MountainCarContinuous-v0")

    if record: # 비디오 녹화를 원하는 경우
        # gym.wrappers.RecordVideo로 감싸 비디오 녹화 가능 (gym==0.26 이상)
        env = gym.wrappers.RecordVideo(
            env,
            video_dir,
            episode_trigger=lambda episode_id: True  # 모든 에피소드 녹화
        )

    for episode in range(num_episodes):
        state = env.reset()
        episode_reward = 0
        done = False

        while not done:
```

```
            with torch.no_grad():
                # 학습된 Actor로 행동 선택(탐험 노이즈 없음)
                action = agent.select_action(state, exploration_noise=0.0)
            action = np.clip(action, min_action, max_action)
            next_state, reward, done, _ = env.step(action)
            episode_reward += reward
            state = next_state

        print(f"Episode {episode}: Reward = {episode_reward:.2f}")

    # 환경 종료
    env.close()

    if record:        # 비디오 녹화를 진행했을 경우
        time.sleep(1)  # 파일이 완전히 저장될 때까지 대기

# -----------------------------------------
# 학습 완료 후 에이전트 평가 및 비디오 녹화
# -----------------------------------------
print('## After training, evaluate the agent')
dir="MountainCarContinuous-v0/videos"
evaluate(td3, num_episodes=10, record=True, video_dir=dir)

# 주피터 노트북 상에서 마지막으로 비디오 재생
show_video("MountainCarContinuous-v0/videos")
```

그림 7. Colab에서 test한 코드이고, 주요 패키지 버전은 머리말 참고

8 부록

부록: TD3 알고리즘

Algorithm 1 Twin Delayed DDPG

Input: initial policy parameters θ, Q-function parameters ϕ_1, ϕ_2, empty replay buffer $\mathcal{D}$
Set target parameters equal to main parameters $\theta_{\text{targ}} \leftarrow \theta$, $\phi_{\text{targ},1} \leftarrow \phi_1$, $\phi_{\text{targ},2} \leftarrow \phi_2$
repeat
  Observe state s and select action $a = \text{clip}(\mu_\theta(s) + \epsilon, a_{Low}, a_{High})$, where $\epsilon \sim \mathcal{N}$
  Execute a in the environment
  Observe next state s', reward r, and done signal d to indicate whether s' is terminal
  Store (s, a, r, s', d) in replay buffer $\mathcal{D}$
  If s' is terminal, reset environment state.
  if it's time to update **then**
    for j in range(however many updates) **do**
      Randomly sample a batch of transitions, $B = \{(s, a, r, s', d)\}$ from $\mathcal{D}$
      Compute target actions

$$a'(s') = \text{clip}\left(\mu_{\theta_{\text{targ}}}(s') + \text{clip}(\epsilon, -c, c), a_{Low}, a_{High}\right), \quad \epsilon \sim \mathcal{N}(0, \sigma)$$

      Compute targets

$$y(r, s', d) = r + \gamma(1 - d) \min_{i=1,2} Q_{\phi_{\text{targ},i}}(s', a'(s'))$$

      Update Q-functions by one step of gradient descent using

$$\nabla_{\phi_i} \frac{1}{|B|} \sum_{(s,a,r,s',d) \in B} \left(Q_{\phi_i}(s, a) - y(r, s', d)\right)^2 \qquad \text{for } i = 1, 2$$

      if j mod `policy_delay` $= 0$ **then**
        Update policy by one step of gradient ascent using

$$\nabla_\theta \frac{1}{|B|} \sum_{s \in B} Q_{\phi_1}(s, \mu_\theta(s))$$

        Update target networks with

$$\phi_{\text{targ},i} \leftarrow \rho \phi_{\text{targ},i} + (1 - \rho)\phi_i \qquad \text{for } i = 1, 2$$
$$\theta_{\text{targ}} \leftarrow \rho \theta_{\text{targ}} + (1 - \rho)\theta$$

      end if
    end for
  end if
until convergence

위 알고리즘은 아래 사이트에 있는 TD3 알고리즘이다.

https://spinningup.openai.com/en/latest/algorithms/td3.html

Line 1: θ, ϕ_1, ϕ_2는 각각 신경망 actor, critic1, critic2의 파라미터를 나타낸다.

Line 2: 세 개 target 신경망(target_actor, taget_critic1, target_critic2)의 초기 파라미터는 actor와 critic1, critic2의 초기 파라미터이다.

Line 4: 상태 s를 결정적 정책 actor에 입력하여 얻은 행동 $\mu_\theta(s)$에 가우시안 노이즈 ϵ를 더해 행동을 만든 후, 환경이 정한 행동의 한계를 넘지 않도록 $\left[a_{low}, a_{high}\right]$로 클리핑하여 최종 행동 a를 결정한다.

Line 5~7: 환경에 행동 a를 대입하여 다음 상태 s', 보상 r, 종료 여부 d를 반환받아서 (s, a, s', r, d)를 메모리에 저장한다.

Line 8: 만약 $d = True$이면 환경의 상태를 reset한다.

Line 9~20: 메모리에 학습데이터가 준비되면 업데이트를 진행한다.

Line 10~19: 정해진 업데이트 횟수만큼 for 문을 반복한다.

Line 11: 메모리에서 학습데이터를 추출하여 batch를 만든다.

Line 12: 다음 상태 s'를 타깃 정책에 입력하여 얻은 행동 $\mu_{\theta_{targ}}(s')$에 클리핑된 가우시안 노이즈 ϵ를 더해 행동을 만든 후, 환경이 정한 행동의 한계를 넘지 않도록 $\left[a_{low}, a_{high}\right]$로 클리핑하여 최종 다음 행동 a'를 결정한다.

Line 13: critic1과 critic2를 업데이트할 때 사용할 target $y(r, s', d)$를 계산한다.

Line 14: critic1과 critic2 손실의 그래디언트를 이용하여 critic1과 critic2를 업데이트한다.

Line 15~18: policy_delay 간격으로 actor와 target_critic1, target_critic2를 업데이트한다.

Line 16: actor 손실의 그래디언트를 이용하여 actor를 업데이트한다. 이때, critic1과 critic2 중 critic1만 사용한다.

Line 17: target_actor, target_critic1, target_critic2의 파라미터를 소프트 업데이트한다.

제 7 장

Trust Region Policy Optimization (TRPO)

신뢰 영역 정책 최적화(Trust Region Policy Optimization, TRPO)는 강화학습에서 정책 갱신이 불안정하게 이루어지는 문제를 해결하기 위해 제안된 기법이다. 기존의 정책 경사 기반 방법은 학습 과정에서 정책 분포가 급격히 변해 학습 성능이 불안정해지고 수렴이 지연될 수 있다. TRPO는 새로운 정책이 기존 정책과 크게 달라지지 않도록 제한하여 학습의 안정성을 높이고, 더 효율적인 탐색을 가능하게 한다. 여기서 '**신뢰 영역**(Trust Region)'은 정책 갱신 시 새로운 정책이 기존 정책에서 크게 벗어나지 않는 범위를 의미하며, **KL 발산**(Kullback−Leibler divergence)을 이용하여 정의한다. 이를 통해 과도한 정책 갱신을 방지하고 학습을 안정적으로 진행할 수 있다. 또한, TRPO는 정책 갱신 과정에서 (1) 신뢰 영역 제약, (2) 목적 함수의 이차 근사, (3) conjugate gradient 기반 최적화를 활용하여, **이론적**으로 **정책 성능**(할인 보상 합의 평균)**이 단조 증가**(monotonic improvement)하도록 보장한다. 이를 통해 더 안정적인 수렴을 유도할 수 있다. 다만, 실제 구현에서는 근사 오차나 하이퍼파라미터 설정 등의 요인으로 인해 단조 증가가 보장되지 않는다. 그런데도 실험에서는 에피소드가 진행될수록 보상 합이 점차 증가하는 경향을 보인다. 이제, 정책 성능의 단조 증가를 보장하는 조건과 이를 코드로 구현하는 과정을 알아보자.

1 용어 설명과 구성 요소

정책 π의 성능(할인 보상 합의 평균)을 $\eta(\pi)$로 나타내고 다음과 같은 조건을 만족시키는 마르코프 결정 과정(Markov decision process)에서 정의한다.

- 무한 시간 지평선(infinite−horizon): 에이전트가 환경과 무한히 상호작용하는 경우
- 할인(discounted): 할인 계수를 사용하여 미래 보상의 합이 수렴하도록 만드는 경우
- 유한(finite) 상태 · 행동 공간: 상태와 행동의 개수가 유한한 경우

이러한 조건에서 정책 성능 $\eta(\pi)$를 다음과 같이 정의한다.

$$\eta(\pi) = E_{s_0, a_0, \cdots}\left[\sum_{t=0}^{\infty} \gamma^t r(s_t)\right]$$

여기서 s_0는 초기 상태의 분포 $\rho_0(s_0)$를 따르고, 행동 a_t는 확률적 정책 $\pi(a_t|s_t)$를 따르고, 다음 상태 s_{t+1}은 전이확률 $p(s_{t+1}|s_t,a_t)$를 따른다. γ는 할인율이고, $r(s_t)$는 $r(s_t,a_t,s_{t+1})$를 간단히 나타낸 기호로 상태 s_t에서 행동 a_t를 하여 다음 상태가 s_{t+1}가 될 때 즉시 받는 보상을 나타내는 확률변수이다. 신뢰 영역(Trust Region)에 대한 정의와 설명은 [부록: KL divergence]에서 다룬다.

TRPO의 전체 구성은 **그림 1**과 같다. 환경으로는 MountainCarContinuous를 사용하고, old_actor가 환경과 상호작용하여 얻은 경험 (상태, 행동, 보상, 다음 상태, 종료 여부)=(s,a,r,s',d)를 batch_size만큼 리스트에 저장한다. 이 경험은 actor와 critic(상태 가치 계산)의 학습에 활용된다. Actor(policy-net)를 업데이트할 때 old_actor와 critic이 사용되며, critic을 업데이트할 때는 학습데이터로 계산한 reward-to-go from time t가 사용된다. 업데이트의 세부 내용은 아래에서 설명한다.

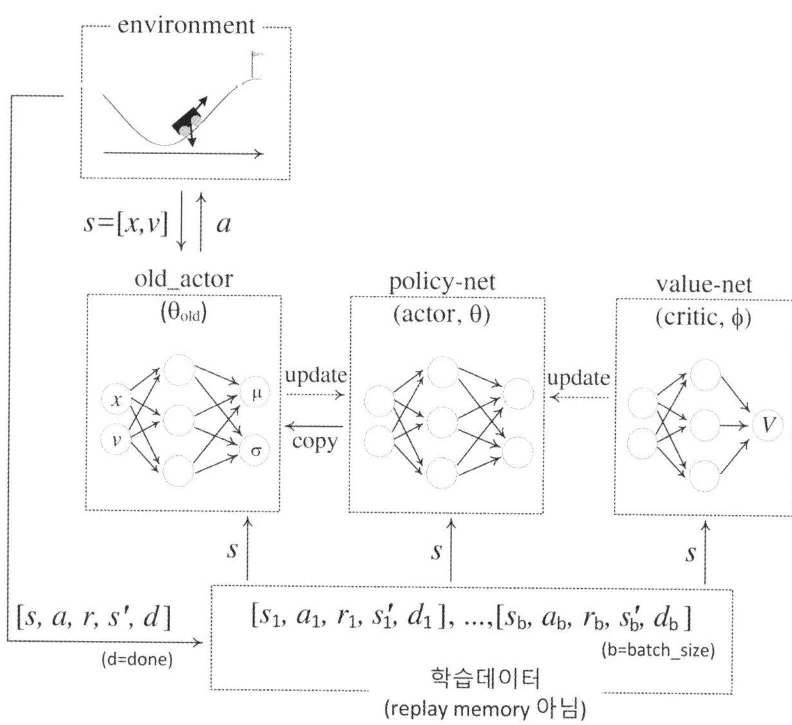

그림 1. TRPO 구성 요소

2 신경망 구조

아래 **그림 2**은 TRPO와 제6장 DDPG의 신경망 구조를 비교한 **그림**이다. Actor (a)를 보면, DDPG의 입력은 2개 숫자로 이루어진 상태(MountainCarContinuous)이고, 출력은 deterministic policy로 결정한 행동에 noise를 더한 값이다. TRPO의 입력도 2개 숫자로 이루어진 상태(MountainCarContinuous)이고, 출력은 stochastic policy에 사용할 정규분포의 평균(μ_θ)과 표준편차(σ_θ)이다. Critic (b)를 보면, DDPG의 입력은 상태와 행동이고 출력은 상태-행동 가치임을 알 수 있다. TRPO의 critic 입력은 상태이고 출력은 상태 가치임을 알 수 있다.

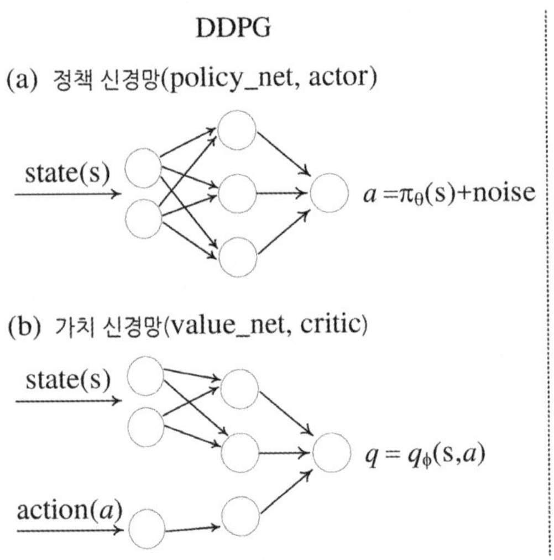

	policy_net(actor)	value_net(critic)
DDPG	결정적 정책	상태-행동 가치
TRPO	확률적 정책	상태 가치

그림 2. Actor와 critic 신경망 클래스 코딩에 사용하는 이미지

3 정책(상태를 입력하면 행동 출력) 정의

아래 **그림 3**과 같이 상태(state)를 정책 신경망(policy_net)에 입력하여 출력으로 정규분포의 평균(μ_θ)과 표준편차(σ_θ)를 얻는다. 그리고 평균이 μ_θ이고 표준편차가 σ_θ인 정규분포 dist에서 하나의 숫자를 추출하여 action으로 사용한다.

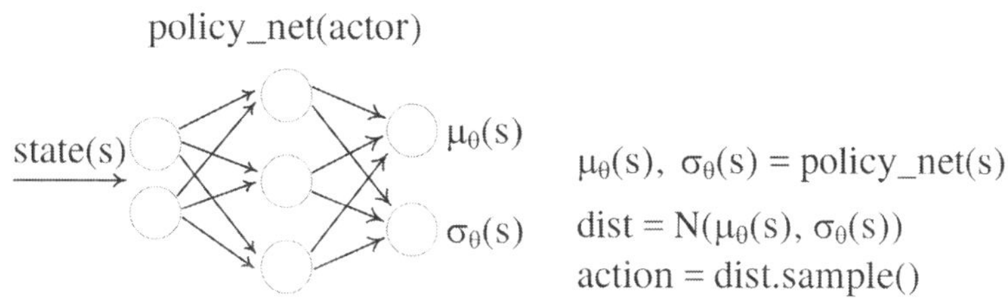

그림 3. 정책 코딩에 사용하는 이미지

4 학습데이터(replay memory) 정의

그림 4는 환경과 actor가 상호작용하여 얻은 경험 $[s_t, a_t, r_{t+1}, s_{t+1}, d_{t+1}]$을 재생 메모리에 저장하는 **그림**으로, critic은 관여하지 않는다. batch_size 개의 경험이 쌓이면 actor와 critic을 업데이트한다.

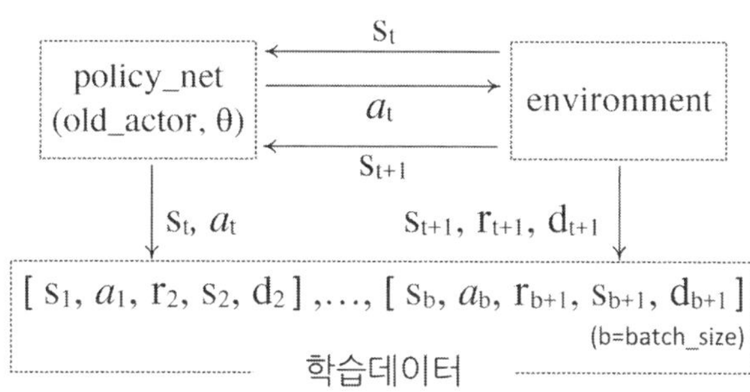

그림 4. 학습데이터 코딩에 사용하는 이미지

5 Critic 손실 정의와 actor 파라미터 업데이트 공식

위 **그림** 4의 학습데이터를 이용하여 critic 신경망 파라미터 ϕ를 업데이트할 때 사용하는 손실($\text{loss}_{\text{critic}}$)은 다음과 같다.

$$\text{loss}_{\text{critic}}(\phi) = \frac{1}{T}\sum_{t=1}^{T}\left(V_\phi(s_t) - \hat{R}_t\right)^2 \ (T\text{=batch\_size})$$

$$\hat{R}_{T+1} = 0,\ \hat{R}_t = r_{t+1} + \gamma\hat{R}_{t+1}(1-d_{t+1})(t : T \rightarrow 1)$$

그림 5을 보면 actor 파라미터 θ를 업데이트할 때 사용할 공식은 다음과 같다.

$$\theta_{new} = \theta_{old} - \alpha\sqrt{\frac{2\xi}{x^T Hx}}x \ \ (Hx = g)$$

여기서 사용한 문자 설명과 공식 유도 과정은 **그림** 5과 [부록]으로 대신한다.

① 정책 π 성능(기대 누적 보상)

$$\eta(\pi) = E_{s_0,a_0,\cdots}\left[\sum_{t=0}^{\infty}\gamma^t r(s_t)\right]$$

② **이론**: 현재 정책 π_{old}보다 성능이 증가한 π_{new}

Trust region

$$\pi_{new} = \arg\max_{\pi}\left\{\mathcal{L}_{\pi_{old}}(\theta) \middle| D_{KL}^{\max}(\pi_{old},\pi) \le \delta\right\} \Rightarrow \eta(\pi_{new}) \ge \eta(\pi_{old})$$

$$\mathcal{L}_{\pi_{old}}(\pi) = \eta(\pi_{old}) + \sum_s \rho_{\pi_{old}}(s)\sum_a \pi(a|s)A_{\pi_{old}}(s,a)$$

$$D_{KL}^{\max}(\pi_{old},\pi) = \max_s D_{KL}\left(\pi_{old}(\cdot|s)\,\|\,\pi(\cdot|s)\right)$$

③ **근사(Approximation)**로 구한 정책 파라미터 업데이트 공식

$$trajectory = s_0, a_0, \cdots, s_{T-1}, a_{T-1}, s_T \ (\ T\text{=len(memory)}\ )$$

$$A_{\theta_{old}}(s_t,a_t) \approx GAE_t = \delta_t + \gamma\lambda\delta_{t+1} + \cdots + (\gamma\lambda)^{T-1-t}\delta_{T-1}$$

$$\delta_t = r_t + \gamma V_\phi(s_{t+1}) - V_\phi(s_t)(0 \le t \le T-1),\ V_\phi(s_T) = 0$$

$$GAE_t = \delta_t + \gamma\lambda GAE_{t+1}(t: T-1 \to 0),\ GAE_T = 0$$

mu, sigma는 **actor**의 출력

old_actor 대신 **critic(V_ϕ)**로 **GAE** 계산

$H*p_k$를 **함수 Hessian_vector_product**로 구함

$$\pi_\theta(a|s) = \frac{1}{\sqrt{2\pi\sigma_\theta^2}}\exp\left(-\frac{1}{2}\left(\frac{a-\mu_\theta}{\sigma_\theta}\right)^2\right)$$

$$H = \frac{\partial}{\partial\theta_i}\frac{\partial}{\partial\theta_j}\mathrm{E}_{s\sim d_{\theta_{old}}}\left[D_{KL}\left(\pi_{\theta_{old}}(\cdot|s)\,\|\,\pi_\theta(\cdot|s)\right)\right]\Big|_{\theta=\theta_{old}}$$

함수 linesearch로 구함

함수 get_kl_divergence로 구함

$$\theta_{new} = \theta_{old} - \alpha\sqrt{\frac{2\xi}{g^T H^{-1} g}}H^{-1}(-g)\left(\begin{aligned}-g &= \nabla_\theta \text{actorLoss}(\theta) \\ &= -\nabla_\theta E_{s\sim d_{\theta_{old}}(s),\ a\sim\pi_{\theta_{old}}(a|s)}\left[\frac{\pi_\theta(a|s)}{\pi_{\theta_{old}}(a|s)}A_{\theta_{old}}(s,a)\right]\end{aligned}\right)$$

함수 update_actor로 구함

old_actor(θ_{old})로 환경과 상호작용하여 경험을 얻고 이를 사용

▶ 방정식 $Hx=g$ 의 해 x 를 **함수 conjugate_gradient**($H*p_k$를 이용)로 구함
▶ $H^{-1}g$ 대신 해 x 를 사용
▶ $g^TH^{-1}g = g^Tx = (Hx)^Tx = x^TH^Tx = x^THx$ 이므로 $g^TH^{-1}g$ 대신 x^THx를 사용
(x는 **conjugate_gradient**로 구한 값이고
Hx는 **Hessian_vector_product**로 구한 값을 사용)
▶ ξ는 KL-divergence limit(하이퍼파라미터)

그림 5. 정책 파라미터 업데이트 코딩에 사용하는 이미지

6 Main

위에서 설명한 'actor와 critic 신경망 클래스 코딩에 사용하는 이미지(**그림 2**)', '정책 코딩에 사용하는 이미지(**그림 3**)', '학습데이터 코딩에 사용하는 이미지(**그림 4**)'와 '정책 파라미터 업데이트 코딩에 사용하는 이미지(**그림 5**)'를 이용하여 아래 순서로 TRPO를 코딩한다.

① 환경의 상태를 초기화한다.

② 환경의 현재 상태를 Online_mean_std()로 정규화해서 old_actor에 입력하여 행동을 얻는다(**그림 2, 3**).

③ 행동을 환경에 입력하여, 환경으로부터 다음 상태, 보상, Car 이동 종료 여부를 반환받는다. 다음 상태를 Online_mean_std()으로 정규화하여 최종 다음 상태로 저장한다.

④ 메모리에 transition (상태, 행동, 보상, 다음 상태, 종료 여부)을 저장한다(**그림 4**).

⑤ 메모리에 batch_size 개의 transition이 쌓이면 메모리에 있는 학습데이터로 critic과 actor를 업데이트한다(**그림 5**).

⑥ 다음 상태를 현재 상태로 저장하고 메모리를 비운 후, ②~⑤를 반복한다.

7 코드 설명

(1) nn.init.orthogonal_

아래 **그림 6**에 있는 PyTorch의 nn.init.orthogonal_ 함수는 신경망 fc=nn.Linear(4,3, bias=False).double의 가중치 행렬 W(크기는 3x4)를 다음과 같이 초기화할 때, nn.init.orthogonal_를 사용한다.

$$W_{3\times4}W^T = gain^2 I_3$$

여기서 가중치 $gain^2$을 생략하면 W의 행 벡터 3개는 서로 수직임을 알 수 있다. nn.init.orthogonal_은 가중치를 직교하게 초기화해 그래디언트 흐름을 안정화하고 학습 효율성을 높이기 위해 사용된다.

```
import torch, torch.nn as nn, numpy as np
fc = nn.Linear(4, 3, bias=False).double()
nn.init.orthogonal_(fc.weight, gain=np.sqrt(2))

W=fc.weight.data
WWT=torch.mm(W,W.T)
print(WWT) # WWT=gain^2 I
```

그림 6

(2) Critic 업데이트에 사용하는 LBFGS 옵티마이저

아래 **그림** 7과 같이 torch.optim.LBFGS을 사용하여 critic 파라미터 ϕ를 업데이트 하는 공식을 사용한다.

$$\phi_{k+1} = \phi_k - \alpha_k H_k \nabla loss_{critic}(\phi_k)$$

여기서 ϕ_k, H_k, $loss_{critic}(\phi_k)$는 **그림** 7에 있는 x_k, HI_k(Hessian inverse), $f(x_k)$에 해당하고 이에 대한 설명은 **그림** 7의 주석으로 대신한다. **그림** 7에 정의된 LBFGS를 사용하기 위해서는 반드시 closure 함수를 정의해서 내부에 line 27~31과 같이 critic_loss와 .backward( )를 포함시키고 critic_loss를 반환해야 한다. 그리고 line 34와 같이 .step( )은 closure( ) 외부에서 호출한다.

```
1 def update_critic(states_batch, targets):
2     """
3     Critic 업데이트.
4 
5     Limited-memory BFGS (L-BFGS or LM-BFGS) 옵티마이저 사용.
6     x_{k+1} = x_{k} - alpha_{k}HI_{k}nabla f(x_{k})
7       x_{k} : 현재 파라미터
8       alpha_{k} : step size (아래 line search로 결정)
9       HI_{k} : Hessian(손실함수 f(x)의 이차도함수) 역함수(Inverse)의 근사
10      nabla f(x_{k}) :  x_{k}에서 손실 f(x)의 gradient
11      f(x) = critic_loss
12 
13    states_batch : torch.Size([batch_size, 2])
14    targets : returns_tensor(reward-to-go) in def train, torch.Size([batch_size])
15    """
```

```
# 1) Critic 업데이트를 위한 LBFGS 옵티마이저(필수)
critic_optimizer = torch.optim.LBFGS(
    critic.parameters(),  # critic의 파라미터
    lr=0.001,             # 학습률, alpha_{k}의 초깃값
    max_iter=25,          # alpha_{k}를 찾는 과정을 반복하는 최대 횟수
    history_size=10,      # HI_{k}를 구하기 위하여 저장하는 데이터 개수(limited-memory)
    line_search_fn='strong_wolfe'  # alpha_{k} 찾는 방법
)

# 2) LBFGS의 step에 대입할 closure 함수 정의
def closure():
    critic_optimizer.zero_grad()            # 기존 Gradient 초기화
    states_values = critic(states_batch)  # 상태에 대한 가치 예측(1D)
    critic_loss = F.mse_loss(states_values, targets)  # MSE 손실 계산
    critic_loss.backward()                            # 역전파 수행
    return critic_loss # LBFGS에서 사용할 loss

# 3) 한 번의 최적화 스텝 수행
critic_optimizer.step(closure)
```

그림 7

(3) 클래스 Online_mean_std 코드

아래 **그림** 8과 같이 온라인 표본 평균 μ_t와 표본 표준편차(표본 분산 $\frac{s_t^2}{t-1}$의 제곱근)을 계산하여 state를 정규화하고 이를 신경망에 입력한다. 이때 사용하는 수식은 다음과 같다([부록: Online_mean_std] 참고).

$$\mu_0 = 0,\ \mu_t = \mu_{t-1} + \frac{x_t - \mu_{t-1}}{t} \quad (t \geq 1)$$

$$s_0^2 = 0,\ s_t^2 = s_{t-1}^2 + (x_t - \mu_{t-1})(x_t - \mu_t)$$

```
class Online_mean_std:
  def __init__(self):
    self.len = 0 # 관측된 상태의 총 개수
    self.online_mean = np.zeros(env.observation_space.shape[0]) # 온라인 평균값 저장 배열
    self.online_var = np.zeros(env.observation_space.shape[0])  # 온라인 분산값 저장 배열

  def update(self, state):
    self.len += 1 # 상태 개수를 1 증가
    old_mean = self.online_mean.copy() # mu_{t-1}
```

```
        self.online_mean = old_mean + (state - old_mean) / self.len # mu_t
        self.online_var = self.online_var + (state - old_mean) * (state - self.online_mean) # s_t

    def mean(self):
        return self.online_mean # mu_t

    def std(self):
        if self.len > 1:
            return np.sqrt(self.online_var / (self.len - 1)) # 표본 표준편차
        else:
            return np.zeros(env.observation_space.shape[0])
```

그림 8

(4) kl divergence 계산

그림 9과 같이 고정된 상태 s에 대하여

$$\pi_{old}\left(a|s\right)=\frac{1}{\sqrt{2\pi\sigma_{old}^2}}\exp\left(-\frac{\left(a-\mu_{old}\right)^2}{2\sigma_{old}^2}\right)$$

일 때, kl divergence of π_{old} from π는 다음과 같다([부록: get_kl_divergence] 참고).

$$D_{KL}\left(\pi_{old}\left(\cdot|s\right)\|\pi\left(\cdot|s\right)\right)=\log\frac{\sigma}{\sigma_{old}}+\frac{\sigma_{old}^2+\left(\mu_{old}-\mu\right)^2}{2\sigma^2}-\frac{1}{2}$$

```
def get_kl_divergence(old_actor, actor, states):
    with torch.no_grad():
        old_mus, old_sigmas = old_actor(states)
    new_mus, new_sigmas = actor(states)
    kl_div = (
        torch.log(new_sigmas / old_sigmas)
        + (old_sigmas**2 + (old_mus - new_mus)**2) / (2.0 * new_sigmas**2)
        - 0.5
    )
    return torch.mean(kl_div)
```

그림 9

(5) 이중 함수(중첩 함수, Nested Function) actor_loss_fn

그림 10의 코드와 출력 결과를 보면 이중 함수의 동작을 알 수 있다.

```
state=1

def actor_loss_fn(state):
    def loss_fn(flat_params=None):
        if flat_params is not None:
            print('not None')

        return 10*state

    return loss_fn

loss_fn = actor_loss_fn(state)
print(f'loss_fn = {loss_fn}')
print(f'loss_fn() = {loss_fn()}')
print(f'loss_fn(1) = {loss_fn(1)}')
```

```
loss_fn = <function actor_loss_fn.<locals>.loss_fn at 0x7d011fd6e340>
loss_fn() = 10
not None
loss_fn(1) = 10
```

그림 10

8 전체 코드

그림 11은 전체 코드를 실행했을 때의 결과이다. 왼쪽은 학습 과정에서 얻은 Score(보상)로 진동하지 않고 증가함을 알 수 있다. 오른쪽은 학습 종료 후 10회 에피소드를 평가(evaluation)한 동영상 중, 마지막 동영상의 이미지를 나타낸다.

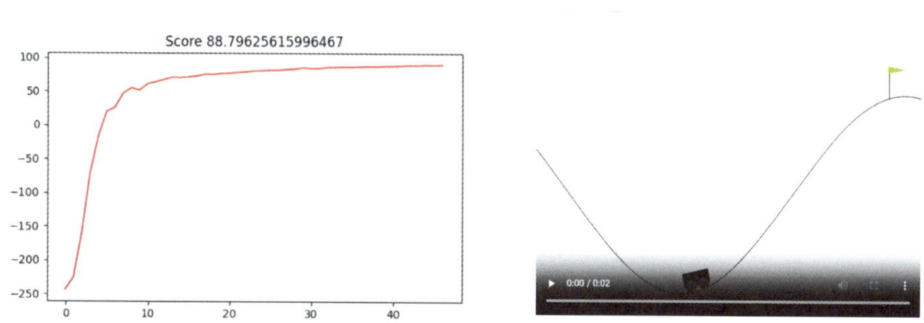

그림 11

전체 코드를 아래와 같은 흐름으로 구현한다.

Critic(V 함수) 신경망과 업데이트 함수

1) critic(V 함수) 신경망

2) critic 업데이트 함수

Actor(정책) 신경망과 업데이트 함수

1) actor(정책) 신경망

2) state를 정규화하는데 사용할 online-mean과 online-std 계산 클래스

3) old_actor로 행동 선택 함수

4) kl divergence 계산 함수(아래 CG에서 사용)

5) Hessian*p_k 계산 함수(아래 CG에서 사용)

6) Conjugate Gradient(CG) 알고리즘(Ax=b에서 x 구하는 함수)

7) actor 파라미터를 새로운 파라미터(flat_params_new)로 copy하는 함수

8) actor loss_current와 loss_new 계산 함수

9) 손실 감소와 KL 발산 제약 만족시키는 new 파라미터 찾는 함수

10) actor 업데이트 함수

TRPO Agent 클래스 정의

critic과 actor 업데이트 함수를 호출하는 train 함수 포함

Main 함수 정의

old_actor로 학습데이터를 수집한 후, trpo = TRPO()의 tain 함수 실행

Main 실행

전체 코드를 구현하면 다음과 같다.

```
import gym, time, numpy as np, torch, torch.nn as nn, torch.nn.functional as F
import copy, matplotlib.pyplot as plt, warnings, os, io,  base64
from glob import glob
from IPython.display import HTML
warnings.filterwarnings('ignore')

# gym(0.25.2)는 np.bool8을 사용. numpy(2.0.2)는 np.bool8 대신 np.bool_를 사용
np.bool8 = np.bool_

# -----------------------------------Configuration------------------------------------------------------------
env = gym.make('MountainCarContinuous-v0')  # 연속 행동 환경(MountainCarContinuous) 생성
gamma = 0.995                      # 감가율(미래 보상에 대한 할인 비율)
gae_lambda = 0.97                  # GAE(Generalized Advantage Estimation)에 사용하는 람다
max_kl = 0.005                     # KL 발산 허용 최대값 (TRPO 업데이트에 사용)
damping = 1.0                      # Hessian을 positive definite로 만들때 사용
max_step = 999                     # Truncation: The length of the episode is 999
batch_size = 5000                  # 한 번의 업데이트에 사용할 샘플 수
max_episode = 100                  # 최대 에피소드 수
solved_reward = 90                 # 문제 해결로 간주할 보상 기준

# =====================
# Plotting Function
# =====================
def plot_train_history(scores):
  # clear_output(True)
  with plt.style.context("seaborn-v0_8-dark-palette"): # 플롯 스타일 지정
    plt.figure(figsize=(6, 4))                         # 플롯 크기 설정
    plt.plot(scores, c="crimson")                      # 에피소드별 점수 플롯
    plt.title(f"Score {np.mean(scores[-10:])}") # 최근 10개 에피소드 평균 점수 출력
    plt.xlabel('Episode')                              # x축 레이블
    plt.tight_layout()                                 # 레이아웃 자동 조정
    plt.show()                                         # 플롯 표시

# ======================================
# Critic(V 함수) 신경망과 업데이트 함수
# ======================================
# 1) Critic(V 함수) 신경망
class Critic(nn.Module):
  def __init__(self):
    super(Critic, self).__init__()
    self.fc1 = nn.Linear(2, 32)
    self.fc2 = nn.Linear(32, 32)
    self.fc3_value = nn.Linear(32, 1)

    nn.init.orthogonal_(self.fc1.weight, gain=np.sqrt(2))
    nn.init.orthogonal_(self.fc2.weight, gain=np.sqrt(2))
    nn.init.orthogonal_(self.fc3_value.weight, gain=np.sqrt(2))
    nn.init.constant_(self.fc3_value.bias, 0.0)
```

```
    def forward(self, states_batch):
        """
        호출함수: update_critic
        state_batch : torch.Size([batch_size, 2])
        return : torch.Size([batch_size])
        """
        out = torch.tanh(self.fc1(states_batch))
        out = torch.tanh(self.fc2(out))
        states_values = self.fc3_value(out)
        return states_values.squeeze()

# 2) Critic 업데이트
def update_critic(critic, states_batch, targets):
    critic_optimizer = torch.optim.LBFGS(   # L-BFGS 옵티마이저 사용
        critic.parameters(),
        lr=0.001,
        max_iter=30,
        history_size=10,
        line_search_fn='strong_wolfe'
    )
    def closure():  # L-BFGS에 필요한 클로저 함수 정의
        critic_optimizer.zero_grad()
        states_values = critic(states_batch)
        critic_loss = F.mse_loss(states_values, targets)
        critic_loss.backward()
        return critic_loss

    critic_optimizer.step(closure)

# =======================================
# Actor(정책) 신경망과 업데이트 함수
# =======================================
# 1) Actor(정책) 신경망
class Actor(nn.Module):
    def __init__(self):
        super(Actor, self).__init__()
        self.fc1 = nn.Linear(2, 32)
        self.fc2 = nn.Linear(32, 32)
        self.fc3_mu = nn.Linear(32, 1)
        self.log_sigma = nn.Parameter(torch.full((1,), 0.5)) # 1D tensor with a single value 0.5

        nn.init.orthogonal_(self.fc1.weight, gain=np.sqrt(2))
        nn.init.orthogonal_(self.fc2.weight, gain=np.sqrt(2))
        nn.init.orthogonal_(self.fc3_mu.weight, gain=0.01)
        nn.init.constant_(self.fc3_mu.bias, 0.0)

    def forward(self, state):
```

```
        """
        호출함수: select_action_old
        state : env 출력으로 만든 tensor, torch.Size([2])
        return : torch.Size([]), torch.Size([])

        호출함수: get_kl_divergence, actor_loss_fn
        state : torch.Size([batch_size,2])
        return : torch.Size([batch_size]), torch.Size([batch_size])
        """
        out = torch.tanh(self.fc1(state))
        out = torch.tanh(self.fc2(out))
        action_mu = self.fc3_mu(out)
        action_sigma = torch.exp(self.log_sigma)
        return action_mu.squeeze(), action_sigma.expand_as(action_mu).squeeze()

# 2) env에서 얻은 state를 정규화하는데 사용할 online-mean과 online-var 계산
class Online_mean_std:
    def __init__(self):
        self.len = 0 # 관측된 상태의 총 개수
        self.online_mean = np.zeros(env.observation_space.shape[0]) # 온라인 평균값 저장 배열
        self.online_var = np.zeros(env.observation_space.shape[0])  # 온라인 분산값 저장 배열

    def update(self, state):
        """
        매 스텝마다 새로운 상태를 반영하여
        이동평균(self.online_mean)과 분산(self.online_var)을 업데이트한다.
        """
        self.len += 1 # 상태 개수를 1 증가
        old_mean = self.online_mean.copy() # mu_{t-1}
        self.online_mean = old_mean + (state - old_mean) / self.len # mu_t
        self.online_var = self.online_var + (state - old_mean) * (state - self.online_mean) # s_t

    def mean(self):
        # 현재까지 추적한 이동평균을 반환
        return self.online_mean # mu_t

    def std(self):
        """
        표본분산(sample variance)으로 계산하기 위해 self.len - 1로 나눈다.
        sqrt을 적용하여 std를 반환.
        """
        if self.len > 1:
            return np.sqrt(self.online_var / (self.len - 1)) # 표본 표준편차
        else:
            return np.zeros(env.observation_space.shape[0])

# 3) old_actor로 행동 선택
def select_action_old(old_actor, state):
```

```
    """
    old_actor로부터 행동을 샘플링.
    정규분포(old_actor에서 구한 평균, 표준편차)에서 랜덤하게 샘플링.

    호출 함수: Training Loop, action = select_action_old(torch.FloatTensor(state))
    state : env 출력으로 만든 tensor, torch.Size([2])
    """
    with torch.no_grad():
        old_mu, old_sigma = old_actor(state)  # 행동의 평균과 표준편차 계산
    old_dist = torch.distributions.Normal(old_mu, old_sigma)  # 정규 분포 생성
    old_action = old_dist.sample()  # 분포에서 샘플링
    return old_action.item()  # 행동 반환

# 4) kl divergence 계산
def get_kl_divergence(old_actor, actor, states):
    """
    old_pi = N(old_mus, old_sigmas), new_pi = N(new_mus, new_sigmas)
    kl_div = KL(old_pi || new_pi) = int_{x}} old_pi(x) log new_pi(x) dx 를 구하기

    호출 함수 : Hessian_vector_product
    states : states_batch 의미, torch.Size([batch_size,2])
    """
    with torch.no_grad():
        old_mus, old_sigmas = old_actor(states)
    new_mus, new_sigmas = actor(states)
    kl_div = (
        torch.log(new_sigmas / old_sigmas)
        + (old_sigmas**2 + (old_mus - new_mus)**2) / (2.0 * new_sigmas**2)
        - 0.5
    )
    return torch.mean(kl_div) # torch.Size([])

# 5) Hessian*p_k 계산
def Hessian_vector_product(old_actor, actor, states, vector):
    """
    호출 함수: conjugate_gradients

    Hessian(H)은 KL 발산의 헤시안(KL 발산의 이차 미분)
    vector는 p_k(H-orthogonal vectors {p_1, ...p_n})로,
              x_k를 x_{k+1}로 업데이트하는 search direction
              (함수 conjugate_gradients에서 자세히 설명)
    return:  H*p_{k}+p_{k}*damping

    states : states_batch 의미, torch.Size([batch_size,2])
    vector = actor_loss_grad_flat.clone(),
    여기서   actor_loss_grad_flat = torch.cat([grad.view(-1) for grad in grads]).detach()
            grads = torch.autograd.grad(actor_loss, actor.parameters())
            actor_loss = torch.mean(-advantages * torch.exp(new_log_probs - old_log_probs))
```

```
    """
    kl_div = get_kl_divergence(old_actor, actor, states)

    # kl_div를 1계 편미분(gradient)
    # kl_div(scalar 함수)을 변수 actor.parameters()로 편미분
    # create_graph=True로 2계 미분까지 구할 수 있게 함
    kl_grads = torch.autograd.grad(kl_div, actor.parameters(), create_graph=True)

    # gradient를 1차원 벡터로 변환
    # grad는 kl_div를 actor.parameters()의 각 파라미터로 편미분
    # grad.view(-1)는 grad를 1차원으로 변경.
    # 예: grad=torch.tensor([[1,2],[3,4]])이면 grad.view(-1)=torch.tensor([1,2,3,4])
    # kl_grad_flat 형태(shape)는 torch.Size([actor 파라미터 개수])
    kl_grad_flat = torch.cat([grad.view(-1) for grad in kl_grads])

    # kl_div를 2계 편미분(gradient를 편미분)
    # Hessian * vector
    # kl_grad_flat과 vector의 shape은 동일 : torch.Size([actor 파라미터 개수])
    kl_grad_vec_prod = kl_grad_flat.dot(vector)  # gradient와 vector의 내적
    # gradient를 편미분하여 Hessian을 구할 때는
    # detach된 vector를 곱한 kl_grad_vec_prod를 편미분한다
    hess_vec_prod = torch.autograd.grad(kl_grad_vec_prod, actor.parameters())
    # 1차원 벡터로 변환 후, 더 이상 편미분하지 않으므로 .detach()
    hess_vec_prod_flat = torch.cat([grad.view(-1) for grad in hess_vec_prod]).detach()

    # 양수 damping을 적용하여 Hessian이 고유치를 양수화(Hessian의 positive definite)
    return hess_vec_prod_flat + vector * damping

# 6) Conjugate Gradient 알고리즘(Ax=b에서 x 구하기):
def conjugate_gradient(old_actor, actor, states, actor_loss_grad_flat, nsteps,
                       max_error=1e-6):
    """
    Conjugate Gradient 알고리즘 :
    https://en.wikipedia.org/wiki/Conjugate_gradient_method
    A*x = b에서, A는 kl_div의 Hessian(H, positive definite), b는 actor_loss의 gradient
    step direction x는 x_{k+1}(충분히 큰 k)이고 x_{k+1} = x_k + alpha_{k}p_{k}(x_0=0)
    여기서 search direction p_{k}는  p_0=b, p_i^TAp_j=0(i!=j) 을 만족
    """
    x = torch.zeros_like(actor_loss_grad_flat)
    r = actor_loss_grad_flat.clone() # b-Ax_0=b-A0=b=actor_loss_grad_flat
    p = actor_loss_grad_flat.clone() # p_0=b=actor_loss_grad_flat
    rr = r.dot(r)

    # Early stopping if gradient is already small
    if rr < max_error:
        return x

    for i in range(nsteps):
```

```python
        Ap = Hessian_vector_product(old_actor, actor, states, p)
        alpha = rr / p.dot(Ap)
        x += alpha * p
        r -= alpha * Ap
        new_rr = r.dot(r)
        if new_rr < max_error:
            print('CG : successful')
            break
        beta = new_rr / rr
        p = r + beta * p
        rr = new_rr
    return x

# 7) Actor 파라미터를 새로운 파라미터(flat_params_new)로 copy
def apply_flat_params(model, flat_params):
    """
    모델 파라미터를 1차원 벡터 형태(flat)로부터 복원하여 모델(Actor)에 반영해주는 함수.
    model = actor, flat_params = params_new
    """
    prev_ind = 0  # 파라미터 복원 시작 인덱스
    for param in model.parameters():  # 모델의 모든 파라미터에 대해 반복
        flat_size = param.numel()  # 파라미터의 요소 개수
        # 파라미터 복원
        param.data.copy_(flat_params[prev_ind:prev_ind + flat_size].view_as(param))
        prev_ind += flat_size  # 다음 파라미터 시작 인덱스로 이동

# 8) loss_current와 loss_new 계산
# 외부 함수(actor_loss_fn)와 내부 함수(loss_fn)로 구성된 이중 함수
# 외부 함수에서 일부 인자를 미리 설정한 후, 내부 함수를 반환
def actor_loss_fn(actor, states, actions, old_log_probs, advantages):
    """
    TRPO에서의 Actor Loss (Policy Gradient 손실함수).
    이미 구해 둔 old_log_probs와 새로 구할 new_log_probs 차이를 이용해
    ratio * advantage에 사용할 ratio를 구함.
    (old_pi와 new_pi의 log_prob 차이를 exp()하여 ratio={new_pi(a|s)}/{old_pi(a|s)}를 만듦)
    """
    # inner_actor_loss_fn
    def loss_fn(flat_params=None):
        # flat_params가 주어지면, actor 파라미터 업데이트(가상의 업데이트)
        if flat_params is not None:
            apply_flat_params(actor, flat_params)

        new_mus, new_sigmas = actor(states)  # 현재 상태에 대한 행동 분포 계산
        new_dist = torch.distributions.Normal(new_mus, new_sigmas)  # 정규 분포 생성
        new_log_probs = new_dist.log_prob(actions)  # 행동의 로그 확률 계산

        # importance sampling ratio: exp(new_log_prob - old_log_prob)
        loss = torch.mean(-advantages * torch.exp(new_log_probs - old_log_probs))  # 손실 계산
```

```
        # flat_params=None이면 loss는 loss_current.
        # flat_params is not None이면 loss는 params_new로 구한 loss_new
        return loss

    return loss_fn # inner_actor_loss_fn

# 9) 손실 감소와 KL 발산 제약 만족시키는 new 파라미터 찾기
def linesearch(loss_fn, flat_params, fullstep, actor, old_actor, states, max_kl):
    """
    step을 줄여가며 KL 발산 제한과 손실 감소를 검사.
    """
    loss_current = loss_fn().item() # 현재 손실
    for step in [1.0, 0.5, 0.25, 0.125, 0.0625]: # step을 줄여가며 검사
        flat_params_new = flat_params + (step * fullstep) # 새로운 파라미터
        loss_new = loss_fn(flat_params_new).item() # 새로운 손실
        actual_improve = loss_current - loss_new # 손실 향상도

        kl_new = get_kl_divergence(old_actor, actor, states).item()

        # 손실이 줄어들었다면 accept
        if actual_improve > 0 and kl_new <= max_kl:
            print("linesearch : successful")
            return flat_params_new
        else:
            # Revert to the old parameters before trying smaller step
            apply_flat_params(actor, flat_params)

    print("linesearch failed. returning the original parameters.")
    return flat_params

# 10) Actor 업데이트
def update_actor(old_actor, actor, states, actions, old_log_probs, advantages):
    """
    TRPO에서 Actor 업데이트:
    1. 현재 파라미터에서 Gradient 계산
    2. Conjugate Gradient를 이용해 Ax=b에서 x(step_direction) 계산
    3. Hessian(2계 미분)에 의해 결정되는 max_step 계산
    4. linesearch로 실제 업데이트 정도를 조정
    """
    # Actor 손실 함수 생성(외부 함수)
    loss_fn = actor_loss_fn(actor, states, actions, old_log_probs, advantages)
    # Actor 손실
    loss = loss_fn()

    # (1) loss에 대한 gradient 계산
    grads = torch.autograd.grad(loss, actor.parameters())
    # gradient를 1차원 벡터로 변환
    loss_grad_flat = torch.cat([grad.view(-1) for grad in grads]).detach()
```

```
    # (2) Conjugate Gradient로 Ax=b의 x 구하기
    # A는 Hessian, x는 step_direction, b는 grad loss(loss_grad_flat)
    step_direction = conjugate_gradient(old_actor, actor, states, loss_grad_flat, nsteps=200)

    # (3) beta(=max step size) 계산 (TRPO의 핵심: KL 발산이 max_kl 이하가 되도록 보장)
    # beta = torch.sqrt( 2*max_kl / xHx).item()
    xHx = step_direction.dot(Hessian_vector_product(old_actor, actor, states, step_direction))
    if xHx>0: # positive definite done 체크
        max_step = torch.sqrt( 2*max_kl / xHx).item() # 최대 스텝 크기 계산
        print('positive definite : successful')
    else:
        print('# positive definite failed. #')
        raise RuntimeError("## Hessian is not positive definite. Start again. ##")

    # (4) linesearch로 실제 업데이트 정도를 조정
    # full step 벡터
    #  = theta_{new}- theta_{old}
    #  =  - beta * step_direction  = - beta * x = - beta * A^{-1}b
    #  = - beta * A^{-1}(loss_grad_flat)
    #  = - max_step * step_direction
    fullstep = -max_step * step_direction

    # 현재 파라미터를 1차원 벡터로 변환
    flat_params = torch.cat([param.data.view(-1) for param in actor.parameters()])

    # 손실 감소와 KL 발산 제약 만족시키는 new 파라미터 찾기
    flat_params_new = linesearch(loss_fn, flat_params, fullstep, actor,old_actor, states,
                                              max_kl)

    # (5) 최종적으로 accept된 new params를 신경망 actor에 반영
    apply_flat_params(actor, flat_params_new)

# ====================
# TRPO Agent
# ====================
class TRPO:
    def __init__(self):
        self.scores = []

    def train(self,critic, actor, old_actor, memory, batch_size):
        states, actions, rewards, _ , dones = zip(*memory)
        # states: batch_size length tuple (array([0., 0.], dtype=float32), ...)
        states = np.array(states, dtype=np.float32)
        # states: 2D (batch_size, 2) array([ [0., 0.], [0.70619833, 0.70618874], ...)
        actions = np.array(actions, dtype=np.float32)
        rewards = np.array(rewards, dtype=np.float32)
        # next_states = np.array(next_states, dtype=np.float32)
```

```
        dones = np.array(dones, dtype=np.float32)

        states_tensor = torch.FloatTensor(states)
        actions_tensor = torch.FloatTensor(actions)

        with torch.no_grad():
            values = critic(states_tensor).numpy()

        # GAE, return 계산
        advantages = np.zeros_like(rewards)
        returns = np.zeros_like(rewards)
        next_return = 0
        next_value = 0
        next_advantage = 0

        for t in reversed(range(len(memory))):
            returns[t] = rewards[t] + gamma * next_return * (1 - dones[t]) # reward-to-go from time t
            delta = rewards[t] + gamma * next_value * (1 - dones[t]) - values[t]
            advantages[t] = delta + gamma * gae_lambda * next_advantage * (1 - dones[t])
            next_return = returns[t]
            next_value = values[t]
            next_advantage = advantages[t]

        advantages = (advantages - advantages.mean()) / (advantages.std() + 1e-8)

        advantages_tensor = torch.tensor(advantages).float()
        returns_tensor = torch.tensor(returns).float()

        update_critic(critic, states_tensor, returns_tensor)

        with torch.no_grad():
            old_mu, old_sigma = old_actor(states_tensor)
        old_dist = torch.distributions.Normal(old_mu, old_sigma)
        old_log_probs = old_dist.log_prob(actions_tensor)

        update_actor(old_actor, actor, states_tensor, actions_tensor, old_log_probs,
                     advantages_tensor)

# ====================
# Main
# ====================
trpo = TRPO()
t0 = time.time()

def main():
    critic = Critic()
    actor = Actor()
    old_actor = Actor()
```

```
state_stat = Online_mean_std()

for episode in range(max_episode):
  old_actor.load_state_dict(copy.deepcopy(actor.state_dict()))

  episode_score = 0
  episode_while = 0 # 각 episode에서 trajectories 개수(done=True) counter
  memory = []

  # done=True가 되어도 memory 크기가 batch_size일 때까지 while문 반복
  # 즉, while문에서 얻은 여러 개의 trajectories를 하나의 trajectory로 붙인다고 생각
  # done=True로 붙인 trajectory를 구별
  while len(memory) < batch_size:
    episode_while += 1
    state = env.reset()
    state_stat.update(state)
    state = np.clip((state - state_stat.mean()) / (state_stat.std() + 1e-6), -10., 10.)

    for step in range(max_step):
      action = select_action_old(old_actor, torch.FloatTensor(state))
      next_state, reward, done, _ = env.step([action])
      state_stat.update(next_state)
      next_state = np.clip((next_state - state_stat.mean())/(state_stat.std()+1e-6), -10., 10.)
      memory.append([state, action, reward, next_state, done])
      state = next_state
      episode_score += reward
      if done:
        break

  # while문 에피소드 당 평균 보상을 기록
  episode_score /= episode_while
  trpo.train(critic, actor, old_actor, memory, batch_size)
  trpo.scores.append(episode_score)

  if (episode % 5 == 0):
    print(f"Episode {episode} ended with score {episode_score:.2f}, \n")

  if ( (episode > 50 and np.mean(trpo.scores[-10:]) <= 0)
      or (episode==max_episode-1 and trpo.scores[-1] < solved_reward)):
    print("## <--- Failure. Start training again. ---> ##")
    return False, actor  # failure

  if trpo.scores[-1] > solved_reward:
    plot_train_history(trpo.scores)
    print("# Solved_reward done")
    t1 = time.time()
    print("Training time: {}min".format(round((t1 - t0) / 60, 2)))
```

```
            break

    return True, actor, state_stat  # evaluate에 사용할 actor

# ==============
# Main 실행
# ==============
success, actor, state_stat = main()

# 성공할 때까지 main 함수 실행
while not success:
    success, actor, state_stat = main()

env.close()

# ==============================
# Evaluate & video
# ==============================
def show_video(path: str):
    video_path = sorted(glob(os.path.join(path, "*.mp4")))[-1]
    video = io.open(video_path, 'rb').read()
    encoded = base64.b64encode(video)
    return HTML(data=f'''
    <video controls>
    <source src="data:video/mp4;base64,{encoded.decode()}" type="video/mp4" />
    </video>
    ''')

def evaluate(
    actor,
    trained_state_stat,  # pass the final state_stat from training here
    num_episodes: int = 5,
    record: bool = False,
    video_dir: str = "MountainCarContinuous-v0/videos"
):

    env = gym.make("MountainCarContinuous-v0")
    if record:
        env = gym.wrappers.RecordVideo(
            env,
            video_dir,
            episode_trigger=lambda episode_id: True
        )

    def select_action_eval(state):
        with torch.no_grad():
            action_mu, action_sigma = actor(state)
            action_dist = torch.distributions.Normal(action_mu, action_sigma)
```

```
    return action_dist.sample().item()

  for episode in range(num_episodes):
    raw_state = env.reset()

    # >>> Use the *frozen* running-state stats from training <<<
    # Do NOT update them further during evaluation.
    mean_val = trained_state_stat.mean()
    std_val = trained_state_stat.std() + 1e-6
    state = np.clip((raw_state - mean_val) / std_val, -10., 10.)

    episode_reward = 0
    done = False
    while not done:
      state_tensor = torch.FloatTensor(state)
      action = select_action_eval(state_tensor[None, :])
      next_state, reward, done, _ = env.step([action])

      next_state = np.clip(
        (next_state - state_stat.mean())/(state_stat.std()+1e-6),
        -10., 10.
      )
      state = next_state
      episode_reward += reward

    print(f"Episode {episode}: Reward = {episode_reward:.2f}")

  env.close()
  if record:
    time.sleep(1)

# Evaluate with the trained actor and show a recorded video
print('## After training, evaluate the agent')
final_state_stat = copy.deepcopy(state_stat)
evaluate(actor, final_state_stat, num_episodes=10, record=True)
show_video("MountainCarContinuous-v0/videos")
```

그림 12. Colab에서 test한 코드이고, 주요 패키지 버전은 머리말 참고

9 부록

부록: Online_mean_std

온라인 표본 평균의 점화식은 다음과 같이 유도한다.

$$\mu_t = \frac{1}{t}\sum_{i=1}^{t} x_i = \frac{1}{t}\sum_{i=1}^{t-1} x_i + \frac{1}{t}x_t = \frac{t-1}{t}\frac{1}{t-1}\sum_{i=1}^{t-1} x_i + \frac{1}{t}x_t = \frac{t-1}{t}\mu_{t-1} + \frac{1}{t}x_t$$

$$= \mu_{t-1} + \frac{x_t - \mu_{t-1}}{t}$$

온라인 표본 표준편차를 구할 때 사용하는 s_t^2 의 점화식은 다음과 같이 유도한다.

$$s_t^2 = \sum_{i=1}^{t}(x_i - \mu_t)^2$$

$$\begin{aligned}
s_t^2 - s_{t-1}^2 &= \sum_{i-1}^{t}(x_i - \mu_t)^2 - \sum_{i-1}^{t-1}(x_i - \mu_{t-1})^2 \\
&= (x_t - \mu_t)^2 + \sum_{i=1}^{t-1}\left\{(x_i - \mu_t)^2 - (x_i - \mu_{t-1})^2\right\} \\
&= (x_t - \mu_t)^2 + \sum_{i=1}^{t-1}\left\{\left((x_i - \mu_t) - (x_i - \mu_{t-1})\right)\left((x_i - \mu_t) + (x_i - \mu_{t-1})\right)\right\} \\
&= (x_t - \mu_t)^2 + (\mu_{t-1} - \mu_t)\sum_{i-1}^{t-1}\left\{\left((x_i - \mu_t) + (x_i - \mu_{t\ 1})\right)\right\} \\
&= (x_t - \mu_t)^2 + (\mu_{t-1} - \mu_t)\sum_{i=1}^{t-1}(x_i - \mu_t) \quad \left\langle \because \sum_{i=1}^{t-1}(x_i - \mu_{t-1}) = 0 \right. \\
&= (x_t - \mu_t)^2 + (\mu_{t-1} - \mu_t)\left\{-(x_t - \mu_t)\right\} \quad \left\langle \begin{aligned} \because 0 &= \sum_{i=1}^{t}(x_i - \mu_t) \\ &= (x_t - \mu_t) + \sum_{i=1}^{t-1}(x_i - \mu_t) \end{aligned} \right. \\
&= (x_t - \mu_t)\left\{(x_t - \mu_t) - (\mu_{t-1} - \mu_t)\right\} \\
&= (x_t - \mu_t)(x_t - \mu_{t-1})
\end{aligned}$$

$$\therefore s_t^2 = s_t^2 + (x_t - \mu_{t-1})(x_t - \mu_t)$$

부록: get_kl_divergence

연속확률변수 X의 두 개 확률밀도함수(pdf)를 $P(x), Q(x)$ $(x \in D)$라고 하자. 이때 다음을 KL divergence of P from Q라고 한다.

$$D_{KL}(P\|Q) = \int_D P(x)\log\frac{P(x)}{Q(x)}dx$$

정규분포를 따르는 확률변수 X에 대하여 KL divergence를 구해보자.

정리 1 정규분포 PDF가 다음과 같다고 하자.

$$P(x)=\frac{1}{\sqrt{2\pi\sigma_p^2}}e^{-\frac{1}{2}\left(\frac{x-\mu_p}{\sigma_p}\right)^2},\ Q(x)=\frac{1}{\sqrt{2\pi\sigma_q^2}}e^{-\frac{1}{2}\left(\frac{x-\mu_q}{\sigma_q}\right)^2}\ (x\in R)$$

이때, 다음이 성립한다.

$$D_{KL}(P\|Q)=-\frac{1}{2}+\log\frac{\sigma_q}{\sigma_p}+\frac{\sigma_p^2+(\mu_p-\mu_q)^2}{2\sigma_q^2}$$

증명 KL divergence of P from Q 정의는 다음과 같다.

$$\begin{aligned}D_{KL}(P\|Q)&=\int_R P(x)\log\frac{P(x)}{Q(x)}dx\\&=\int_R P(x)\log P(x)dx-\int_R P(x)\log Q(x)dx\end{aligned}$$

이제 아래 두 개의 적분을 계산해 보자.

$$\int_R P(x)\log P(x)dx,\ \int_R P(x)\log Q(x)dx$$

(1) 첫 번째 적분 계산

$$\int_R P(x)\log P(x)dx=\int_R\frac{1}{\sqrt{2\pi\sigma_p^2}}e^{-\frac{1}{2}\left(\frac{x-\mu_p}{\sigma_p}\right)^2}\log\frac{1}{\sqrt{2\pi\sigma_p^2}}e^{-\frac{1}{2}\left(\frac{x-\mu_p}{\sigma_p}\right)^2}dx$$

$$=\frac{1}{\sqrt{2\pi\sigma_p^2}}\int_R e^{-\frac{1}{2}\left(\frac{x-\mu_p}{\sigma_p}\right)^2}\left\{\log\frac{1}{\sqrt{2\pi\sigma_p^2}}-\frac{1}{2}\left(\frac{x-\mu_p}{\sigma_p}\right)^2\right\}dx$$

$$=\log\frac{1}{\sqrt{2\pi\sigma_p^2}}\cdot\int_R\frac{1}{\sqrt{2\pi\sigma_p^2}}e^{-\frac{1}{2}\left(\frac{x-\mu_p}{\sigma_p}\right)^2}dx-\frac{1}{2\sqrt{2\pi\sigma_p^2}}\cdot\int_R e^{-\frac{1}{2}\left(\frac{x-\mu_p}{\sigma_p}\right)^2}\left(\frac{x-\mu_p}{\sigma_p}\right)^2dx$$

$$=\log\frac{1}{\sqrt{2\pi\sigma_p^2}}\cdot 1-\frac{1}{2\sqrt{2\pi\sigma_p^2}}\cdot\int_R e^{-\frac{1}{2}\left(\frac{x-\mu_p}{\sigma_p}\right)^2}\left(\frac{x-\mu_p}{\sigma_p}\right)^2dx\ \langle\because pdf\text{ 성질}$$

이고

$$\int_{-\infty}^{\infty} e^{-\frac{1}{2}\left(\frac{x-\mu_p}{\sigma_p}\right)^2}\left(\frac{x-\mu_p}{\sigma_p}\right)^2 dx$$

$$=\sigma_p\int_{-\infty}^{\infty} e^{-\frac{1}{2}t^2}t^2dt$$

$$=-\sigma_p\int_{-\infty}^{\infty}\left(\frac{d}{dt}e^{-\frac{1}{2}t^2}\right)tdt=\sigma_p\left(-\left[e^{-\frac{1}{2}t^2}t\right]_{t=-\infty}^{\infty}+\int_R e^{-\frac{1}{2}t^2}dt\right)$$

$$=\sigma_p\left(0+\sqrt{2\pi}\int_R\frac{1}{\sqrt{2\pi}}e^{-\frac{1}{2}t^2}dt\right)$$

$$=\sigma_p\sqrt{2\pi}$$

이므로 다음이 성립한다.

$$\int_R P(x)\log P(x)\,dx$$

$$=\log\frac{1}{\sqrt{2\pi\sigma_p^2}}\cdot 1-\frac{1}{2\sqrt{2\pi\sigma_p^2}}\cdot\sigma_p\sqrt{2\pi}$$

$$=-\frac{1}{2}\left(1+\log\left(2\pi\sigma_p^2\right)\right)$$

(2) 두 번째 적분 계산

$$\int_R P(x)\log Q(x)\,dx=\int_R P(x)\log\frac{1}{\sqrt{2\pi\sigma_q^2}}e^{-\frac{(x-\mu_q)^2}{2\sigma_q^2}}dx$$

$$=\int_R P(x)\left\{\log\frac{1}{\sqrt{2\pi\sigma_q^2}}-\frac{(x-\mu_q)^2}{2\sigma_q^2}\right\}dx$$

$$=\log\frac{1}{\sqrt{2\pi\sigma_q^2}}\cdot\int_R P(x)\,dx+\int_R P(x)\frac{(x-\mu_q)^2}{2\sigma_q^2}dx$$

$$=\log\frac{1}{\sqrt{2\pi\sigma_p^2}}\cdot 1+\frac{1}{2\sigma_q^2}\int_R P(x)(x-\mu_q)^2\,dx$$

이고

$$\begin{aligned}&\int_R P(x)\left(x-\mu_q\right)^2 dx\\&=\int_R P(x)x^2dx+\int_R -2P(x)x\mu_q dx+\int_R P(x)\mu_q^2 dx\\&=E_{x\sim P(x)}\left[x^2\right]-2\mu_q\cdot E_{x\sim P(x)}[x]+\mu_q^2\\&=\sigma_p^2+\mu_p^2-2\mu_q\cdot\mu_p+\mu_q^2\\&=\sigma_p^2+\left(\mu_p-\mu_q\right)^2\end{aligned}$$

이므로 다음이 성립한다.

$$\int_R P(x)\log Q(x)\,dx=\frac{1}{2}\log\left(2\pi\sigma_q^2\right)+\frac{\sigma_p^2+\left(\mu_p-\mu_q\right)^2}{2\sigma_q^2}$$

위 (1)과 (2)에 의하여 다음이 성립한다.

$$\begin{aligned}D_{KL}(P\|Q)&=-\frac{1}{2}\left(1+\log\left(2\pi\sigma_p^2\right)\right)+\frac{1}{2}\log\left(2\pi\sigma_q^2\right)+\frac{\sigma_p^2+\left(\mu_p-\mu_q\right)^2}{2\sigma_q^2}\\&=-\frac{1}{2}+\log\frac{\sigma_q}{\sigma_p}+\frac{\sigma_p^2+\left(\mu_p-\mu_q\right)^2}{2\sigma_q^2}\end{aligned}$$

예제 1 아래는 연속 행동 공간을 가지는 환경 MountainCarContinuous-v0에서 actor update 수식에 사용한 KL 발산이다.

$$D_{KL}\left(\pi_{\theta_{old}}(\cdot|s)\|\pi_\theta(\cdot|s)\right)=\int_{-\infty}^{\infty}\pi_{\theta_{old}}(a|s)\log\frac{\pi_{\theta_{old}}(a|s)}{\pi_\theta(a|s)}da$$

여기서 $\pi_{\theta_{old}}(\cdot|s)$, $\pi_\theta(\cdot|s)$는 각각 주어진 상태 s에서 정규분포 pdf이므로 위 [정리]에 의하여 다음이 성립한다.

$$D_{KL}\left(\pi_{\theta_{old}}(\cdot|s)\|\pi_\theta(\cdot|s)\right)=-\frac{1}{2}+\log\frac{\sigma_\theta}{\sigma_{\theta_{old}}}+\frac{\sigma_{\theta_{old}}^2+\left(\mu_{\theta_{old}}-\mu_\theta\right)^2}{2\sigma_\theta^2}$$

부록: Hessian

아래와 같이 함수 $f: R^n \rightarrow R$ 의 이계도함수 행렬을 x 에서 f 의 헤시안 행렬(Hessian matrix)이라고 한다.

$$H = H_f(x) = \nabla^2 f(x) = \left[\frac{\partial^2}{\partial x_i \partial x_j} f(x)\right]_{n \times n}$$

예를 들면, actor 파라미터 θ 의 함수인 KL 발산 $D_{KL}\left(\pi_{\theta_{old}}(\cdot|s) \| \pi_\theta(\cdot|s)\right)$ 의 헤시안 행렬은 다음과 같다.

$$H = H_{\pi_\theta}(\theta_{old}) = \nabla_\theta^2 D_{KL}\left(\pi_{\theta_{old}}(\cdot|s) \| \pi_\theta(\cdot|s)\right)\Big|_{\theta=\theta_{old}}$$

$$H_{ij} = H_{\pi_\theta}(\theta_{old})_{ij} = \frac{\partial}{\partial \theta_i}\frac{\partial}{\partial \theta_j} D_{KL}\left(\pi_{\theta_{old}}(\cdot|s) \| \pi_\theta(\cdot|s)\right)\Big|_{\theta=\theta_{old}}$$

KL 발산과 달리 Hessian은 아래 정리와 같이 교환법칙이 성립한다.

정리 2 매개변수 θ, θ' 를 가지는 확률밀도함수 $p_\theta(x), p_{\theta'}(x)$ 에 대하여 KL divergence of p_θ from $p_{\theta'}$ 을 $D_{KL}(\theta \| \theta')$ 라고 할 때, 다음이 성립한다.

$$\nabla_{\theta'}^2 D_{KL}(\theta \| \theta')\Big|_{\theta'=\theta} = \nabla_{\theta'}^2 D_{KL}(\theta' \| \theta)\Big|_{\theta'=\theta}$$

보조 정리 1 연속확률변수 X의 두 개 확률밀도함수(pdf)를 $P(x), Q(x)$ $(x \in D)$ 라고 하자. 이때 다음이 성립한다.

$$f(P,Q) = D_{KL}(P \| Q) \text{ 는 convex}$$

그리고 $\nabla_\theta^2 D_{KL}\left(\pi_{\theta_{old}}(\cdot|s) \| \pi_\theta(\cdot|s)\right)$ 도 convex.

보조 정리 2 Hessian matrix of a convex function is positive semidefinite.

정리 3 (positive definiteness). 양의 상수 α 와 크기가 n 인 단위 행렬 I_n, 그리고 모든 $v=(v_1,\cdots,v_n)^T \in R^n-\{0\}$ 에 대하여 다음이 성립한다.

$$v^T\left(\nabla^2_{\theta'}D_{KL}\left(\theta\|\theta'\right)\Big|_{\theta'=\theta}+\alpha I_n\right)v>0$$

부록: Conjugate Gradient(CG) 알고리즘

연립 선형 방정식 $Ax=b\left(x^TAx>0\ \forall x\neq 0\right)$ 의 해 x 를 구하기 위하여, $x=A^{-1}b$ 와 같이 역행렬을 사용하지 않고 이차함수 $\phi(x)=x^TAx-b^Tx$ 를 최소화해서 찾을 수 있다. 이때 이용하는 방법으로 경사 하강법(gradient descent method, GD)과 공액 경사법(conjugate gradient method, CG)이 있다. 여기서 conjugate(켤레, 공액)는 대칭적이거나 상보적인 관계를 의미한다. 아래 **그림**과 같이 특정한 행렬 A 에 대하여 GD는 지그재그(zigzag)로 해에 수렴하지만 CG는 이런 현상을 해결한 방법이다.

$$Ax^*=b$$
$$x^*=\arg\min_x \phi(x)$$
$$\phi(x)=\frac{1}{2}x^TAx-b^Tx\left(x^TAx>0\ \forall x\neq 0\right)$$

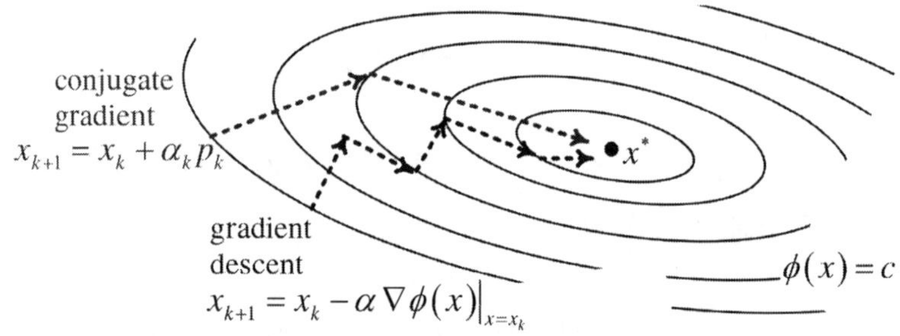

1. 경사 하강법(GD)으로 해를 구하는 점화식

문제: $Ax = b$ 에서 GD 점화식으로 x 구하기		
초깃값	x_k 의 업데이트 규칙	r_k 의 업데이트 규칙
$x_0 = 0$ $r_0 = -\nabla\phi(x)\big\rvert_{x=x_0}$ $= b - Ax_0$ $= b$	$x_{k+1} = x_k - \alpha\nabla\phi(x)\big\rvert_{x=x_k}$ $= x_k - \alpha(Ax_k - b)$ $= x_k + \alpha r_k$ $(k = 0, 1, \cdots)$	$r_{k+1} = -\nabla\phi(x)\big\rvert_{x=x_k}$ $= b - Ax_{k+1}$ $= b - A(x_k + \alpha r_k)$ $= (b - Ax_k) - \alpha Ar_k$ $= r_k - \alpha Ar_k$

GD에서 x_k 를 업데이트하는 (검색) 방향은 다음과 같이 '그래디언트와 반대 방향'이고 이를 잔차(오차) r_k 로 나타낸다.

$$-\nabla\phi(x)\big\rvert_{x=x_k} = b - Ax_k = r_k$$

잔차(오차) r_k 가 0에 가까우면 방정식 $Ax = b$ 의 근사해를 구하게 된다.

2. 공액 경사법(CG)으로 해를 구하는 점화식

방정식 $A_{3\times3}x_{3\times1} = b_{3\times1}$ 의 해 $x = x^*$ 를 CG로 구하는 아이디어는 다음과 같다.

2-1. 이론적으로 해 x^* 를 표현하기

먼저 다음을 만족하는 3개 벡터 $p_k\left(k = 0, 1, 2\right)$를 만든다.

$$p_i^T Ap_j = 0\left(0 \le i < j \le 2\right)$$

이때, $\{p_0, p_1, p_2\}$를 A-orthogonal(또는 A-conjugate) 집합이라고 한다. 집합 $\{p_0, p_1, p_2\}$가 일차독립(A-orthogonal 정의를 이용)이므로 R^3 에서 기저(basis)가 된다. 따라서 다음과 같이 기저 벡터의 일차결합으로 해를 나타낼 수 있다.

$$x^* = \alpha_0 p_0 + \alpha_1 p_1 + \alpha_2 p_2 \qquad (1)$$

여기서 p_k 와 스칼라 α_k 를 아래 2-2와 같은 반복법으로 구하여 해 x^* 를 찾는다.

참고 1 식(1)과 A–orthogonal 집합을 이용하면 다음과 같이 α_k 를 b, p_k 로 나타낼 수 있다. 이것이 "A–orthogonal"을 도입한 이유라고 볼 수 있다.

$$p_k^T b = p_k^T A x^* = p_k^T A\left(\alpha_0 p_0 + \alpha_1 p_1 + \alpha_2 p_2\right) = \alpha_k p_k^T A p_k \quad \therefore \alpha_k = \frac{b_k}{p_k^T A p_k}$$

2–2. 업데이트 공식으로 해 x^*를 구하기

아래와 같이 x_k 를 3번만 업데이트하면 해 x^*가 됨을 알 수 있다.

$$\begin{aligned} x_0 &= 0 \\ x_1 &= x_0 + \alpha_0 p_0 = \alpha_0 p_0 \\ x_2 &= x_1 + \alpha_1 p_1 = \alpha_0 p_0 + \alpha_1 p_1 \\ x_3 &= x_2 + \alpha_2 p_2 = \alpha_0 p_0 + \alpha_1 p_1 + \alpha_2 p_2 = x^* \end{aligned} \qquad (2)$$

이제 아래 보조정리를 이용하여 p_k, α_k 를 구해보자.

보조 정리 3 $A_{3\times3}x_{3\times1} = b_{3\times1}$ 의 해 $x = x^*$ 와 A-orthogonal 집합 $\{p_0, p_1, p_2\}$ 에 대하여 식 (1)과 (2)가 성립한다고 가정하자. 그리고 다음과 같이 잔차 r_k 를 정의하자.

$$\begin{aligned} r_0 &= b - Ax_0 = b \\ r_1 &= b - Ax_1 = b - A\left(x_0 + \alpha_0 p_0\right) = b - Ax_0 - \alpha_0 A p_0 = r_0 - \alpha_0 A p_0 \\ r_2 &= b - Ax_2 = b - A\left(x_1 + \alpha_1 p_1\right) = r_1 - \alpha_1 A p_1 \end{aligned} \qquad (3)$$

이때, 다음이 성립한다.

(1) $\alpha_k = \dfrac{p_k^T r_k}{p_k^T A p_k}\left(k = 0,1,2\right)$

(2) $p_i^T r_j = 0\left(0 \le i < j \le 3\right)$

2–3. Conjugate Gram–Schmidt process로 p_k 정의

보조정리 3의 (2)와 Gram–schmidt process를 이용하여 다음과 같이 p_k 를 정의하면 $\{p_0, p_1, p_2\}$ 는 A–orthogonal(또는 A–conjugate) 집합이 된다.

정의 1

$$p_0 = r_0,\ \ p_1 = r_1 - \frac{p_0^T A r_1}{p_0^T A p_0} p_0,\ \ p_2 = r_2 - \frac{p_0^T A r_2}{p_0^T A p_0} p_0 - \frac{p_1^T A r_2}{p_1^T A p_1} p_1$$

정리 4 다음이 성립한다.

(1) $\{p_0, p_1, p_2\}$는 A-orthogonal(또는 A-conjugate) 집합

(2) $p_k^T r_k = r_k^T r_k \ (k = 0,1,2)$

(3) $\alpha_k = \dfrac{r_k^T r_k}{p_k^T A p_k} (k = 0,1,2)$

(4) $\alpha_k = \arg\min_{\alpha} \phi(x_k + \alpha p_k)(k = 0,1,2)$

(5) $\beta_k = \dfrac{r_{k+1}^T r_{k+1}}{r_k^T r_k} (k = 0,1)$ 라고 하면 다음이 성립한다.

$$p_0 = r_0,\ p_{k+1} = r_{k+1} + \beta_k p_k$$

정리 4에 있는 업데이트 공식을 표로 요약하면 다음과 같다.

문제: $Ax = b$에서 CG 점화식으로 x 구하기		
초깃값	α_k, x_k의 업데이트 규칙	r_k, p_k의 업데이트 규칙
$x_0 = 0$, $r_0 = b$, $p_0 = r_0$	$\alpha_k = \dfrac{r_k^T r_k}{p_k^T A p_k}$ $x_{k+1} = x_k + \alpha_k p_k$ $(k = 0,1,\cdots)$	$r_{k+1} = r_k - \alpha_k A p_k$ $\beta_k = \dfrac{r_{k+1}^T r_{k+1}}{r_k^T r_k}$, $p_{k+1} = r_{k+1} + \beta_k p_k$

부록: actor 업데이트 공식

TRPO 논문을 기준으로 actor 업데이트 공식 유도해보자. 단, 보편적으로 사용하는 기호는 설명하지 않고 사용하겠다.

에이전트와 환경이 무한히 상호작용하는 마르코프 확률 과정 $(\mathcal{S}, \mathcal{A}, P, r, \rho_0, \gamma)$을 생각하자. 편의상 상태의 집합 $\mathcal{S}$는 유한이고, 행동의 집합 $\mathcal{A}$도 유한이다.

$P:\mathcal{S}\times\mathcal{A}\times\mathcal{S}\to[0,1]$는 전이확률이고, $r:\mathcal{S}\times\mathcal{A}\times\mathcal{S}\to R$은 보상함수이고, $\rho_0:\mathcal{S}\to[0,1]$은 환경이 초기 상태에 있을 확률이고, $\gamma\in(0,1)$는 할인율을 나타낸다. 아래 기호를 사용한다.

확률적 정책 $\pi:\mathcal{S}\times\mathcal{A}\to[0,1]$, 무한 경로 $\tau=(s_0,a_0,s_1,a_1,\cdots)$,

분포 $s_0\sim\rho_0(s_0)$, $a_t\sim\pi(a_t|s_t)$, $s_{t+1}\sim p(s_{t+1}|s_t,a_t)$,

할인된 모든 보상의 합

$$G_0=G_0(\tau)=\sum_{\ell=0}^{\infty}\gamma^\ell r(s_\ell,a_\ell,s_{\ell+1})=\sum_{\ell=0}^{\infty}\gamma^\ell r(s_\ell)=\sum_{\ell=0}^{\infty}\gamma^\ell r_\ell,$$

시간 t 이후의 할인된 모든 보상의 합(reward-to-go from time t)

$$G_t=G_t(\tau)=\sum_{\ell=0}^{\infty}\gamma^\ell r(s_{t+\ell},a_{t+\ell},s_{t+\ell+1})=\sum_{\ell=0}^{\infty}\gamma^\ell r(s_{t+\ell})=\sum_{\ell=0}^{\infty}\gamma^\ell r_{t+\ell},$$

상태 가치 $V^\pi(s_t)=E_{\tau\sim\pi}\left[G_t(\tau)|s_t\right]\equiv E_\pi\left[G_t|s_t\right]$,

행동 가치 $Q^\pi(s_t,a_t)=E_{\tau\sim\pi}\left[G_t(\tau)|s_t,a_t\right]\equiv E_\pi\left[G_t|s_t,a_t\right]$,

advantage $A_\pi(s,a)=Q_\pi(s,a)-V_\pi(s)$

할인된 보상의 평균값

$$\eta(\pi)=E_{s_0,a_0,\cdots}\left[\sum_{t=0}^{\infty}\gamma^t r(s_t,a_t,s_{t+1})\right]=E_{\tau\sim\pi}\left[G_0(\tau)\right]=E_{\tau\sim\pi}\left[G_0\right]$$

TRPO 논문은 먼저 할인된 보상의 평균값 η(π)가 단조 증가하도록 보장할 수 있는 정책 갱신 방법을 이론적으로 제시한다(Part I, II). 이어서 이 이론을 실제 알고리즘으로 구현할 수 있도록, 근사화 기법(이차 근사, 신뢰 영역 제약, conjugate gradient 기반 최적화 등)을 소개한다(Part III).

PART I. **부등식** $\eta(\pi_{new,\alpha}) \geq \eta(\pi_{old})$ **을 만족시키는** $\pi_{new,\alpha}$ **정의**

아래 **그림**과 같은 부등식을 만족하도록 $\pi_{new,\alpha}$ 를 PART I에서 정의하자.

linearization of $\eta(\pi_{new,\alpha})$ at π_{old}
이용해서 정의

0과 1사이의 파라미터

$$\eta(\pi_{new,\alpha}) \geq f(\pi_{new,\alpha}, \pi_{old}, \alpha) \geq \eta(\pi_{old})$$

$\alpha > 0$ 이면 부등식을 만족

부등식을 만족시키는
α 를 찾음

여기서 π_{old} 는 현재 정책을 나타낸다. 이제 두 개 정책 π, π_{old} 의 성능 관계식을 찾아보자.

보조 정리 4 두 개의 정책 π, π_{old} 에 대하여 다음이 성립한다.

$$\eta(\pi) = \eta(\pi_{old}) + \sum_s \rho_\pi(s) \sum_a \pi(a|s) A_{\pi_{old}}(s,a), \ \rho_\pi(s) = \sum_{t=0}^{\infty} \gamma^t P(s_t = s|\pi)$$

정의 1 현재 정책이 π_{old} 이고 $\pi = \pi_{old}$ 에서 $\eta(\pi)$ 의 선형 근사 $\mathcal{L}_{\pi_{old}}(\pi)$ 를 다음과 같이 정의하자.

$$\eta(\pi) = \eta(\pi_{old}) + \sum_s \rho_\pi(s) \sum_a \pi(a|s) A_{\pi_{old}}(s,a)$$

$$\downarrow$$

$$\mathcal{L}_{\pi_{old}}(\pi) = \eta(\pi_{old}) + \sum_s \rho_{\pi_{old}}(s) \sum_a \pi(a|s) A_{\pi_{old}}(s,a)$$

정의 2 선형 근사 $\mathcal{L}_{\pi_{old}}(\pi)$ 와 π' 이 다음과 같다.

$$\mathcal{L}_{\pi_{old}}(\pi) = \eta(\pi_{old}) + \sum_s \rho_{\pi_{old}}(s) \sum_a \pi(a|s) A_{\pi_{old}}(s,a), \ \pi' = \arg\max_\pi \mathcal{L}_{\pi_{old}}(\pi)$$

정책 $\pi_{new,\alpha}$ 를 다음과 같이 정의하자.

$$\pi_{new,\alpha}(a|s) = (1-\alpha)\pi_{old}(a|s) + \alpha\pi'(a|s)$$

$$\varepsilon = \max_s \left| E_{a\sim\pi'(a|s)}\left[A_{\pi_{old}}(s,a)\right]\right|,\ 0<\gamma<1$$

$$0<\alpha \le \left\{\mathcal{L}_{\pi_{old}}(\pi') - \eta(\pi_{old})\right\}\frac{(1-\gamma)^2}{2\varepsilon\gamma}$$

정리 5 위 정의 1에 있는 기호에 대하여 다음이 성립한다.

$$\eta(\pi_{new,\alpha}) \ge \mathcal{L}_{\pi_{old}}(\pi_{new,\alpha}) - \frac{2\varepsilon\gamma}{(1-\gamma)^2}\alpha^2 \ge \eta(\pi_{old})$$

정책 $\pi_{new,\alpha}$ 을 코드로 구현하기 어려우므로 아래 PART II에서 $\eta(\pi_{new}) \ge \eta(\pi_{old})$ 를 만족시키는 π_{new} 를 정의해보자.

PART II. 부등식 $\eta(\pi_{new}) \ge \eta(\pi_{old})$ 을 만족시키는 π_{new} 정의

아래 **그림**과 같은 부등식을 만족하도록 π_{new} 를 PART II에서 정의하자.

$$\pi_{new} = \arg\max_{\pi} M_{\pi_{old}}(\pi)$$

$$\eta(\pi_{new}) - \eta(\pi_{old}) \ge M_{\pi_{old}}(\pi_{new}) - M_{\pi_{old}}(\pi_{old}) \ge 0$$

$$\eta(\pi) \ge M_{\pi_{old}}(\pi)(\forall\pi)$$

$$\eta(\pi_{old}) = M_{\pi_{old}}(\pi_{old})$$

보조 정리 5 임의의 π 에 대하여 $\eta(\pi)$ 의 하한 (lower bound)은 다음과 같다.

$$\eta(\pi) \ge \mathcal{L}_{\pi_{old}}(\pi) - \frac{4\varepsilon\gamma}{(1-\gamma)^2}\left\{\max_s D_{TV}\left(\pi_{old}(\cdot|s), \pi(\cdot|s)\right)\right\}^2$$

$$\mathcal{L}_{\pi_{old}}(\pi) = \eta(\pi_{old}) + \sum_s \rho_{\pi_{old}}(s)\sum_a \pi(a|s)A_{\pi_{old}}(s,a)$$

$$D_{TV}\left(\pi_{old}(\cdot|s), \pi(\cdot|s)\right) = \frac{1}{2}\sum_a \left|\pi_{old}(a|s) - \pi(a|s)\right|,\ \varepsilon = \max_{s,a}\left|A_{\pi_{old}}(s,a)\right|$$

절댓값인 D_{TV} 는 미분 불가능하므로 아래와 같이 미분 가능한 KL 발산으로 변경한다.

보조 정리 6 임의의 π 에 대하여 $\eta(\pi)$ 의 lower bound는 다음과 같다.

$$\eta(\pi) \geq \mathcal{L}_{\pi_{old}}(\pi) - \frac{4\varepsilon\gamma}{(1-\gamma)^2} D_{KL}^{\max}(\pi_{old}, \pi)$$

$$D_{KL}^{\max}(\pi_{old}, \pi) = \max_s D_{KL}\left(\pi_{old}(\cdot|s) \| \pi(\cdot|s)\right) = \max_s \sum_a \pi_{old}(a|s) \log \frac{\pi_{old}(a|s)}{\pi(a|s)}$$

정의 3 새로운 정책 π_{new} 와 $M_{\pi_{old}}(\pi)$ 를 다음과 같이 정의하자.

$$M_{\pi_{old}}(\pi) = \mathcal{L}_{\pi_{old}}(\pi) - \frac{4\varepsilon\gamma}{(1-\gamma)^2} D_{KL}^{\max}(\pi_{old}, \pi)$$

$$\pi_{new} = \arg\max_{\pi} M_{\pi_{old}}(\pi)$$

정리 6 다음이 성립한다.

$$\eta(\pi_{new}) - \eta(\pi_{old}) \geq M_{\pi_{old}}(\pi_{new}) - M_{\pi_{old}}(\pi_{old}) \geq 0$$

지금까지 얻은 결과를 알고리즘으로 나타내면 다음과 같다 (TRPO 논문).

Algorithm 1 Policy iteration algorithm guaranteeing non-decreasing expected return η

Initialize π_0.
for $i = 0, 1, 2, \ldots$ until convergence **do**
  Compute all advantage values $A_{\pi_i}(s, a)$.
  Solve the constrained optimization problem

$$\pi_{i+1} = \arg\max_{\pi} \left[L_{\pi_i}(\pi) - C D_{\mathrm{KL}}^{\max}(\pi_i, \pi)\right]$$

  where $C = 4\epsilon\gamma/(1-\gamma)^2$
  and $L_{\pi_i}(\pi) = \eta(\pi_i) + \sum_s \rho_{\pi_i}(s) \sum_a \pi(a|s) A_{\pi_i}(s, a)$

end for

정의 3에서 학습률 $\gamma \to 1$이면 $\frac{4\varepsilon\gamma}{(1-\gamma)^2} \to \infty$이므로 최댓값을 얻기 위하여 $D_{KL}^{\max}(\pi_{old}, \pi) \to 0$가 되어야 한다. 즉, π_{new}를 π_{old}에 아주 가깝도록 선택해야 한다. 이런 문제를 해결하기 위하여 η의 증가를 보장할 수 있는 영역(trust region)을 아래 PART III에서 알아보자.

PART III. 코딩할 수 있도록 문제를 변환

[코딩을 위한 변환 0]

적당한 조건을 만족시키면 PART II에서 찾은 비제약 문제

$$\pi^* = \arg\max_{\pi} \mathcal{L}_{\pi_{old}}(\pi) - C \cdot D_{KL}^{\max}(\pi_{old}, \pi)$$

을 다음과 같이 적당한 $\delta > 0$에 대하여 제약 문제로 변환할 수 있다.

$$\pi^* = \arg\max_{\pi} \left\{ \mathcal{L}_{\pi_{old}}(\pi) \text{ subject to } D_{KL}^{\max}(\pi_{old}, \pi) \le \delta \right\}$$

[코딩을 위한 변환 1] 제약 조건 $\max_s D_{KL}(\pi_{old}(\cdot|s) \| \pi(\cdot|s)) \le \delta$을 만족하려면, 모든 상태 s에 대하여 KL 발산이 δ(하이퍼파라미터) 이하가 되어야 한다. 상태가 많은 경우, 구현하기 어려우므로 다음과 같이 최댓값으로 표현된 제약 조건을 평균값으로 바꾼다.

$$\arg\max_{\pi} \left\{ \mathcal{L}_{\pi_{old}}(\pi) \text{ subject to } \mathrm{E}_{s \sim d_{\pi_{\theta_{old}}}} \left[D_{KL}(\pi_{old}(\cdot|s) \| \pi(\cdot|s)) \right] \le \delta \right\}$$

여기서 $\rho_\pi(s) = \sum_{t=0}^{\infty} \gamma^t P(s_t = s | \pi)$이므로 $\sum_s (1-\gamma)\rho_\pi(s) = 1$이다. 따라서 $d_\pi(s) = (1-\gamma)\rho_\pi(s)$는 확률 분포가 된다. 참고로 평균으로 바꾼 제약 조건은 정리 7의 (2)와 동치가 아니다.

[코딩을 위한 변환 2] 코드에서 old policy π_{old}로 환경과 상호작용하여 경로(trajectory)를 얻고 이를 정책의 학습 데이터로 사용한다. 이를 위하여 importance sampling을 사용할 수 있도록 object 함수를 변경한다.

보조 정리 6 다음 (1), (2)와 (3)은 동치이다.

$$(1)\ \underset{\pi}{\arg\max}\left\{\mathcal{L}_{\pi_{old}}(\pi)\ \text{subject to}\ \mathrm{E}_{s\sim d_{\pi_{old}}}\left[D_{KL}\left(\pi_{old}(\cdot|s)\|\pi(\cdot|s)\right)\right]\le\delta\right\}$$

$$(2)\ \underset{\pi}{\arg\max}\left\{\begin{array}{l} E_{s\sim d_{\pi_{old}}(s),\ a\sim\pi_{old}(a|s)}\left[\dfrac{\pi(a|s)}{\pi_{old}(a|s)}A_{\pi_{old}}(s,a)\right] \\ \text{subject to}\ \mathrm{E}_{s\sim d_{\pi_{old}}}\left[D_{KL}\left(\pi_{old}(\cdot|s)\|\pi(\cdot|s)\right)\right]\le\delta \end{array}\right\}$$

$$(3)\ \underset{\pi}{\arg\min}\left\{\begin{array}{l} E_{s\sim d_{\pi_{old}}(s),\ a\sim\pi_{old}(a|s)}\left[-\dfrac{\pi(a|s)}{\pi_{old}(a|s)}A_{\pi_{old}}(s,a)\right] \\ \text{subject to}\ \mathrm{E}_{s\sim d_{\pi_{old}}}\left[D_{KL}\left(\pi_{old}(\cdot|s)\|\pi(\cdot|s)\right)\right]\le\delta \end{array}\right\}$$

여기서 old policy π_{old} 를 이용한 importance sampling을 사용하는 이유를 아래와 같이 수식으로 설명할 수 있다.

$$E_{a\sim\pi}\left[f(a)\right]\approx\frac{1}{N}\sum\nolimits_{a_i\sim\pi}f(a_i)\therefore \text{불가능}\left\langle\because\pi\text{로 추출한 } a_i \text{ 없음}\right.$$

$$E_{a\sim\pi}\left[f(a)\right]=E_{a\sim\pi_{old}}\left[\frac{\pi(a)}{\pi_{old}(a)}f(a)\right]\approx\frac{1}{N}\sum\nolimits_{a_i\sim\pi_{old}}\frac{\pi(a_i)}{\pi_{old}(a_i)}f(a_i)$$

$$\therefore \text{가능}\left\langle\because\pi_{old}\text{로 추출한 } a_i \text{ 있음}\right.$$

[코딩을 위한 변환 3] Taylor 급수로 근사화

정리 8.

$$loss_{\theta_{old}}(\theta)=E_{s\sim d_{\pi_{\theta_{old}}}(s),\ a\sim\pi_{\theta_{old}}(a|s)}\left[-\frac{\pi_\theta(a|s)}{\pi_{\theta_{old}}(a|s)}A_{\pi_{\theta_{old}}}(s,a)\right],$$

$$\overline{D}_{KL}(\theta_{old},\theta)=\mathrm{E}_{s\sim d_{\pi_{\theta_{old}}}}\left[D_{KL}\left(\pi_{\theta_{old}}(\cdot|s)\|\pi_\theta(\cdot|s)\right)\right]$$

라고 할 때, 다음과 같이 근사화한다.

$$loss_{\theta_{old}}(\theta) \approx \nabla_\theta loss_{\theta_{old}}(\theta)\Big|_{\theta=\theta_{old}} (\theta-\theta_{old})$$

$$\overline{D}_{KL}(\theta_{old},\theta) \approx \frac{1}{2}(\theta-\theta_{old})^T A(\theta_{old})(\theta-\theta_{old})$$

$$A(\theta_{old})_{ij} = \frac{\partial}{\partial\theta_i}\frac{\partial}{\partial\theta_j}\mathrm{E}_{s\sim d_{\pi_{\theta_{old}}}}\left[D_{KL}\left(\pi_{\theta_{old}}(\cdot|s)\|\pi_\theta(\cdot|s)\right)\right]\Big|_{\theta=\theta_{old}}$$

[코딩을 위한 변환 4] 최종 최적화 문제

$$\arg\min_\theta \left\{ \begin{array}{l} \nabla_\theta loss_{\theta_{old}}(\theta)\Big|_{\theta=\theta_{old}}(\theta-\theta_{old}) \\ \text{subject to } \frac{1}{2}(\theta-\theta_{old})^T A(\theta_{old})(\theta-\theta_{old}) \le \delta \end{array} \right\}$$

여기서

$$loss_{\theta_{old}}(\theta) = E_{s\sim d_{\pi_{\theta_{old}}}(s),a\sim\pi_{\theta_{old}}(a|s)}\left[-\frac{\pi_\theta(a|s)}{\pi_{\theta_{old}}(a|s)}A_{\pi_{\theta_{old}}}(s,a)\right],$$

$$A(\theta_{old})_{ij} = \frac{\partial}{\partial\theta_i}\frac{\partial}{\partial\theta_j}\mathrm{E}_{s\sim d_{\pi_{\theta_{old}}}}\left[D_{KL}\left(\pi_{\theta_{old}}(\cdot|s)\|\pi_\theta(\cdot|s)\right)\right]\Big|_{\theta=\theta_{old}}$$

[코딩을 위한 변환 5] KKT 조건으로 최종 최적화 문제 풀이

편의를 위하여 아래 기호를 사용하자.

$$g = \nabla_\theta loss_{\theta_{old}}(\theta)\Big|_{\theta=\theta_{old}},\ x = \theta-\theta_{old},\ A = A(\theta_{old}),$$

$$f_0(x) = g^T x,\ f_1(x) = \frac{1}{2}x^T Ax - \delta,$$

convex 제약 최솟값 문제(P): $\min_x f_0(x)$ subject to $f_1(x) \le 0$

정의 4 다음을 convex 제약 최솟값 문제(P)의 KKT 조건이라고 한다.

stationary condition : $\nabla_x L(x,\lambda) = \nabla_x \{ f_0(x) + \lambda f_1(x) \} = 0$

Primal feasibility : $f_1(x) \le 0$

Dual feasibility : $\lambda \ge 0$

Complementary slackness : $\lambda f_1(x) = 0$

정리 9 문제 (P)의 제약조건에 대하여 아래 KKT 조건을 만족시키는 x^*, λ^* 를 찾으면, x^* 는 문제 (P)의 해가 된다 (Boyd, Stephen P. , Vandenberghe, Lieven, “Comvex optimization”).

Lagrangian $L(x,\lambda) = g^T x + \lambda\left(\frac{1}{2} x^T Ax - \delta\right)$

Stationary condition :

$$0 = \nabla_x L(x,\lambda) = \nabla_x \left\{ g^T x + \lambda\left(\frac{1}{2} x^T Ax - \delta\right)\right\}$$

$$= g + \lambda \frac{1}{2}\left(A + A^T\right)x = g + \lambda Ax$$

$$\therefore x = -\frac{1}{\lambda} A^{-1} g \left\langle \begin{array}{l} \because A = \text{symmetric positive definite} \\ \text{positive definite는 가정([부록 Hessian] 정리2)} \end{array} \right.$$

Primal feasibility 가정: δ 는 하이퍼파라미터로 $\delta = \frac{1}{2} x^T Ax$ 로 정의

Dual feasibility 가정 : $\lambda > 0$

Complementary slackness 성립: Primal feasibility 가정 $\lambda\left(\frac{1}{2} x^T Ax - \delta\right) = 0$

따라서 다음을 만족하는 x^*, λ^* 가 KKT 조건 만족

$$\begin{cases} x = -\dfrac{1}{\lambda} A^{-1} g \\ \delta = \dfrac{1}{2} x^T Ax \end{cases}$$

연립방정식을 풀면 다음과 같다.

$$2\delta\lambda^2 = \left(A^{-1}g\right)^T AA^{-1}g = g^T A^{-1}g \ \therefore \frac{1}{\lambda} = \sqrt{\frac{2\delta}{g^T A^{-1}g}}$$

$$x = -\sqrt{\frac{2\delta}{g^T A^{-1}g}}A^{-1}g \ \therefore \theta - \theta_{old} = -\sqrt{\frac{2\delta}{g^T A^{-1}g}}A^{-1}g$$

$$\therefore \theta_{new} = \theta_{old} - \sqrt{\frac{2\delta}{g^T A^{-1}g}}A^{-1}g$$

[코딩을 위한 변환 6] 정책 업데이트 공식

$$\theta_{new} = \theta_{old} - \sqrt{\frac{2\delta}{g^T A^{-1}g}}A^{-1}g$$

$$g = \nabla_\theta \, loss_{\theta_{old}}\left(\theta\right)\Big|_{\theta=\theta_{old}}$$

$$loss_{\theta_{old}}\left(\theta\right) = E_{s\sim d_{\pi_{\theta_{old}}}(s), a\sim\pi_{\theta_{old}}(a|s)}\left[-\frac{\pi_\theta\left(a|s\right)}{\pi_{\theta_{old}}\left(a|s\right)}A_{\pi_{\theta_{old}}}\left(s,a\right)\right]$$

[코딩을 위한 변환 7] Conjugate gradient를 이용한 정책 업데이트 공식

$Ax_{CG} = g$ 라고 하면 다음 성립.

$$g^T A^{-1}g = \left(Ax_{CG}\right)^T x_{CG} = x_{CG}^T A^T x_{CG} = x_{CG}^T Ax_{CG}$$

$$\therefore \theta_{new} = \theta_{old} - \sqrt{\frac{2\delta}{x_{CG}^T Ax_{CG}}}x_{CG}$$

[코딩을 위한 변환 8] actor 파라미터 θ 업데이트 최종 공식 (backtracking line search)

$$\theta_{new} = \theta_{old} - \alpha\sqrt{\frac{2\delta}{x_{CG}^T Ax_{CG}}}x_{CG}$$

여기서 α의 초깃값은 1.0이고 절반씩 줄이면서 두 가지를 만족한다. (1) sample loss가 감소하고 (2) sample KL 발산 제약을 만족한다. 이런 α를 backtracking stepsize라고 한다.

부록: TRPO 알고리즘

Algorithm 1 Trust Region Policy Optimization

Input: initial policy parameters θ_0, initial value function parameters ϕ_0

Hyperparameters: KL-divergence limit δ, backtracking coefficient α, maximum number of backtracking steps K

for $k = 0, 1, 2, ...$ **do**

Collect set of trajectories $\mathcal{D}_k = \{\tau_i\}$ by running policy $\pi_k = \pi(\theta_k)$ in the environment.

Compute rewards-to-go $\hat{R}_t$.

Compute advantage estimates, $\hat{A}_t$ (using any method of advantage estimation) based on the current value function V_{ϕ_k}.

Estimate policy gradient as

$$\hat{g}_k = \frac{1}{|\mathcal{D}_k|} \sum_{\tau \in \mathcal{D}_k} \sum_{t=0}^{T} \nabla_\theta \log \pi_\theta(a_t|s_t)|_{\theta_k} \hat{A}_t.$$

Use the conjugate gradient algorithm to compute

$$\hat{x}_k \approx \hat{H}_k^{-1} \hat{g}_k,$$

where $\hat{H}_k$ is the Hessian of the sample average KL-divergence.

Update the policy by backtracking line search with

$$\theta_{k+1} = \theta_k + \alpha^j \sqrt{\frac{2\delta}{\hat{x}_k^T \hat{H}_k \hat{x}_k}} \hat{x}_k,$$

where $j \in \{0, 1, 2, ...K\}$ is the smallest value which improves the sample loss and satisfies the sample KL-divergence constraint.

Fit value function by regression on mean-squared error:

$$\phi_{k+1} = \arg\min_\phi \frac{1}{|\mathcal{D}_k|T} \sum_{\tau \in \mathcal{D}_k} \sum_{t=0}^{T} \left(V_\phi(s_t) - \hat{R}_t \right)^2,$$

typically via some gradient descent algorithm.

end for

위 알고리즘은 아래 사이트에 있는 TRPO 알고리즘이다.

https://spinningup.openai.com/en/latest/algorithms/trpo.html

Line 1: θ, ϕ는 각각 actor, critic 신경망의 파라미터를 나타낸다.

Line 2: δ는 **그림 12**(전체 코드) line 346의 max_kl이고 α, K는 **그림 12** line 301의 step과 $K=5$이다.

Line 3: k는 episode 번호를 나타낸다.

Line 4: old_actor로 환경과 상호작용하여 경험 $[s,a,r,s',d]$이 batch_size개가 될 때까지 trajectories를 수집한다. **그림 12**(전체 코드)에서는 경험을 일렬로 저장하므로 하나의 trajectory만 $\mathcal{D}_k$ 에 있다고 생각하자.

Line 5. $\hat{R}_t$는 **그림 12**(전체 코드) line 401에 있는 rewards[t]이다.

Line 6: $\hat{A}_t$는 GAE이고 **그림 12**(전체 코드) line 410에 있는 advantages_tensor이다. Line 391과 402를 보면 V_{ϕ_k}로 계산한 상태 가치가 사용됨을 알 수 있다.

Line 7: 위 알고리즘에 있는 $\hat{g}_k$ 대신 아래와 같이 importance sampling과 loss를 이용한 gradient를 사용했다.

$$g = \nabla_\theta \, loss_{\theta_{old}}(\theta)\Big|_{\theta=\theta_{old}}$$

$$loss_{\theta_{old}}(\theta) = E_{s\sim d_{\pi_{\theta_{old}}}(s),a\sim\pi_{\theta_{old}}(a|s)}\left[-\frac{\pi_\theta(a|s)}{\pi_{\theta_{old}}(a|s)}A_{\pi_{\theta_{old}}}(s,a)\right]$$

즉, 본 저서에는 알고리즘에 있는 $\hat{g}_k$ 대신 importance sampling을 이용한 $-\hat{g}_k$를 사용했다.

Line 8: Conjugate gradient 알고리즘을 사용하여 Hessian의 역행렬 $\hat{H}_k^{-1}$을 구하지 않고 방정식 $\hat{H}_k\hat{x}_k=-\hat{g}_k$을 만족시키는 $\hat{x}_k$를 구한다(**그림 12**의 line 222~252).

Line 9: 알고리즘에 있는 업데이트 공식 대신 아래 공식을 사용한다.

$$\theta_{k+1} = \theta_k - \alpha\sqrt{\frac{2\delta}{\hat{x}_k^T\hat{H}_k\hat{x}_k}}\hat{x}_k\left(\alpha\in\left\{\frac{1}{2^j}\middle| j=0,1,2,3,4\right\}\right)$$

여기서 α는 **그림 12**(전체 코드) line 296~317과 같이 sample 손실이 개선되고 KL 발산 제약조건을 만족시키는 값으로 결정된다.

Line 10: $\mathcal{D}_k$ 에 있는 모든 trajectories의 길이가 T로 동일하다고 가정할 때, 알고리즘에 있는 식을 얻게 된다. 만약 동일하지 않다면 다음이 식이 된다.

$$\frac{1}{\sum_{\tau \in \mathcal{D}_k} T_\tau} \sum_{\tau \in \mathcal{D}_k} \sum_{t=0}^{T_\tau - 1} \left(V_\phi(s_t) - \hat{R}_t \right)^2$$

본 논문에서 사용한 식은 다음과 같다.

$$\frac{1}{T} \sum_{t-0}^{T-1} \left(V_\phi(s_t) - \hat{R}_t \right)^2$$

그 이유는 에피소드 내부의 while문에서 수집한 여러 개의 trajectory를 이어 붙여 하나의 학습 데이터로 사용했기 때문이다(**그림 12**의 line 446~461).

제 8 장

Proximal Policy Optimization (PPO)

1. 용어 설명과 구성 요소
2. 신경망 구조
3. 정책 정의
4. 학습데이터 정의
5. 손실 정의
6. Main
7. 코드 설명
8. 전체 코드
9. 부록

PPO(Proximal Policy Optimization)는 TRPO의 복잡성을 낮추면서도, 정책 변화 폭을 제한하는 핵심 아이디어를 이어받은 강화학습 알고리즘이다. TRPO는 KL 발산을 직접 제어하여 안정적인 정책 갱신을 추구하지만, PPO는 손실 함수에 클리핑(clipping)을 적용하여 정책 변화를 제어한다. 이를 통해 구현 난이도와 계산량을 크게 낮추면서도, 안정적인 정책 갱신이 가능하게 된다.

PPO의 핵심은 다음과 같은 아이디어에 있다.

1. **클리핑(clipping)을 통한 정책 변화 제어**: TRPO처럼 KL 발산을 직접적으로 계산 · 제어하는 대신, 새로운 정책으로 행동을 선택할 확률과 기존 정책으로 선택할 확률의 비(ratio)가 클리핑 범위를 벗어나지 않도록 제한한다. 이를 통해 과도한 정책 업데이트를 방지하고 안정적으로 학습할 수 있다.
2. **계산 효율성과 구현 간소화**: TRPO가 Conjugate Gradient, Line Search 등으로 인해 구현이 복잡하지만, PPO는 간단한 경사 하강 기반으로 최적화가 가능해 대규모 환경이나 실제 현업에서 활용하기 적합하다.

이와 같은 구조를 통해 PPO는 '정책이 너무 급격히 바뀌지 않도록 제어한다'는 TRPO의 중요한 아이디어를 유지하면서도, 코드 구현과 계산량을 대폭 줄이는 장점이 있다. 실제로 다양한 연속 제어 업무와 복잡한 환경에서 학습 효율 및 성능이 우수하여, 강화학습 분야에서 널리 쓰이는 알고리즘 중 하나이다. 다만, TRPO와 달리 PPO는 정책 성능의 단조 증가를 이론적으로 보장하지는 않으며, 대신 경험적으로 안정적이고 효율적인 학습을 달성한다는 점에서 큰 실용적 가치를 지닌다.

1 용어 설명과 구성 요소

PPO(Proximal Policy Optimization)에서 'Proximal'은 '가까운'을 뜻하며, 이는 정책 업데이트를 이전 정책에 가깝게 유지함으로써 학습의 안정성을 확보한다는 개념을 담고 있다. 클리핑(clipping)의 핵심 아이디어를 요약하면 다음과 같이 두 가지이다.

- 어떤 행동 a가 '평균적으로 좋다 (advantage A〉0)'고 할 때, a를 선택할 가능성이 **지나치게 커지는 상황**이면, 그 가능성을 더 올리지 않고 **현재 수준으로 묶어 둔다** (아래 **그림** 1(c)의 위 그래프).
- 어떤 행동 a가 '평균적으로 나쁘다 (advantage A〈0)'고 할 때, a를 선택할 가능성이 **지나치게 작아지는 상황**이면, 그 가능성을 더 낮추지 않고 **현재 수준으로 묶어 둔다** (**그림** 1(c)의 아래 그래프).

이런 두 가지 아이디어를 다음과 같이 하나의 목적함수로 정의하여 정책 파라미터 θ를 업데이트한다.

$$\text{클리핑 목적함수 } J(\theta)=\min\left\{r(\theta)A,\ \mathrm{clip}\left(r(\theta),1-\varepsilon,1+\varepsilon\right)A\right\}$$

여기서 ε는 하이퍼파라미터이고 ratio $r(\theta)$ 와 advantage(GAE; Generalized Advantage Estimation) A 에 대한 정의는 **그림** 1에 있다.

$$r(\theta)=\frac{\pi_{\theta}(a|s)}{\pi_{\theta_{old}}(a|s)},\ A=A_{\theta_{old}}(s,a)=GAE$$

$$A_{\theta_{old}}(s_t,a_t)=GAE_t=\delta_t+\gamma\lambda\delta_{t+1}+\cdots+(\gamma\lambda)^{T-1-t}\delta_{T-1}$$

$$\delta_t=r_t+\gamma V(s_{t+1})-V(s_t)(0\le t\le T-1),\ V(s_T)=0$$

$$GAE_t=\delta_t+\gamma\lambda GAE_{t+1}(t:T-1\to 0),\ GAE_T=0$$

$$clip\left(r(\theta),1-\varepsilon,1+\varepsilon\right)=\begin{cases}1-\varepsilon & \left(r(\theta)<1-\varepsilon\right)\\ r(\theta) & \left(1-\varepsilon\le r(\theta)\le 1+\varepsilon\right),\ \varepsilon=0.2(\text{예시})\\ 1+\varepsilon & \left(1+\varepsilon<r(\theta)\right)\end{cases}$$

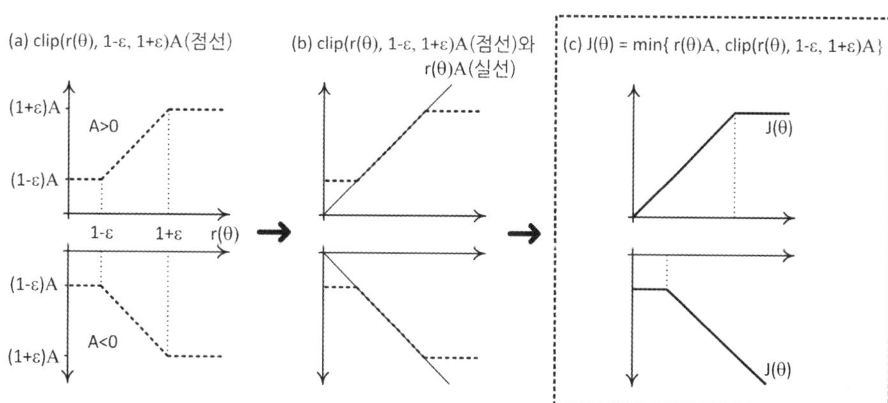

그림 1. 클리핑 아이디어

PPO의 전체 구성은 아래 **그림 2**와 같다. 환경으로는 MountainCarContinuous을 사용하고, actor가 환경과 상호작용하여 하나의 episode가 끝날 때까지 (done=True) 학습데이터 (상태 s, 행동 a, 행동의 로그 확률밀도 함숫값 $\log\pi_\theta(a)$, 상태 가치 $V_\phi(s)$, 보상 r)를 memory에 저장한다. 그리고 memory에 저장된 학습데이터를 사용해서 actor와 critic를 학습한다. 업데이트의 세부 내용은 아래에서 설명한다.

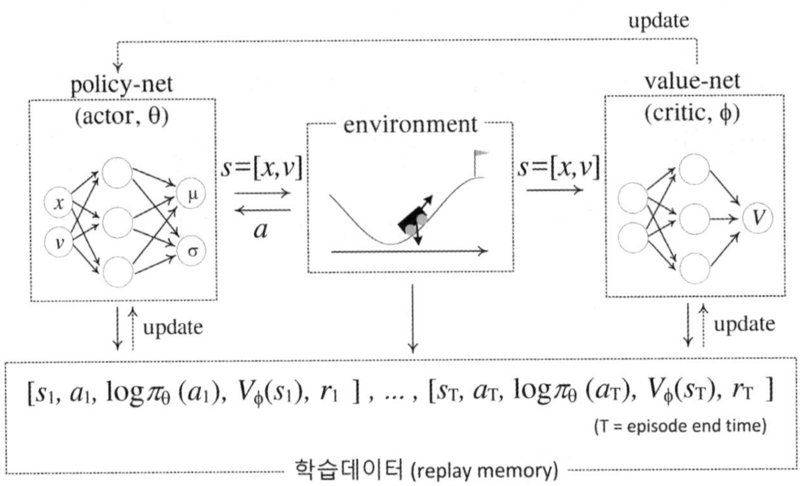

그림 2. PPO 구성 요소

2 신경망 구조

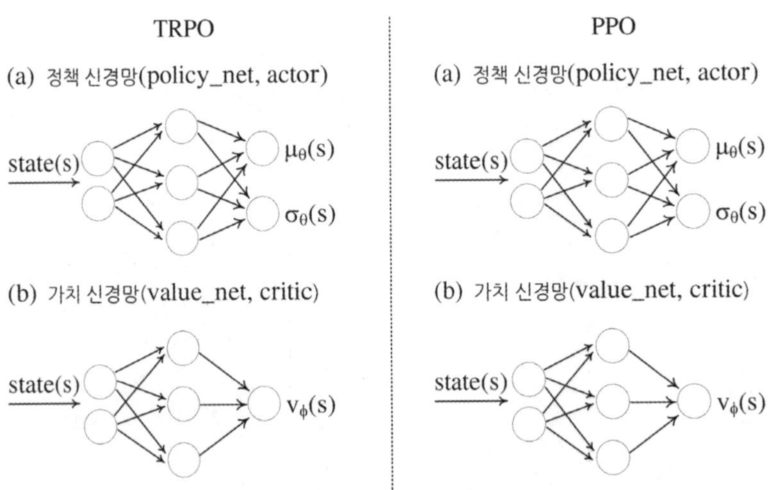

그림 3. Actor와 critic 신경망 클래스 코딩에 사용하는 이미지

위 **그림** 3은 PPO와 제7장 TRPO의 신경망 구조를 비교한 **그림**으로 TRPO와 동일함을 알 수 있다. 이에 구조에 대한 설명은 제7장 TRPO 설명으로 대신한다.

3 정책(상태를 입력하면 행동 출력) 정의

그림 4와 같이 상태(state)를 정책 신경망(policy_net)에 입력하여 출력으로 정규분포의 평균(μ_θ)과 표준편차(σ_θ)를 얻는다. 그리고 평균이 μ_θ이고 표준편차가 σ_θ인 정규분포 dist에서 하나의 숫자를 추출하여 action으로 사용한다.

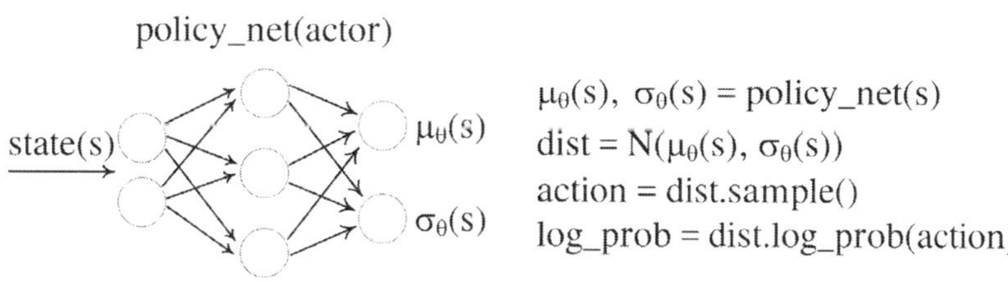

그림 4. 정책 코딩에 사용하는 이미지

그리고 아래 ratio를 계산할 때 사용할 $\log\pi_{\theta_{old}}(a|s)$를 log_prob에 저장한다.

$$ratio = \frac{\pi_\theta(a|s)}{\pi_{\theta_{old}}(a|s)} = \exp\left(\log\frac{\pi_\theta(a|s)}{\pi_{\theta_{old}}(a|s)}\right) = \exp\left(\log\pi_\theta(a|s) - \log\pi_{\theta_{old}}(a|s)\right)$$

4 학습데이터(replay memory) 정의

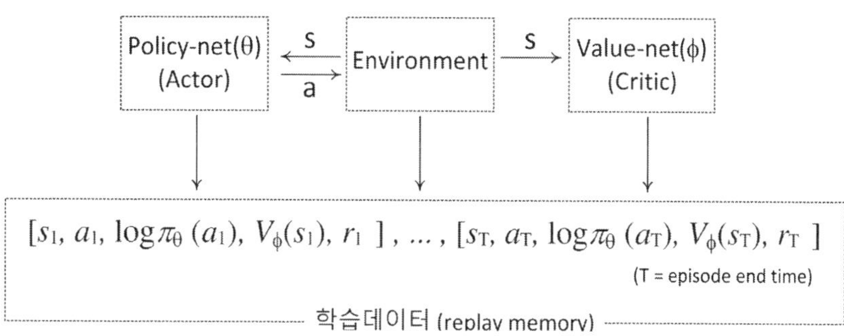

그림 5. 학습데이터(replay memory) 코딩에 사용하는 이미지

환경과 actor가 상호작용하여 하나의 episode가 끝날 때까지 위 **그림 5**와 같은 학습 데이터를 수집하여 actor와 critic을 업데이트한다.

5 손실 정의

아래 **그림 6**의 ①~③을 보면, 정책 신경망을 업데이트할 때 사용하는 actor 손실($\text{loss}_{\text{actor}}$)은 다음과 같음을 알 수 있다.

$$\text{loss}_{\text{actor}}(\theta) = -\frac{1}{|\mathcal{D}|}\sum_{\mathcal{D}} \min \left\{ \begin{array}{l} \exp\left(\log \dfrac{\pi_\theta(a|s)}{\pi_{\theta_{old}}(a|s)}\right) A_{\theta_{old}}(s,a), \\ \text{clip}\left(\begin{array}{l} \exp\left(\log \dfrac{\pi_\theta(a|s)}{\pi_{\theta_{old}}(a|s)}\right), \\ 1-\varepsilon, 1+\varepsilon \end{array} \right) A_{\theta_{old}}(s,a) \end{array} \right\}$$

여기서 $\mathcal{D}$는 memory에 있는 학습데이터 집합, ε는 하이퍼파라미터이고 $\log \pi_{\theta_{old}}(a|s)$, $A_{\theta_{old}}(s,a)$는 학습데이터로 계산된다. $\log \pi_\theta(a|s)$는 학습데이터인 행동 a를 actor의 PDF $\pi_\theta(a|s)$ 에 대입한 결과에 로그를 취하여 얻는다.

그림 6의 ④는 가치 신경망을 업데이트할 때 사용하는 critic 손실($\text{loss}_{\text{critic}}$)이다.

$$\text{loss}_{\text{critic}}(\phi) = \frac{1}{|\mathcal{D}|}\sum_{\mathcal{D}} \left(V_\phi(s_t) - \left(gae_t + v_\phi(s_t)\right)\right)^2$$

상태 s를 critic(파라미터 ϕ)에 입력하면 상태 가치 $v(s)$의 예측값을 얻는다. 상태 가치의 target으로 행동 가치 $q(s,a)$를 사용한다 (Bellman 최적 방정식). GAE (Generalized Advantage Estimation)는 $q(s,a) - v(s)$이므로 행동 가치는 GAE+ $v(s)$가 된다. 즉, 학습데이터로 만든 $gae_t + v_\phi(s_t)$를 critic의 target으로 사용한다.

① 학습데이터 $\mathcal{D}=\left\{\left[s_t, a_t, \log\pi_{\theta_{old}}\left(a_t|s_t\right), v_\phi\left(s_t\right), r_t\right] \middle| t=1,\cdots,T\right\}$

② $\nabla_\theta J(\theta)=\nabla_\theta E_{\tau\sim\pi_{\theta_{old}}}\left[\sum_{t=0}^{T} r_t(\theta)A_{\theta_{old}}\left(s_t,a_t\right)\right]$

$$r_t(\theta)=\frac{\pi_\theta\left(a_t|s_t\right)}{\pi_{\theta_{old}}\left(a_t|s_t\right)},\ A_{\theta_{old}}\left(s_t,a_t\right)=gae_t=\delta_t+\gamma\lambda\delta_{t+1}+\cdots+(\gamma\lambda)^{T-1-t}\delta_{T-1}$$

$$\delta_t=r_t+\gamma V_{\theta_{old}}\left(s_{t+1}\right)-V_{\theta_{old}}\left(s_t\right)(0\le t\le T-1),\ V\left(s_T\right)=0$$

$$gae_t=\delta_t+\gamma\lambda gae_{t+1}(t:T-1\to 0),\ gae_T=0$$

$$J^{CLIP}(\theta)=E_{\tau\sim\pi_{\theta_{old}}}\left[\sum_{t=0}^{T}\min\left\{\begin{matrix} r_t(\theta)A_{\theta_{old}}\left(s_t,a_t\right), \\ \text{clip}\left(r_t(\theta),1-\varepsilon,1+\varepsilon\right)A_{\theta_{old}}\left(s_t,a_t\right)\end{matrix}\right\}\right]$$

③ $\text{loss}_{\text{actor}}(\theta)\approx -J^{CLIP}(\theta)$

$$\therefore\ \text{loss}_{\text{actor}}(\theta)=-\frac{1}{|\mathcal{D}|}\sum_{\mathcal{D}}\min\left\{\begin{matrix}\exp\left(\log\frac{\pi_\theta(a|s)}{\pi_{\theta_{old}}(a|s)}\right)A_{\theta_{old}}(s,a), \\ \text{clip}\left(\begin{matrix}\exp\left(\log\frac{\pi_\theta(a|s)}{\pi_{\theta_{old}}(a|s)}\right), \\ 1-\varepsilon,1+\varepsilon\end{matrix}\right)A_{\theta_{old}}(s,a)\end{matrix}\right\}$$

여기서 $\log\pi_\theta(a|s)=\text{dist.log\_prob}(a)(\forall a\in\mathcal{D})$

④ $v_*(s)=\sum_a \pi_*(a|s)q_*(s,a)\approx gae+v_\phi(s)$

$$\therefore\ \text{loss}_{\text{critic}}(\phi)=\frac{1}{|\mathcal{D}|}\sum_{\mathcal{D}}\left(V_\phi\left(s_t\right)-\left(gae_t+v_\phi\left(s_t\right)\right)\right)^2$$

그림 6. 정책과 가치 손실 코딩에 사용하는 이미지

6 Main

위에서 설명한 '신경망 클래스 코딩에 사용하는 이미지(**그림 3**)', '정책 코딩에 사용하는 이미지(**그림 4**)', '학습데이터 코딩에 사용하는 이미지(**그림 5**)'와 '정책과 가치 손실 코딩에 사용하는 이미지(**그림 6**)'를 이용하여 아래 순서로 PPO를 코딩한다.

① 환경의 상태를 초기화한다.

② 환경의 현재 상태를 actor에 입력하여 행동과 행동의 로그 확률밀도함숫값를 출력으로 얻는다. 그리고 상태를 critic에 입력하여 상태 가치를 출력으로 얻는다(**그림 3, 4**).

③ 행동을 환경에 입력하여, 환경으로부터 다음 상태, 보상, Car 이동 종료 여부(done)를 반환받는다

④ 메모리에 (상태, 행동, 행동의 로그 확률밀도함숫값, 상태 가치, 보상)을 저장한다(**그림 5**).

⑤ 메모리에 있는 학습데이터로 actor와 critic을 업데이트한다(**그림 6**).

⑥ 다음 상태를 현재 상태로 저장하고 메모리를 비운 후, ②~⑤을 반복한다.

7 코드 설명

Actor와 critic 파라미터의 초깃값을 위해 사용한 코드 nn.init.orthogonal_ 설명은 제7장 코드 설명으로 대신한다. 나머지 코드에 대한 설명은 전체 코드에 있는 주석으로 대신한다.

8 전체 코드

그림 7은 전체 코드를 실행했을 때의 결과이다. 왼쪽은 학습 과정에서 얻은 Score(보상)를 나타낸다. 오른쪽은 학습 종료 후 10회 에피소드를 평가(evaluation)한 동영상 중, 마지막 동영상의 이미지를 나타낸다.

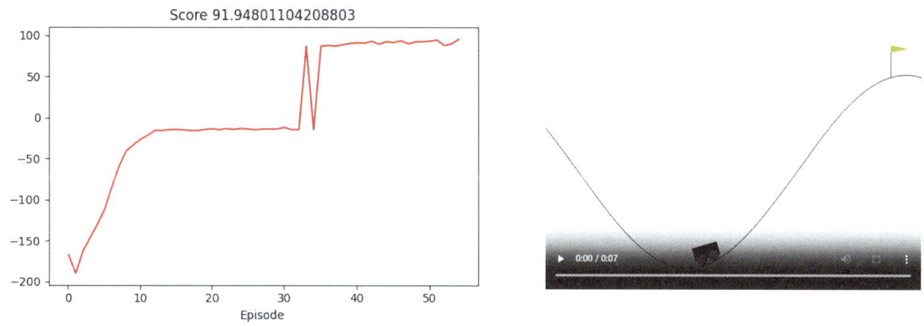

그림 7

전체 코드를 아래와 같은 흐름으로 구현한다.

클래스 Memory 정의

1) 상태, 행동, 보상, 행동의 로그 확률밀도함숫값, 상태 가치를 각각 리스트에 저장

2) 위 리스트를 초기화하는 함수

Actor(정책) 신경망 정의

1) 입력은 상태이고 출력은 정규분포

Critic(V 함수) 신경망

1) 입력은 상태이고 출력은 상태 가치

PPO Agent 클래스 정의

1) actor의 출력인 정규분포에서 행동을 sampling하고 행동의 로그 확률밀도함숫값을 반환하는 select_action 함수 정의

2) critic과 actor를 업데이트하는 update 함수 정의

3) update 함수에 사용할 GAE와 critic의 target을 반환하는 _compute_qvalues_gae 함수 정의

Main

actor와 critic으로 학습데이터를 수집한 후, agent =PPO()의 update 함수 실행

전체 코드를 구현하면 다음과 같다.

```
!pip install --upgrade gym # 0.26.2

import torch, torch.nn as nn, torch.nn.init as init, torch.optim as optim
import numpy as np, gym, matplotlib.pyplot as plt, time, warnings, os, io, base64
import contextlib, torch.nn.functional as F
from torch.distributions import Normal
from torch.utils.data import TensorDataset, DataLoader
from glob import glob
from PIL import Image
from IPython.display import HTML
warnings.filterwarnings('ignore')

# gym(0.25.2)는 np.bool8을 사용. numpy(2.0.2)는 np.bool8 대신 np.bool_를 사용
np.bool8 = np.bool_

# -----------------------------------Configuration----------------------------
env = gym.make("MountainCarContinuous-v0")
obs_dim, act_dim = 2, 1
gamma, lamda = 0.99, 0.95 # 할인율(gamma), GAE용 람다(lamda)
entropy_coef, clip_epsilon = 0.003, 0.2
rollout_len, total_episodes, num_epochs, batch_size = 999, 2000, 32, 100
solved_reward, actor_lr, critic_lr = 90, 1e-3, 5e-3

# =====================
# Plotting Function
# =====================
def plot_train_history(scores):
  with plt.style.context("seaborn-v0_8-dark-palette"):
    plt.figure(figsize=(6, 4))
    plt.plot(scores, c="crimson")
    plt.title(f"Score {np.mean(scores[-10:])}")
    plt.xlabel('Episode')
    plt.tight_layout()
    plt.show()

# =====================
# Memory
# =====================
class Memory:
  def __init__(self):
    self.states, self.actions, self.rewards, self.log_probs, self.values = [], [], [], [], []

  def clear(self): # 매 에피소드가 끝날 때마다 메모리를 초기화
    self.states.clear()
    self.actions.clear()
    self.rewards.clear()
    self.log_probs.clear()
    self.values.clear()
```

```
# =====================================
# Actor and Critic(V 함수) 신경망
# =====================================
class Actor(nn.Module):
    def __init__(self):
        super().__init__()
        self.fc1 = nn.Linear(obs_dim, 32)
        self.fc2 = nn.Linear(32, 32)
        self.mu_layer = nn.Linear(32, act_dim)
        self.sigma_layer = nn.Linear(32, act_dim)

        nn.init.orthogonal_(self.fc1.weight, gain=np.sqrt(2))
        nn.init.orthogonal_(self.fc2.weight, gain=np.sqrt(2))
        nn.init.orthogonal_(self.mu_layer.weight, gain=np.sqrt(2))
        nn.init.orthogonal_(self.sigma_layer.weight, gain=np.sqrt(2))
        nn.init.constant_(self.mu_layer.bias, 0.0)
        nn.init.constant_(self.sigma_layer.bias, 0.0)

    def forward(self, state):
        out = F.tanh(self.fc1(state))
        out = F.tanh(self.fc2(out))
        mu = torch.tanh(self.mu_layer(out))
        sigma = torch.exp(torch.tanh(self.sigma_layer(out)))
        dist = Normal(mu, sigma) # Normal(정규) 분포 객체
        return dist

class Critic(nn.Module):
    def __init__(self):
        super().__init__()
        self.fc1 = nn.Linear(obs_dim, 32)
        self.fc2 = nn.Linear(32, 32)
        self.fc3_value = nn.Linear(32, 1)

        nn.init.orthogonal_(self.fc1.weight, gain=np.sqrt(2))
        nn.init.orthogonal_(self.fc2.weight, gain=np.sqrt(2))
        nn.init.orthogonal_(self.fc3_value.weight, gain=np.sqrt(2))
        nn.init.constant_(self.fc3_value.bias, 0.0)

    def forward(self, states_batch):
        out = torch.tanh(self.fc1(states_batch))
        out = torch.tanh(self.fc2(out))
        states_values = self.fc3_value(out)
        return states_values

# ===================
# PPO Agent
# ===================
```

```
class PPO:
    def __init__(self):
        self.actor = Actor()
        self.critic = Critic()
        self.actor_optimizer = optim.Adam(self.actor.parameters(), lr=actor_lr)
        self.critic_optimizer = optim.Adam(self.critic.parameters(), lr=critic_lr)

    def select_action(self, state):
        """ 주어진 단일 상태(1 x obs_dim)에서 액션과 로짓 확률(log_prob)을 반환 """
        dist = self.actor(state)
        action = dist.sample() # 확률적 정책이므로 분포에서 샘플링
        return action, dist.log_prob(action)

    def update(self, memory):
        q_values, advantages = self._compute_qvalues_gae(memory)
        states = torch.cat(memory.states).view(-1, obs_dim)
        actions = torch.cat(memory.actions)
        old_log_probs = torch.cat(memory.log_probs).detach()

        for _ in range(num_epochs):
            # dataset을 구성하여 DataLoader로 미니배치 학습 진행
            dataset = TensorDataset(states, actions, q_values, old_log_probs, advantages)
            dataloader = DataLoader(dataset, batch_size=batch_size, shuffle=True)

            for s_batch, a_batch, q_batch, old_lp_batch, adv_batch in dataloader:
                dist = self.actor(s_batch)
                cur_log_prob = dist.log_prob(a_batch)

                # PPO objective의 ratio(확률비) 계산
                ratio = torch.exp(cur_log_prob - old_lp_batch)
                surr1 = ratio * adv_batch
                surr2 = torch.clamp(ratio, 1 - clip_epsilon, 1 + clip_epsilon) * adv_batch

                # 최소를 취함으로써 정책 업데이트 폭을 제한(클리핑)
                actor_loss = -torch.mean(torch.min(surr1, surr2))
                critic_loss = F.mse_loss(self.critic(s_batch), q_batch)
                entropy = dist.entropy().mean()

                total_loss = actor_loss + 0.5 * critic_loss - entropy_coef * entropy

                self.actor_optimizer.zero_grad()
                self.critic_optimizer.zero_grad()
                total_loss.backward()
                self.actor_optimizer.step()
                self.critic_optimizer.step()

    def _compute_qvalues_gae(self, memory):
        q_values, advantages, gae = [], [], 0
```

```
        # 점화식 정의를 위하여 마지막 스텝 이후(T+1)의 상태 가치 0을 append
        memory.values.append(torch.tensor([[0.0]]))

        for i in reversed(range(len(memory.rewards))):
            delta = memory.rewards[i] + gamma * memory.values[i + 1] - memory.values[i]
            gae = delta + gamma * lamda * gae
            advantages.insert(0, gae)
            q_values.insert(0, gae + memory.values[i])

        # 추가했던 마지막 스텝 이후(T+1)의 상태 가치 0을 제거
        memory.values.pop()
        return torch.cat(q_values).detach(), torch.cat(advantages).detach()

# ====================
# Main
# ====================
agent = PPO()
memory = Memory()
scores = []
t0 = time.time()

for episode in range(total_episodes):
    state = env.reset()[0].reshape(1, -1)
    score = 0.0

    for _ in range(rollout_len):
        state_tensor = torch.FloatTensor(state)
        action, log_prob = agent.select_action(state_tensor)
        value = agent.critic(state_tensor)
        action_to_numpy = action.squeeze(0).detach().cpu().numpy()
        next_state, reward, terminated, truncated, info = env.step(action_to_numpy)
        done = terminated or truncated

        next_state = next_state.reshape(1, -1)

        memory.states.append(state_tensor)
        memory.actions.append(action)
        memory.log_probs.append(log_prob)
        memory.values.append(value)
        memory.rewards.append(torch.FloatTensor([[reward]]))

        state = next_state
        score += reward
        if done:
            break

    agent.update(memory)
    memory.clear()
```

```python
    scores.append(score)

    if episode % 5 == 0:
        print(f"Episode {episode} ended with score {score:.2f}")

    # If average score over last 20 episodes is solved_reward, finish
    if len(scores) >= 20 and np.mean(scores[-20:]) > solved_reward:
        plot_train_history(scores)
        print("#Solved_reward done")
        break

env.close()
t1 = time.time()
print(f"Training time: {round((t1 - t0)/60, 2)} min")

# ==============================
# Evaluate & video
# ==============================
def show_video(path: str):
    video_path = sorted(glob(os.path.join(path, "*.mp4")))[-1]
    video = io.open(video_path, 'rb').read()
    encoded = base64.b64encode(video)
    return HTML(data=f'''
    <video controls>
    <source src="data:video/mp4;base64,{encoded.decode()}" type="video/mp4" />
    </video>
    ''')

def evaluate(agent, num_episodes: int = 10, record: bool = False, video_dir: str = "videos"):
    env_eval = gym.make("MountainCarContinuous-v0", render_mode="rgb_array")
    if record:
        env_eval = gym.wrappers.RecordVideo(
            env_eval,
            video_dir,
            episode_trigger=lambda episode_id: True
        )

    for episode in range(1, num_episodes + 1):
        state = env_eval.reset()
        state = np.reshape(state[0], (1, -1))
        done = False
        episode_reward = 0

        while not done:
            state_tensor = torch.FloatTensor(state)
            dist = agent.actor(state_tensor)
            action = dist.sample().detach().cpu().numpy().flatten()[0]

```

```
            # Redirect output during the step where video writing happens(Moviepy 메시지 출력안함)
            with contextlib.redirect_stdout(io.StringIO()), contextlib.redirect_stderr(io.StringIO()):
                next_state, reward, terminated, truncated, info = env_eval.step([action])

            done = terminated or truncated
            state = np.reshape(next_state, (1, -1))
            episode_reward += reward

        print(f"Episode {episode}: Reward = {episode_reward:.2f}")

    env_eval.close()

    if record:
        time.sleep(1)

print("## After training, evaluate the agent")
dir = "MountainCarContinuous-v0/videos"
evaluate(agent, record=True, video_dir=dir)
show_video(dir)
```

그림 8. Colab에서 test한 코드이고, 주요 패키지 버전은 머리말 참고

9 부록

부록 그림 6의 ② 증명

$$② \ \nabla_\theta J(\theta) = \nabla_\theta E_{\tau \sim \pi_{\theta_{old}}} \left[\sum_{t=0}^{T} r_t(\theta) A_{\theta_{old}}(s_t, a_t) \right]$$

증명

$$J(\theta) = E_{\tau \sim \pi_\theta}\left[R(\tau)\right],\ R(\tau) = \sum_{t=0}^{T} \gamma^t R(s_t, a_t, s_{t+1})$$

$$\tau = (s_0, a_0, r_1, s_2, \cdots, s_T, a_T, r_{T+1}),\ \gamma \in (0,1]$$

라고 할 때, 다음과 같이 원하는 원하는 결과를 얻는다.

$$\nabla_\theta J(\theta) = \nabla_\theta E_{\tau\sim\pi_\theta}\left[\sum_{t=0}^{T}\gamma^t R(s_t, a_t, s_{t+1})\right]$$

$$= E_{\tau\sim\pi_\theta}\left[\sum_{t=0}^{T}\nabla_\theta \log\pi_\theta(a_t|s_t)\sum_{\ell=t}^{T}\gamma^\ell R(s_\ell, a_\ell, s_{\ell+1})\right]$$

$$\langle \because REINFORCE\_MCPG\ [\text{부록 : 문제1}]$$

$$= E_{\tau\sim\pi_\theta}\left[\sum_{t=0}^{T}\nabla_\theta \log\pi_\theta(a_t|s_t)A_{\theta_{old}}(s_t, a_t)\right]\langle \because A2C\text{보조정리}1\sim4$$

$$= E_{\tau\sim\pi_{\theta_{old}}}\left[\sum_{t=0}^{T}\frac{\pi_\theta(a_t|s_t)}{\pi_{\theta_{old}}(a_t|s_t)}\nabla_\theta \log\pi_\theta(a_t|s_t)A_{\theta_{old}}(s_t, a_t)\right]$$

$$= E_{\tau\sim\pi_{\theta_{old}}}\left[\sum_{t=0}^{T}\frac{\pi_\theta(a_t|s_t)}{\pi_{\theta_{old}}(a_t|s_t)}\frac{\nabla_\theta\pi_\theta(a_t|s_t)}{\pi_\theta(a_t|s_t)}A_{\theta_{old}}(s_t, a_t)\right]$$

$$= E_{\tau\sim\pi_{\theta_{old}}}\left[\sum_{t=0}^{T}\frac{\nabla_\theta\pi_\theta(a_t|s_t)}{\pi_{\theta_{old}}(a_t|s_t)}A_{\theta_{old}}(s_t, a_t)\right]$$

$$= \nabla_\theta E_{\tau\sim\pi_{\theta_{old}}}\left[\sum_{t=0}^{T}\frac{\pi_\theta(a_t|s_t)}{\pi_{\theta_{old}}(a_t|s_t)}A_{\theta_{old}}(s_t, a_t)\right]$$

$$= \nabla_\theta E_{\tau\sim\pi_{\theta_{old}}}\left[\sum_{t=0}^{T}r_t(\theta)A_{\theta_{old}}(s_t, a_t)\right]$$

QED

부록: PPO 알고리즘

Algorithm 1 PPO-Clip

Input: initial policy parameters θ_0, initial value function parameters ϕ_0

for $k = 0, 1, 2, \ldots$ **do**

Collect set of trajectories $\mathcal{D}_k = \{\tau_i\}$ by running policy $\pi_k = \pi(\theta_k)$ in the environment.

Compute rewards-to-go $\hat{R}_t$.

Compute advantage estimates, $\hat{A}_t$ (using any method of advantage estimation) based on the current value function V_{ϕ_k}.

Update the policy by maximizing the PPO-Clip objective:

$$\theta_{k+1} = \arg\max_\theta \frac{1}{|\mathcal{D}_k|T}\sum_{\tau\in\mathcal{D}_k}\sum_{t=0}^{T}\min\left(\frac{\pi_\theta(a_t|s_t)}{\pi_{\theta_k}(a_t|s_t)}A^{\pi_{\theta_k}}(s_t, a_t),\ \ g(\epsilon, A^{\pi_{\theta_k}}(s_t, a_t))\right),$$

typically via stochastic gradient ascent with Adam.

Fit value function by regression on mean-squared error:

$$\phi_{k+1} = \arg\min_\phi \frac{1}{|\mathcal{D}_k|T}\sum_{\tau\in\mathcal{D}_k}\sum_{t=0}^{T}\left(V_\phi(s_t) - \hat{R}_t\right)^2,$$

typically via some gradient descent algorithm.

end for

위 알고리즘은 아래 사이트에 있는 PPO 알고리즘이다.

https://spinningup.openai.com/en/latest/algorithms/ppo.html

Line 1: θ_0, ϕ_0는 각각 신경망 actor, critic의 초기 파라미터를 나타낸다.

Line 2: k는 episode 번호를 나타낸다.

Line 3: 위 알고리즘에서는 actor로 여러 trajectories를 원소로 가지는 집합 $\mathcal{D}_k$ 를 수집하지만, 전체 코드(**그림 8**)에서는 하나의 trajectory를 수집하여 actor와 critic의 학습데이터로 사용한다.

Line 4: 위 알고리즘은 reward-to-go $\hat{R}_t$를 critic의 target으로 사용하지만, 전체 코드(**그림 8**)에서는 reward-to-go 대신 'GAE+상대가치'를 사용한다.

Line 5: 전체 코드(**그림 8**)에서는 critic을 사용하여 GAE인 $\hat{A}_t$를 계산한다.

Line 6: 전체 코드(**그림 8**)에서는 다음 수식을 사용한다.

$$\theta_{k+1} = \arg\max_{\theta} \frac{1}{|\mathcal{D}|} \sum_{\mathcal{D}} \min \left\{ \begin{array}{l} \exp\left(\log \dfrac{\pi_\theta(a|s)}{\pi_{\theta_k}(a|s)} \right) A_{\theta_k}(s,a), \\ \text{clip}\left(\begin{array}{l} \exp\left(\log \dfrac{\pi_\theta(a|s)}{\pi_{\theta_k}(a|s)} \right), \\ 1-\varepsilon, 1+\varepsilon \end{array} \right) A_{\theta_k}(s,a) \end{array} \right\}$$

Line 7: 전체 코드(**그림 8**)에서는 다음 수식을 사용한다.

$$\phi_{k+1} = \arg\min_{\phi} \frac{1}{|\mathcal{D}|} \sum_{\mathcal{D}} \left(V_{\phi_k}(s_t) - \left(gae_t + v_\phi(s_t) \right) \right)^2$$

제 9 장

Soft Actor Critic(SAC)

Soft Actor-Critic(SAC)는 기존 강화학습 알고리즘과 달리 학습 목표에 보상과 함께 엔트로피 항이 더해진 방식을 사용한다. 즉, 단순히 보상만을 최대화하는 것이 아니라 보상과 엔트로피를 동시에 크게 만드는 것을 목표로 한다. 여기서 보상은 **'얼마나 잘했는가'**를 나타내고, 엔트로피는 **'얼마나 다양한 행동을 시도하는가'**를 의미한다. SAC는 이렇게 설계되어 높은 보상을 추구하면서도 행동의 다양성을 유지하는 정책을 선호하며, 이를 실현하기 위해 에이전트가 한 가지 행동에만 치우치지 않고 여러 행동을 고르게 시도할수록 추가 이득을 얻게 되는 구조를 가지게 된다. 덕분에 에이전트는 특정 행동에 갇히지 않고 다양한 선택지를 탐험하면서도 학습을 안정적으로 진행할 수 있다. 결국, SAC는 보상 중심의 효율성과 탐험의 폭넓음을 동시에 확보하여, 복잡한 환경에서도 유연하고 안정적으로 대응할 수 있는 알고리즘이다. SAC의 핵심 특징은 다음과 같다.

1. 정책 엔트로피 극대화: 보상 함수에 엔트로피 항을 추가해 다양한 행동을 유도함으로써 지역 최적점(local optimum) 문제를 완화하고 학습 초기 단계에서 효과적인 탐색이 가능하다.
2. 이중 Q 함수(Double Q Function): Q 함수 근사에 이중 Q 네트워크를 도입하여, Q 값의 과추정을 막고 안정적으로 학습한다.
3. Off-policy 학습: 이전에 저장한 경험(Replay Buffer)을 반복 활용함으로써, 샘플 효율(sample efficiency)을 높이고 안정적으로 학습을 진행한다.

이러한 구조 덕분에 SAC는 복잡한 환경에서도 빠르고 안정적으로 최적 정책을 찾을 수 있으며, 실제로 다양한 연속 제어 문제에서 우수한 성능을 입증했다. 특히, 자동 온도 파라미터 튜닝(Automatic Temperature Adjustment) 등의 기법을 통해, 엔트로피 가중치를 동적으로 조절함으로써 탐색(exploration)과 활용(exploitation) 사이의 균형을 자동으로 유지한다.

결과적으로, SAC는 정책의 급격한 변화를 억제하기 위하여 제약을 주거나(KL 발산 직접 제어, 클리핑 등) 수동 탐색 강화 과정 없이도, 보상 극대화와 행동 다양성의 증가를 동시에 달성한다. 이러한 장점들로 인해 SAC는 최근 강화 학습 분야에서 주목받는 알고리즘 중 하나로 꼽히며, 특히 연속 제어(continuous control) 환경에서 뛰어난 성능을 보여주고 있다. 아래 **그림 1**과 같은 연속 행동 공간을 가지는 Pendulum에서 SAC를 알아보자.

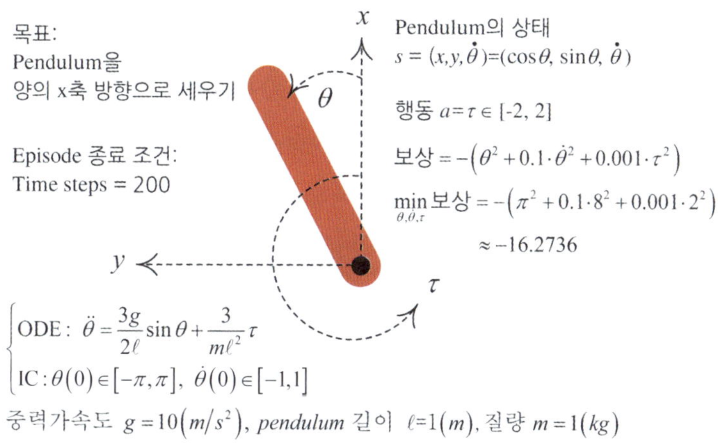

그림 1

1 용어 설명과 구성 요소

SAC 알고리즘을 제안한 논문에서는 먼저 엔트로피 항이 포함된 목적함수를 정의하고, 이를 기반으로 유한한 행동 공간에서 이론적으로 최적 정책을 찾을 수 있는 소프트 정책 반복(soft policy iteration)을 제시한다. 이어서 soft Q-value 함수와 soft 정책하는데, 여기서 'soft'는 **그림 2**에서 보듯이 목적함수에 엔트로피 항이 포함되었음을 의미한다.

	하드(hard)	소프트(soft)
목적 함수	$\sum_t E_{(s_t,a_t)\sim\rho_\pi}\left[\gamma^t r(s_t,a_t)\right]$ 엔트로피 항 불포함	$\sum_t E_{(s_t,a_t)\sim\rho_\pi}\left[\gamma^t\left(\begin{matrix} r(s_t,a_t) \\ -\alpha\log\pi(a_t\mid s_t)\end{matrix}\right)\right]$ 엔트로피 항 포함

그림 2

유한 행동 공간을 연속 공간으로 확장하면 소프트 정책 반복을 직접 적용할 수 없다. 이를 해결하기 위해 soft Q-value 함수와 소프트 정책을 각각 critic(ϕ)과 actor(θ) 신경망으로 근사하고, soft Q-value와 소프트 정책이 만족해야 하는 조건식을 활용하여 critic 손실과 actor 손실을 정의한다. 자세한 내용은 아래 '손실 정의'에서 설명한다.

SAC의 전체 구성은 **그림 3**과 같다. 환경으로는 Pendulum을 사용하고, actor가 환경과 상호작용하여 얻은 경험 (상태, 행동, 보상, 다음 상태, 종료 여부)=(s,a,r,s',d)를 replay memory에 저장한다. 이 경험은 actor와 critic1, critic2의 학습에 활용된다. Actor를 업데이트할 때 critic1과 critic2가 사용되며, critic1을 업데이트할 때는 target_critic1과 target_critic2가 사용된다. 업데이트의 세부 내용은 아래에서 설명한다.

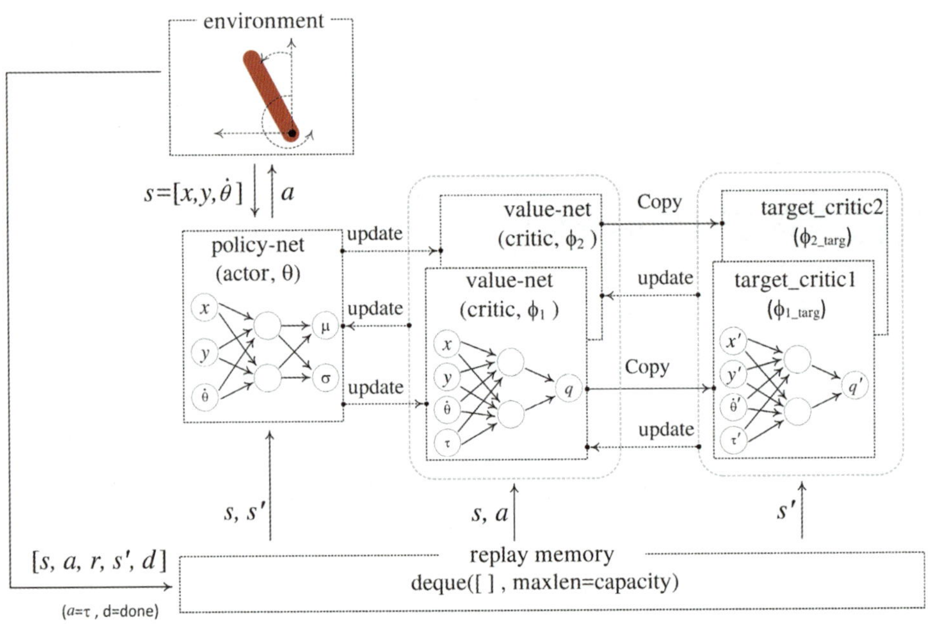

그림 3. SAC 구성 요소

2 신경망 구조

아래 **그림 4**는 SAC와 제8장 PPO의 신경망 구조를 비교한 **그림**이다. Actor (a)를 보면, PPO의 입력은 2개 숫자로 이루어진 상태(MountainCarContinuous)이고, 출력은 stochastic policy에 사용할 정규분포의 평균(μ_θ)과 표준편차(σ_θ)이다. SAC의 입력은 3개 숫자로 이루어진 상태(Pendulum)이고, 출력은 stochastic policy에 사용할 정규분포의 평균(μ_θ)과 표준편차(σ_θ)이다. Critic (b)를 보면, PPO의 입력은 상태이고 출력은 상태 가치임을 알 수 있다. SAC의 critic 입력은 상태와 행동이고 출력은 행동 가치임을 알 수 있다.

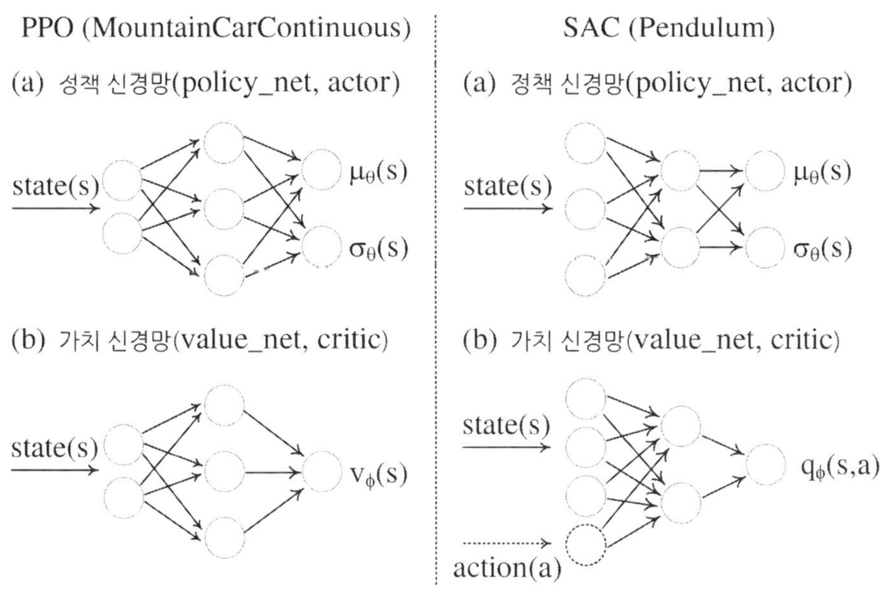

그림 4. Actor와 critic 신경망 클래스 코딩에 사용하는 이미지

3 정책(상태가 입력되면 행동 출력) 정의

그림 5와 같이 상태(state)를 정책 신경망(policy_net)에 입력하면 행동의 확률분포가 되는 정규분포의 평균 μ_θ와 표준편차 σ_θ를 얻는다. SAC에서는 행동 a를 정책 신경망의 파라미터 θ로 미분해야 하는데, 이 분포에서 샘플링된 행동 a는 무작위적으

로 결정되므로 θ로 미분할 수 없다. 이런 문제를 해결하기 위하여 재매개화 트릭(reparametrization trick)를 사용한다.

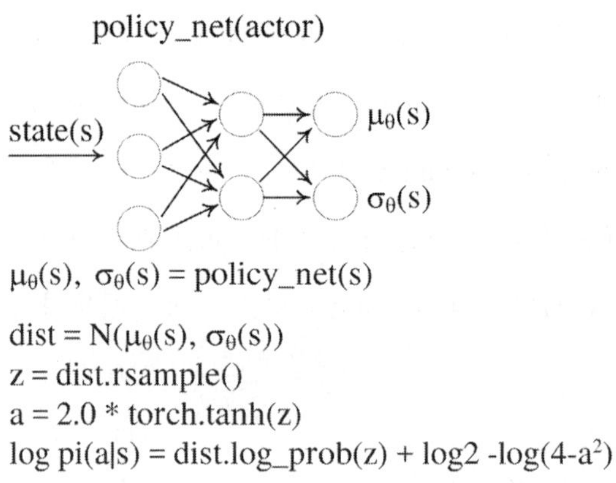

그림 5. 정책 코딩에 사용하는 이미지

정책 신경망의 파라미터 θ로 미분가능한 행동 a를 얻기 위하여, 먼저 평균이 μ_θ이고 표준편차가 σ_θ인 정규분포 dist에서 다음과 같이 재매개화 트릭(dist.rsample)을 사용하여 $\varepsilon \sim N(0,1)$을 샘플링한다.

$$z = \mu_\theta + \sigma_\theta \varepsilon, \quad \varepsilon \sim N(0,1)$$

여기서 ε는 파라미터와 독립적으로 샘플링된 외부 잡음으로, 상수로 취급되어서 미분 가능성에 영향을 주지 않는다. 그리고 μ_θ, σ_θ는 θ에 대하여 미분가능하므로 z는 θ에 대하여 미분 가능하다. 얻어진 z를 Pendulum 환경의 행동 범위인 [−2, 2]으로 제한하여 다음과 같이 최종 행동 a를 정의한다.

$$a = 2 * torch.\tanh(z)$$

따라서 a와 z의 관계를 활용하면, 행동의 로그 확률밀도함수는 다음과 같이 계산할 수 있다(자세한 유도는 [부록: $\log\pi(x|s)$ 계산] 참고).

$$\log\pi(a|s) = \log z + \log 2 - \log(4 - a^2)$$

4 학습데이터(replay memory) 정의

그림 6은 환경과 actor가 상호작용하여 얻은 경험 $[s_t, a_t, r_{t+1}, s_{t+1}, d_{t+1}]$을 재생 메모리에 저장하는 **그림**으로, critic은 관여하지 않는다. batch_size 개의 경험이 쌓이면 actor와 critic을 업데이트한다.

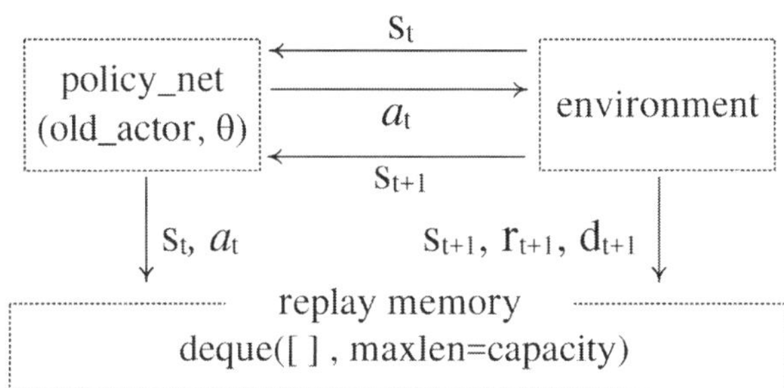

그림 6. 학습데이터(Replay memory) 코딩에 사용하는 이미지

5 손실 정의

아래 **그림 7**을 보면, 엔트로피를 사용하는 목적함수 ①, soft policy iteration에서 이론적으로 얻은 soft Q-value와 정책의 관계식 ②, temperature α를 자동으로 결정하는 식 ③, 그리고 SAC에서 사용하는 세 가지 손실 critic loss ④, actor loss ⑤, temperature loss ⑥ 을 알 수 있다([부록: actor와 critic의 목적함수 유도 과정] 참고).

식 ①에서 엔트로피 항은 $E_{a_t \sim \pi(a_t|s_t)}\left[-\alpha \log \pi\left(a_t|s_t\right)\right]$ 이고 식 ②에서 상태 가치 $V_{\pi_{i-1}}$ 는 다음과 같이 정의한다(SAC 논문 참고).

$$V_{\pi_{i-1}}(s_t) = E_{a_t \sim \pi_{i-1}(a_t|s_t)}\left[Q_{\pi_{i-1}}(s_t, a_t) - \alpha \log \pi_{i-1}\left(a_t|s_t\right)\right]$$

식 ③에서 π_t^* 는 convex optimization에서 primal 문제의 해이고 α_t^* 는 dual 문제의 해임을 나타낸다([부록: actor와 critic의 목적함수 유도 과정] 참고). 식 ④에 있는 $\bar{\phi}_1$, $\bar{\phi}_2$ 는 각각 **그림** 3에 있는 target_critic1, target_critic2의 파라미터 $\phi_{1,\text{targ}}$, $\phi_{2,\text{targ}}$ 를 의미한다.

① $J(\pi)=\sum_{t=0}^{T} E_{s_t,a_t}\left[\gamma^t\left(r(s_t,a_t)-\alpha\log\pi(a_t|s_t)\right)\right]$

② soft policy iteration : $\pi_i,\ Q_{\pi_i}\ (i\geq 1)$

$$Q_{\pi_{i-1}}(s_t,a_t) \overset{\text{정리}}{=} r(s_t,a_t)+\gamma E_{a_{t+1}\sim\pi_{i-1}(a_{t+1}|s_{t+1})}\begin{bmatrix} Q_{\pi_{i-1}}(s_{t+1},a_{t+1}) \\ -\alpha\log\pi_{i-1}(a_{t+1}|s_{t+1}) \end{bmatrix}$$

$$\pi_i(a_t|s_t) \overset{\text{정의}}{=} \underset{\pi\in\Pi}{\arg\min}\sum_{a_t}\alpha\log\pi(a_t|s_t)-Q_{\pi_{i-1}}(s_t,a_t)$$

③ $\alpha_t^* = \underset{\alpha_t}{\arg\min}\, E_{a_t\sim\pi_t^*}\begin{bmatrix} -\alpha_t\log\pi_t^*(a_t|s_t;\alpha_t) \\ -\alpha_t\mathcal{H} \end{bmatrix}$(엔트로피 상수 $\mathcal{H}$)

④ SAC : critic loss

$$\text{criticQtarget} = r_t+\gamma(1-d_{t+1})\begin{pmatrix} \min\left\{Q_{\bar{\phi}_1}(s_{t+1},a_{t+1}),\ Q_{\bar{\phi}_2}(s_{t+1},a_{t+1})\right\} \\ -\alpha_t\log\pi_\theta(a_{t+1}|s_{t+1}) \end{pmatrix}$$

$$\text{loss\_critic\_}i(\phi_i)=\frac{1}{\text{batch\_size}}\sum_{\text{batch}}\left(Q_{\phi_i}(s_t,a_t)-\text{criticQtarget}\right)^2\ (i=1,2)$$

⑤ SAC : actor loss

$$\text{loss\_actor}(\theta)=\frac{1}{\text{batch\_size}}\sum_{\text{batch}}\begin{pmatrix} \alpha_t\log\pi_\theta(a_t|s_t) \\ -\min\left\{Q_{\phi_1}(s_t,a_t),\ Q_{\phi_2}(s_t,a_t)\right\} \end{pmatrix}$$

$$a_t \overset{\text{정의}}{=} f_\theta(\varepsilon_t;s_t) \overset{\text{정의}}{=} 2\tanh\left(\mu_\theta(s_t)+\sigma_\theta(s_t)\varepsilon_t\right),\ \varepsilon_t\sim N(0,1)$$

⑥ SAC : α loss

$$\text{loss\_alpha}(\alpha)=-\frac{1}{\text{batch\_size}}\sum_{\text{batch}}\alpha_t\left(\log\pi_\theta(a_t|s_t)+\mathcal{H}\right)$$

그림 7. 정책과 가치 손실 코딩에 사용하는 이미지

유한 행동 공간에서 soft policy iteration을 정의한 후, 이론적으로 soft Q-value와 정책의 관계식인 ②를 얻게 된다. 그러나 연속 행동 공간에서는 soft policy iteration을 사용할 수 없으므로 이 관계식을 사용할 수 없다. 이런 문제를 해결하기 위하여 SAC를 도입한다. 즉, soft Q-value 함수와 정책을 각각 critic 신경망과 actor 신경망으로 근사시키고 관계식 ②를 손실 정의 ④, ⑤에 사용한다. Actor 손실 ⑤의 Q 함수의 독립 변수인 행동 a를 θ에 대하여 미분할 수 있도록 재매개화 트릭을 사용한다. 목적함수 ①에 포함된 α는 엔트로피의 상대적 중요성을 결정하는 변수로 목적함수 ①이 최대가 되도록 시간에 따라 자동으로 조정하는 식 ③을 얻는다. 이를 이용하여 손실 ⑥을 정의한다([부록: actor와 critic의 목적함수 유도 과정] 참고).

6 Main(train 함수)

지금까지 위에서 설명한 '신경망 클래스 코딩에 사용하는 이미지(**그림 4**)', '정책 코딩에 사용하는 이미지(**그림 5**)', '메모리 코딩에 사용하는 이미지(**그림 6**)'와 '정책과 가치 손실 코딩에 사용하는 이미지(**그림 7**)'를 이용하여 아래 순서로 SAC를 코딩한다.

① 환경의 상태를 초기화한다.
② 환경의 현재 상태를 actor에 입력하여 행동을 얻는다(**그림 4, 5**).
③ 행동 a를 환경에 입력하여, 환경으로부터 다음 상태, 보상, Pendulum 이동 종료 여부(done)를 반환받는다
④ 메모리에 (상태, 행동, 보상, 다음 상태, 종료 여부)을 저장한다(**그림 6**).
⑤ 메모리에 있는 학습데이터로 actor와 critic을 업데이트한다(**그림 7**).
⑥ 다음 상태를 현재 상태로 저장하고 ②~⑤을 반복한다.

7 전체 코드

아래 **그림 8**은 전체 코드를 실행했을 때의 결과이다. 왼쪽은 학습 과정에서 얻은 Score(보상)를 나타낸다. 오른쪽은 학습 종료 후 10회 에피소드를 평가(evaluation)한 동영상 중, 마지막 동영상의 이미지를 나타낸다.

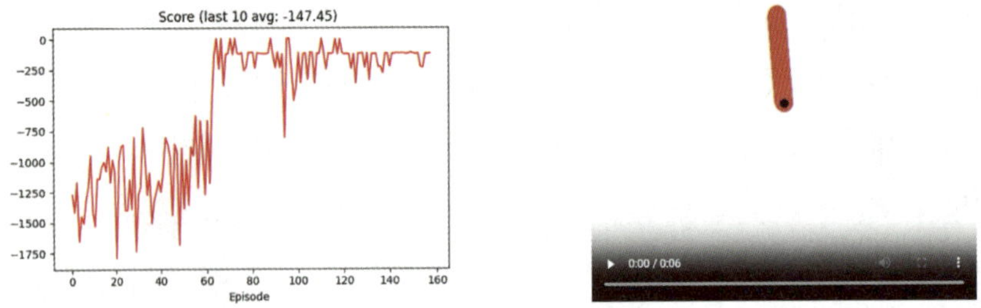

그림 8

전체 코드를 아래와 같은 흐름으로 구현한다.

클래스 ReplayBuffer 정의

1) deque를 self.buffer에 저장하는 초기화 함수

2) (상태, 행동, 보상, 다음 행동, 종료 여부)를 self.buffer에 저장하는 store 함수

3) self.buffer에서 batch를 만드는 함수

Actor(정책) 신경망 정의

1) 입력으로 상태를 받아, 출력된 평균과 표준편차로 정규분포를 만든다. 이 분포에서 재매개화 트릭을 통해 행동을 샘플링하고, 그 행동을 로그 확률밀도 함수에 대입한 값을 함께 반환한다.

Critic(V 함수) 신경망 정의

1) 입력은 상태이고 출력은 행동 가치

SAC Agent 클래스 정의

1) Actor의 출력으로 얻은 평균과 표준편차로 정규분포를 정의하고, 재매개화 트릭을 통해 행동을 샘플링하여 반환하는 함수를 정의한다.

2) critic과 actor를 업데이트하는 update 함수 정의

3) critic target network를 소프트 업데이트하는 함수 정의

4) 학습데이터를 수집하고 update 함수를 실행하는 train 함수 정의

전체 코드를 구현하면 다음과 같다.

```
!pip install gymnasium==1.0.0

import time, os, io, base64, warnings, numpy as np, torch, torch.nn as nn
import torch.nn.functional as F, torch.optim as optim, matplotlib.pyplot as plt
from glob import glob
from IPython.display import clear_output, HTML
from collections import deque
import gymnasium as gym
warnings.filterwarnings('ignore')
# gym(0.25.2)는 np.bool8을 사용. numpy(2.0.2)는 np.bool8 대신 np.bool_를 사용
np.bool8 = np.bool_

# ====================
# Hyperparameters
# ====================
env = gym.make("Pendulum-v1", render_mode="rgb_array")

num_frames = 200_000
memory_size = 100_000
batch_size = 256
initial_random_steps = 10_000
target_reward = -150
policy_update_freq = 2
gamma = 0.99
tau = 0.01 # critic target 네트워크 소프트 업데이트 계수


# ====================
# Plotting function
# ====================
def plot_train_history(scores):
    """에피소드별 점수 기록을 그래프로 표시"""
    plt.figure(figsize=(6, 4))
    plt.plot(scores, c="crimson")
    plt.title(f"Score (last 10 avg: {np.mean(scores[-10:]):.2f})")
    plt.xlabel('Episode')
    plt.tight_layout()
    plt.show()

# ====================
# Replay Buffer
# ====================
class ReplayBuffer:
    def __init__(self):
        self.buffer = deque([ ], maxlen=memory_size) # FIFO(선입선출)

    def store(self, state, act, reward, next_state, done):
        transition = (state, act, reward, next_state, done)
```

```
        self.buffer.append(transition)

    def sample_batch(self):
        indices = np.random.choice(len(self.buffer), size=batch_size, replace=False)
        samples = [self.buffer[i] for i in indices]
        batch = {
            'state': np.array([s[0] for s in samples]),
            'acts': np.array([s[1] for s in samples]),
            'rewards': np.array([s[2] for s in samples]),
            'next_state': np.array([s[3] for s in samples]),
            'done': np.array([s[4] for s in samples])
        }
        return batch

    def __len__(self):
        return len(self.buffer)

# =====================
# 공통 초기화 함수
# =====================
def orthogonal_init(layer):
    """직교 초기화로 신경망 가중치 설정"""
    if isinstance(layer, nn.Linear):
        nn.init.orthogonal_(layer.weight, gain=np.sqrt(2))
        nn.init.constant_(layer.bias, 0.)

# =====================
# Actor (Gaussian Policy)
# =====================
class Actor(nn.Module):
    def __init__(self, state_dim, action_dim, log_std_min=-20, log_std_max=2):
        super().__init__()
        self.net=nn.Sequential(nn.Linear(state_dim, 32), nn.Tanh(),
                               nn.Linear(32, 32), nn.Tanh() )

        self.mu_layer = nn.Linear(32, action_dim)
        self.log_std_layer = nn.Linear(32, action_dim)

        self.log_std_min, self.log_std_max = log_std_min, log_std_max
        self.apply(orthogonal_init) # 가중치 초기화

    def forward(self, state, deterministic=False):
        x=self.net(state)
        mu = self.mu_layer(x)
        log_std = self.log_std_layer(x).clamp(self.log_std_min, self.log_std_max)
        std = torch.exp(log_std)
        dist = torch.distributions.Normal(mu, std) # 정규 분포 생성
        # 결정적(deterministic)이면 평균 사용, 아니면 샘플링
```

```
        z = mu if deterministic else dist.rsample()  # 재매개화 트릭 적용

        # Pendulum 환경을 위해 [-2,2] 범위로 액션 스케일링
        action = 2.0 * torch.tanh(z)

        # 로그 확률 계산 (확률적 정책일 때만)
        log_prob = None
        if not deterministic:
            # 확률변수 a = 2 tanh(z), z=mu+std*epsilon, epsilon~N(0,1)
            log_prob = dist.log_prob(z) # log pdf(z)
            # log pi(a|s) = log pdf(z) + log2 -log(4-a^2) [부록 참고]
            log_prob += np.log(2.0) - torch.log(4.0 - action.pow(2) + 1e-7)
            log_prob = log_prob.sum(dim=-1, keepdim=True) # sum along the last dimension
        return action, log_prob

# =====================
# Critic (Q-function)
# =====================
class CriticQ(nn.Module):
    def __init__(self, state_dim, act_dim):
        super().__init__()
        self.net = nn.Sequential(
            nn.Linear(state_dim + act_dim, 32), nn.Tanh(),
            nn.Linear(32, 32), nn.Tanh(),
            nn.Linear(32, 1) # Q 값 출력
        )
        self.apply(orthogonal_init) # 가중치 초기화

    def forward(self, state, action):
        """상태와 액션을 입력으로 Q 값 계산"""
        return self.net(torch.cat([state, action], dim=-1))

# =====================
# Soft Actor-Critic Agent
# =====================
class SACAgent:
    def __init__(self, state_dim, act_dim):
        # 네트워크 초기화
        self.actor = Actor(state_dim, act_dim) # 정책 네트워크
        self.qf1 = CriticQ(state_dim, act_dim) # Q 함수 네트워크 1
        self.qf2 = CriticQ(state_dim, act_dim) # Q 함수 네트워크 2
        self.qf1_targ = CriticQ(state_dim, act_dim) # 타깃 Q 네트워크 1
        self.qf2_targ = CriticQ(state_dim, act_dim) # 타깃 Q 네트워크 2

        # 타깃 네트워크 가중치 초기화
        self.qf1_targ.load_state_dict(self.qf1.state_dict())
        self.qf2_targ.load_state_dict(self.qf2.state_dict())

```

```python
        # 온도 파라미터 α (엔트로피 가중치, 로그 스케일로 학습)
        self.target_entropy = -float(act_dim) # 목표 엔트로피
        self.log_alpha = torch.zeros(1, requires_grad=True) # 학습 가능한 파라미터

        # 옵티마이저 설정
        self.actor_optim = optim.Adam(self.actor.parameters(), lr=1e-3)
        self.qf1_optim = optim.Adam(self.qf1.parameters(), lr=1e-3)
        self.qf2_optim = optim.Adam(self.qf2.parameters(), lr=1e-3)
        self.alpha_optim = optim.Adam([self.log_alpha], lr=1e-3)

        # 리플레이 버퍼 및 스텝 카운터
        self.memory = ReplayBuffer()
        self.total_step = 0

    # -----------------
    # 행동 선택
    # -----------------
    def select_action(self, state):
        state = torch.FloatTensor(state)
        action, _ = self.actor(state)
        return action.detach().cpu().numpy()

    # -----------------
    # 모델 업데이트
    # -----------------
    def update(self):
        """리플레이 버퍼에서 샘플링하여 네트워크 업데이트"""
        batch = self.memory.sample_batch()

        state = torch.FloatTensor(batch["state"])
        next_state = torch.FloatTensor(batch["next_state"])
        action = torch.FloatTensor(batch["acts"])
        reward = torch.FloatTensor(batch["rewards"]).unsqueeze(-1)
        done = torch.FloatTensor(batch["done"]).unsqueeze(-1)

        alpha = self.log_alpha.exp() # 엔트로피 가중치

        # 1) target criticQ 계산
        with torch.no_grad():
            next_action, next_log_prob = self.actor(next_state)
            q1_targ = self.qf1_targ(next_state, next_action)
            q2_targ = self.qf2_targ(next_state, next_action)
            q_targ = torch.min(q1_targ, q2_targ) - alpha * next_log_prob
            bellman_backup = reward + gamma * (1.0 - done) * q_targ

        # 2) criticQ 업데이트
        q1_pred = self.qf1(state, action)
        q2_pred = self.qf2(state, action)
```

```
        qf1_loss = F.mse_loss(q1_pred, bellman_backup)
        qf2_loss = F.mse_loss(q2_pred, bellman_backup)

        self.qf1_optim.zero_grad()
        qf1_loss.backward()
        self.qf1_optim.step()

        self.qf2_optim.zero_grad()
        qf2_loss.backward()
        self.qf2_optim.step()

        # 3) actor & alpha(α) & target criticQ 업데이트 (지정된 주기에 따라)
        if self.total_step % policy_update_freq == 0:
            # actor 업데이트
            new_action, log_prob = self.actor(state)
            q1_new = self.qf1(state, new_action)
            q2_new = self.qf2(state, new_action)
            q_new = torch.min(q1_new, q2_new)
            actor_loss = (alpha.detach() * log_prob - q_new).mean()

            self.actor_optim.zero_grad()
            actor_loss.backward()
            self.actor_optim.step()

            # 엔트로피 가중치(α) 자동 조절
            alpha_loss = -(
                self.log_alpha.exp() * (log_prob.detach() + self.target_entropy)
            ).mean()
            self.alpha_optim.zero_grad()
            alpha_loss.backward()
            self.alpha_optim.step()

            # 4) target criticQ 소프트 업데이트
            self._target_soft_update(self.qf1, self.qf1_targ)
            self._target_soft_update(self.qf2, self.qf2_targ)

    def _target_soft_update(self, net, net_targ):
        """타깃 네트워크 점진적 업데이트"""
        for p, p_targ in zip(net.parameters(), net_targ.parameters()):
            p_targ.data.copy_(tau * p.data + (1.0 - tau) * p_targ.data)

    # -----------------
    # 학습 루프
    # -----------------
    def train(self, num_frames, target_reward=None):
        """주어진 스텝 수만큼 학습 수행"""
        scores, score, episode = [], 0, 0
        state,_ = env.reset()
```

```
        for self.total_step in range(1, num_frames + 1):
            # (1) 액션 선택 (초기엔 탐험)
            if self.total_step < initial_random_steps:
                action = env.action_space.sample()
            else:
                action = self.select_action(state)

            #print(env.step(action))
            #next_state, reward, done, _ = env.step(action)
            next_state, reward, terminated, truncated,_ = env.step(action)
            done = terminated or truncated
            self.memory.store(state, action, reward, next_state, done)
            score += reward
            state = next_state

            # (2) 파라미터 업데이트
            if len(self.memory) >= batch_size and self.total_step > initial_random_steps:
                self.update()

            # (3) 에피소드 종료 처리
            if done:
                scores.append(score)
                episode += 1
                score = 0 # 점수 리셋
                state,_ = env.reset()

                if self.total_step % 1000 == 0 and len(scores) >= 50:
                    print(f"[Episode: {episode}] "
                          f"avg. of last 50 rewards = {np.mean(scores[-50:]):.2f}")

                if target_reward is not None and len(scores) >= 50:
                    if np.mean(scores[-50:]) > target_reward:
                        plot_train_history(scores)
                        print(f"Target reward {target_reward} reached.")
                        break

# =====================
# Main
# =====================
state_dim = env.observation_space.shape[0]
act_dim = env.action_space.shape[0]

agent = SACAgent(state_dim, act_dim)

t0 = time.time()
agent.train(num_frames, target_reward=target_reward)
t1 = time.time()
```

```
print(f"Training finished in {(t1 - t0)/60:.2f} minutes.")


# ==============================
# Evaluate & video
# ==============================
def show_video(path: str):
 video_path = sorted(glob(os.path.join(path, "*.mp4")))[-1]
 video = io.open(video_path, 'rb').read()
 encoded = base64.b64encode(video)
 return HTML(data=f'''
 <video controls>
 <source src="data:video/mp4;base64,{encoded.decode()}" type="video/mp4" />
 </video>
 ''')

def evaluate(agent, num_episodes: int = 10, record: bool = True):
 env_eval = gym.make("Pendulum-v1", render_mode="rgb_array")
 if record:
  env_eval = gym.wrappers.RecordVideo(
    env_eval, "videos",
    episode_trigger=lambda e: True
  )

 for ep in range(1, num_episodes + 1):
  state, _ = env_eval.reset()
  done = False
  score = 0

  while not done:
   with torch.no_grad():
    action, _ = agent.actor(torch.FloatTensor(state), deterministic=True)
   next_state, reward, terminated, truncated, _ = env_eval.step(action.numpy())
   done = terminated or truncated
   score += reward
   state = next_state

  print(f"[Episode {ep}] Score = {score:.2f}")
 env_eval.close()

 if record:
  time.sleep(1)

print('## After training, evaluate the agent')
evaluate(agent, num_episodes=10, record=True)
show_video("videos")
```

그림 9. Colab에서 test한 코드이고, 주요 패키지 버전은 머리말 참고

8 부록

부록: actor와 critic의 목적함수 유도 과정

네 단계 (PART I, II, III, IV)로 나누어 actor, critic과 alpha(α)의 목적함수 (objective)의 유도 과정을 알아보자.

PART I. 최대 엔트로피 목적함수 정의

최대 엔트로피 강화 학습(Maximum entropy RL)은 탐험(exploration)과 강건성 (robustness) 향상을 위해 기대 수익(expected return)과 정책 엔트로피(policy entropy)를 동시에 최대화한다. 최대 엔트로피 RL의 엔트로피 강화 목적 함수(entropy-augmented objective function)는 다음과 같다.

$$J(\pi)=\sum_{t=0}^{T} E_{s_t,a_t}\left[\gamma^t\left(r(s_t,a_t)-\alpha\log\pi(a_t|s_t)\right)\right] \tag{1}$$

PART II. 유한 행동 공간에서 이론

SAC2019 논문 (Soft Actor-Critic Algorithms and Applications)의 소프트 정책 반복 (soft policy iteration) 과정과 최적 정책 정의는 다음과 같다. 유한 행동 공간에서 임의의 π_0에 대하여

$$\begin{aligned}
&\pi_0 \xrightarrow[\text{evaluation}]{\text{soft policy}} Q_{\pi_0} \xrightarrow[\text{improvement}]{\text{soft policy}} \pi_1\\
&\pi_1 \xrightarrow[\text{evaluation}]{\text{soft policy}} Q_{\pi_1}\left\langle Q_{\pi_0}(s,a)\le Q_{\pi_1}(s,a)\ \forall(s,a)\right\rangle \xrightarrow[\text{improvement}]{\text{soft policy}} \pi_2\\
&\vdots\\
&\{\pi_i\}\xrightarrow{\text{convergence}}\pi^*=\arg\max_{\pi\in\Pi}\sum_{t=0}^{T}E_{s_t,a_t}\left[\gamma^t\left(r(s_t,a_t)-\alpha\log\pi(a_t|s_t)\right)\right]
\end{aligned}$$

여기서 $Q_{\pi_{i-1}}$, $\pi_i(i\ge 1)$는 다음과 같이 정의한다.

$$Q_{\pi_{i-1}}(s_t,a_t)\overset{\text{정리}}{=}r(s_t,a_t)+\gamma E_{\substack{s_{t+1}\sim P(s_{t+1}|s_t,a_t)\\ a_{t+1}\sim\pi_{i-1}(a_{t+1}|s_{t+1})}}\begin{bmatrix}Q_{\pi_{i-1}}(s_{t+1},a_{t+1})\\ -\alpha\log\pi_{i-1}(a_{t+1}|s_{t+1})\end{bmatrix} \tag{2}$$

$$\pi_i\left(a_t|s_t\right) \overset{\text{정의}}{=} \arg\min_{\pi\in\Pi} E_{a_t\sim\pi}\left[\alpha\log\pi\left(a_t|s_t\right)-Q_{\pi_{i-1}}\left(s_t,a_t\right)\right] \tag{3}$$

여기서 Π는 Gaussian으로 만든 정책들의 집합이고 식 (2), (3)을 만족시키는 $Q_{\pi_{i-1}}$, π_i의 존재성은 SAC 논문의 Lemma 1 증명으로 대신한다. 식 (3)과 같이 정의하는 이유는 다음 식으로부터 알 수 있다.

$$\begin{aligned}
&\max_{\pi} J_{MaxEnt}\left(\pi\right)\\
&=\max_{\pi}\sum_{t=0}^{T}E_{s_t,a_t}\left[\gamma^t\left(r\left(s_t,a_t\right)-\alpha\log\pi\left(a_t|s_t\right)\right)\right]\\
&=\max_{\pi}\left\{\begin{aligned}&E_{s_0,a_0}\left[r\left(s_0,a_0\right)-\alpha\log\pi\left(a_0|s_0\right)\right]\\&+\sum_{t=1}^{T}E_{s_t,a_t}\left[\gamma^t\left(r\left(s_t,a_t\right)-\alpha\log\pi\left(a_t|s_t\right)\right)\right]\end{aligned}\right\}\\
&=\max_{\pi}E_{s_0,a_0}\left[\begin{aligned}&r\left(s_0,a_0\right)-\alpha\log\pi\left(a_0|s_0\right)\\&+\sum_{t=1}^{T}E_{s_t,a_t}\left[\gamma^t\left(r\left(s_t,a_t\right)-\alpha\log\pi\left(a_t|s_t\right)\right)\right]\end{aligned}\right]\\
&=\max_{\pi}E_{s_0,a_0}\left[Q^{\pi}\left(s_0,a_0\right)-\alpha\log\pi\left(a_0|s_0\right)\right]\left\langle\because Q^{\pi}\left(s_0,a_0\right)\ \text{정의}\right.
\end{aligned}$$

식 (3)을 다음과 같이 KL로 나타낼 수 있다.

$$\begin{aligned}
\pi_i\left(a_t|s_t\right)&=\arg\min_{\pi\in\Pi}E_{a_t\sim\pi}\left[\alpha\log\pi\left(a_t|s_t\right)-Q_{\pi_{i-1}}\left(s_t,a_t\right)\right]\\
&=\arg\min_{\pi}E_{a_t\sim\pi}\left[\log\pi\left(a_t|s_t\right)-\frac{Q_{\pi_{i-1}}\left(s_t,a_t\right)}{\alpha}\right]\\
&=\arg\min_{\pi}E_{a_t\sim\pi}\left[\log\pi\left(a_t|s_t\right)-\log\exp\left(\frac{Q_{\pi_{i-1}}\left(s_t,a_t\right)}{\alpha}\right)\right]\\
&=\min_{\pi}E_{a_t\sim\pi}\left[\log\left(\pi\left(a_t|s_t\right)\Big/\exp\left(\frac{Q_{\pi_{i-1}}\left(s_t,a_t\right)}{\alpha}\right)\right)\right]
\end{aligned}$$

$$= \min_{\pi} E_{a_t \sim \pi} \left[\log \left(\pi(a_t|s_t) \middle/ \frac{\exp\left(\frac{Q_{\pi_{i-1}}(s_t, a_t)}{\alpha}\right)}{\sum_{a_t} \exp\left(\frac{Q_{\pi_{i-1}}(s_t, a_t)}{\alpha}\right)} \right) \right]$$

$$= \min_{\pi} D_{KL} \left(\pi(\cdot|s_t) \middle\| \exp\left(\frac{Q_{\pi_{i-1}}(s_t, a_t)}{\alpha}\right) \middle/ Z(s_t) \right)$$

$$\left\langle \because Z(s_t) = \sum_{a_t} \exp\left(\frac{Q_{\pi_{i-1}}(s_t, a_t)}{\alpha}\right) \right.$$

따라서 현재 정책 π_i를 대상 분포 $\exp\left(\frac{Q_{\pi_{i-1}}(s_t, a_t)}{\alpha}\right) \Big/ Z(s_t)$와 가깝도록 해야하고 대상 분포를 정의할 때 정규화 상수 $Z(s_t) = \sum_{a_t} \exp\left(\frac{Q_{\pi_{i-1}}(s_t, a_t)}{\alpha}\right)$가 필요하다. 만약 연속 행동 공간이 되면 적분으로 정규화 상수를 표현해야 하므로 계산할 수 없는 상수가 된다. 이런 이유에서 연속 행동 공간에서는 soft policy iteration을 사용할 수 없다.

SAC 논문은 식 (1)에 있는 temperature α를 하이퍼파라미터로 다루지 않고 이론적으로 구할 수 있는 과정과 식을 제시하고 있다. 이때 제시한 식은 다음과 같다.

$$\alpha_t^* = \arg\min_{\alpha_t} E_{a_t \sim \pi_t^*} \left[-\alpha_t \log \pi_t^*(a_t|s_t; \alpha_t) - \alpha_t \mathcal{H} \right] (\text{엔트로피 상수 } \mathcal{H}) \quad (4)$$

식 (4) 유도 과정 설명

이제 위 식 (1)로부터 (4)를 만드는 과정을 알아보자. 먼저, 식 (1)에 있는 비제약 조건 $\max_{\pi} J(\pi)$을 다음과 같이 제약 조건 문제(primal problem)으로 변경한다.

$$\text{Primal 문제: } \max_{\pi_{0:T}} E_{\rho_\pi} \left[\sum_{t=0}^{T} \gamma^t r(s_t, a_t) \right] \text{ s.t. } E_{\rho_\pi} \left[-\log \pi(a_t|s_t) \right] \geq \mathcal{H} (\forall t) \quad (5)$$

그리고 이론적으로 구하려는 α는 Lagrangian multiplier로 다음과 같이 Lagrangian을 정의하고 dual problem을 만든다.

$$L(\pi,\alpha)=\sum_{t=0}^{T}\gamma^t E_{\rho_\pi}\left[r(s_t,a_t)\right]+\sum_{t=0}^{T}\alpha_t\left(E_{\rho_\pi}\left[-\log\pi(a_t|s_t)-\mathcal{H}\right]\right)$$

$$\text{Dual 문제 : }\min_{\alpha\geq0}\max_{\pi}L(\pi,\alpha)$$

만약 convex optimization을 이용하여 strong duality인 식 (6)이 성립하면 temperature α를 구할 수 있는 식을 얻게 된다.

$$\max_{\pi_{0:T}}E_{\rho_\pi}\left[\sum_{t=0}^{T}\gamma^t r(s_t,a_t)\right]=\min_{\alpha\geq0}\max_{\pi}L(\pi,\alpha) \tag{6}$$

그러나 $E_{\rho_\pi}\left[\sum_{t=0}^{T}\gamma^t r(s_t,a_t)\right]$이 π에 대하여 convex도 concave도 아니다. 그 이유는 예를 들면 다음과 같이 곱 $\pi(a_0|s_0)\pi(a_1|s_1)$이 있기 때문이다.

$$E_{\rho_\pi}\left[r(s_1,a_1)\right]=\sum_{s_0,a_0,s_1,a_1}r(s_1,a_1)\rho(s_0)\pi(a_0|s_0)p(s_1|s_0,a_0)\pi(a_1|s_1)$$

그러므로 convex optimization을 이용할 수 없다. 이런 문제를 해결하기 위하여 SAC 저자는 "미래의 기대 보상이 이전 정책 선택과 독립적으로 최대화될 수 있다"고 가정하여 다음과 같은 근사식($T=2$)을 이용한다.

$$\begin{aligned}&\max_{\pi_{0:2}}E_{\rho_\pi}\left[\sum_{t=0}^{2}r(s_t,a_t)\right]\\&\approx\max_{\pi_0}E\left[r(s_0,a_0)+\max_{\pi_1}E\left[r(s_1,a_1)+\max_{\pi_2}E\left[r(s_2,a_2)\right]\right]\right]\end{aligned} \tag{7}$$

위 식 (7)을 이용하면 식 (5)를 순차적으로 푸는 제약 조건 문제 (8), (9), (10)으로 근사시킬 수 있다.

$$\max_{\pi_2}E_{(s_2,a_2)\sim\rho_\pi}\left[r(s_2,a_2)\right]\text{ s.t. }E_{(s_2,a_2)\sim\rho_\pi}\left[-\log\pi(a_2|s_2)\right]\geq\mathcal{H} \tag{8}$$

$$\max_{\pi_1}E_{(s_1,a_1)\sim\rho_\pi}\left[r(s_1,a_1)\right]\text{ s.t. }E_{(s_1,a_1)\sim\rho_\pi}\left[-\log\pi(a_1|s_1)\right]\geq\mathcal{H} \tag{9}$$

$$\max_{\pi_0} E_{(s_0,a_0)\sim\rho_\pi}\left[r(s_0,a_0)\right] \text{ s.t. } E_{(s_0,a_0)\sim\rho_\pi}\left[-\log\pi(a_0|s_0)\right] \geq \mathcal{H} \tag{10}$$

이제 $E_{(s_t,a_t)\sim\rho_\pi}\left[r(s_t,a_t)\right]$, $E_{(s_t,a_t)\sim\rho_\pi}\left[-\log\pi(a_2|s_2)\right]$이 π에 대하여 concave가 된다. 이제 strong duality를 이용하기 위하여 다음을 만족시키는 하이퍼 파라미터 $\mathcal{H}$와 정책 $\tilde{\pi}$가 존재한다고 가정하자 (Slater's condition).

$$E_{(s_t,a_t)\sim\rho_{\tilde{\pi}}}\left[-\log\tilde{\pi}(a_t|s_t)\right] > \mathcal{H}(t=0,1,2)$$

그러면 정책 $\pi_2 = \pi(a_2|s_2)$에 대한 convex optimization 문제 (8)에 Slater's theorem을 적용하면 다음 strong duality가 성립한다.

$$\max_{\pi_2} E[r_2] = \min_{\alpha_2\geq 0}\max_{\pi_2}\left(E[r_2]-\alpha_2\left(\mathcal{H}-E[-\log\pi_2]\right)\right)$$

따라서 다음과 같이 temperature α_2^*를 구할 수 있다.

$$\begin{aligned}
\alpha_2^* &= \arg\min_{\alpha_2\geq 0}\max_{\pi_2}\left(E[r_2]-\alpha_2\left(\mathcal{H}-E[-\log\pi_2]\right)\right)\\
&= \arg\min_{\alpha_2\geq 0} E_{a_2\sim\pi_2^*(a_2|s_2)}\left[E[r_2]-\alpha_2\left(\log\pi_2^*(a_2|s_2)+\mathcal{H}\right)\right]\\
&= \arg\min_{\alpha_2\geq 0} E_{a_2\sim\pi_2^*(a_2|s_2)}\left[-\alpha_2\left(\log\pi_2^*(a_2|s_2)+\mathcal{H}\right)\right]\\
&\left\langle \because E[r_2]\text{는 } \alpha_2\text{와 독립}\right.
\end{aligned} \tag{11}$$

마찬가지로 convex optimization 문제 (9), (10)에 대하여 Slater's theorem을 적용하여 α_1^*, α_0^*를 구할 수 있다.

$$\max_{\pi_1} E\left[r_1+\max_{\pi_2}E[r_2]\right]$$
$$=\min_{\alpha_1\geq 0}\max_{\pi_1} E\left[r_1+\min_{\alpha_2\geq 0}\max_{\pi_2}\left(E[r_2]-\alpha_2\left(\mathcal{H}-E[-\log\pi_2]\right)\right)\right]-\alpha_1\left(\mathcal{H}-E[-\log\pi_1]\right)$$

$$\alpha_1^* = \arg\min_{\alpha_1\geq 0} E_{a_1\sim\pi_1^*(a_1|s_1)}\left[-\alpha_1\left(\log\pi_1^*(a_1|s_1)+\mathcal{H}\right)\right] \tag{12}$$

$$\max_{\pi_0} E\left[r_0 + \max_{\pi_1} E\left[r_1 + \max_{\pi_2} E[r_2]\right]\right]$$

$$= \min_{\alpha_0 \geq 0} \max_{\pi_0} E\left[r_0 + \max_{\pi_1} E\left[r_1 + \max_{\pi_2} E[r_2]\right]\right] - \alpha_0\left(\mathcal{H} - E[-\log \pi_0]\right)$$

$$\alpha_0^* = \arg\min_{\alpha_0 \geq 0} E_{a_0 \sim \pi_0^*}\left[-\alpha_0\left(\log \pi_0^* + \mathcal{H}\right)\right] \tag{13}$$

식 (11)~(13)으로부터 우리가 원하는 식 (4)를 얻는다.

식 (4) 유도 과정 설명 끝

PART III. 근사: SAC(soft actor critic)

위에서 설명한 대로 유한 행동 공간을 연속 공간으로 확장하면 soft policy iteration을 사용할 수 없지만, 소프트 정책 반복에서 얻은 이론적 결과를 연속 행동 공간으로 확장할 수 있고, 이 방법을 SAC라 한다. 먼저, soft policy iteration에서 사용한 soft Q-value 함수와 정책 함수를 각각 critic(ϕ)과 actor(θ) 신경망으로 근사시키고, 식 (2)과 (3)을 사용하여 critic 손실과 actor 손실을 정의한다.

III-1. Critic 손실

식 (2)를 사용하여 두 개의 critic(ϕ_1, ϕ_2)에 대한 손실을 다음과 같이 정의한다.

$$\text{criticQtarget} = r_t + \gamma(1 - d_{t+1})\begin{pmatrix} \min\left\{Q_{\bar{\phi}_1}(s_{t+1}, a_{t+1}),\ Q_{\bar{\phi}_2}(s_{t+1}, a_{t+1})\right\} \\ -\alpha_t \log \pi_\theta(a_{t+1}|s_{t+1}) \end{pmatrix}$$

$$\text{loss\_critic1}(\phi_i) = \frac{1}{\text{batch\_size}} \sum_{\text{batch}} \left(Q_{\phi_1}(s_t, a_t) - \text{criticQtarget}\right)^2 (i = 1, 2)$$

III-2. Actor 손실

식 (3)으로부터 actor(θ)에 대한 손실은 다음과 같다.

$$\text{loss\_actor}(\theta) = \frac{1}{\text{batch\_size}} \sum_{\text{batch}} \begin{pmatrix} \alpha_t \log \pi_\theta(a_t|s_t) \\ -\min\left\{Q_{\phi_1}(s_t, a_t),\ Q_{\phi_2}(s_t, a_t)\right\} \end{pmatrix}$$

III-3. 재매개화 기법(reparametrization trick)

loss_actor를 θ에 대하여 미분할 때, pdf인 $\pi_\theta(a_t|s_t)$과 $Q_{\phi_i}(s_t,a_t)(i=1,2)$에 있는 a_t를 θ에 대하여 미분해야 한다. 그런데 actor의 출력인 평균 μ_θ과 표준편차 σ_θ로 만든 정규분포에서 무작위로 샘플링한 a_t를 θ에 대하여 미분할 수 없으므로 다음과 같은 재매개화 기법(reparametrization trick)을 사용한다.

$$a_t \overset{\text{정의}}{=} f_\theta(\varepsilon_t;s_t) \overset{\text{정의}}{=} 2\tanh\left(\mu_\theta(s_t)+\sigma_\theta(s_t)\varepsilon_t\right),\ \varepsilon_t \sim N(0,1)$$

따라서 critic 손실(III-1)과 actor 손실(III-2)에 있는 행동 a_t, a_{t+1}를 다음과 같이 수정한다.

$$a_t = f_\theta(\varepsilon_t;s_t),\ a_{t+1} = f_\theta(\varepsilon_{t+1};s_{t+1})$$

III-4. Alpha(α) 손실

식 (4)를 사용하여 α에 대한 손실을 다음과 같이 정의한다.

$$\text{loss\_alpha}(\alpha) = -\frac{1}{\text{batch\_size}}\sum_{\text{batch}}\alpha_t\left(\log\pi_\theta(a_t|s_t)+\mathcal{H}\right)$$

부록: $\log\pi(x|s)$ 계산

행동을 값으로 가지는 확률변수 X의 pdf를 $\pi_\theta(x|s)$라고 하자. 재매개화 트릭(reparametrization trick)을 사용하기 위하여 확률변수 Z를 다음과 같이 정의하자.

$$Z = \mu_\theta(s)+\sigma_\theta(s)\varepsilon,\ \varepsilon_t \sim N(0,1)$$

Pendulum 환경에서 행동은 -2와 2 사이의 값을 가지므로 다음과 같이 X를 Z의 함수로 나타낼 수 있다.

$$X = 2\tanh(Z)$$

확률밀도함수(pdf)와 누적분포함수(cdf)의 관계를 이용하면 다음과 같이 X의 pdf $\pi_\theta(x|s)$를 Z의 $pdf(x)$로 나타낼 수 있다.

$$\pi(x|s)=\frac{d}{dx}P(X\le x)=\frac{d}{dx}P(2\tanh(Z)\le x)\left(\because X=2\tanh(Z)\right)$$

$$=\frac{d}{dx}P\left(Z\le\tanh^{-1}\frac{x}{2}\right)=\frac{d}{d\tanh^{-1}\frac{x}{2}}P\left(Z\le\tanh^{-1}x\right)\frac{d\tanh^{-1}\frac{x}{2}}{dx}$$

$$=pdf(z)\frac{1}{1-\left(\frac{x}{2}\right)^2}\frac{1}{2}=pdf(z)\frac{2}{4-x^2}$$

따라서 $\log\pi_\theta(x|s)$는 다음과 같다.

$$\log\pi(x|s)=\log\left(pdf(z)\frac{4}{4-x^2}\right)=\log pdf(z)+\log 2-\log\left(4-x^2\right)$$

x 대신 행동 a기호를 사용하면 다음과 같다.

$$\log\pi(a|s)=\log\left(pdf(z)\frac{2}{4-a^2}\right)=\log pdf(z)+\log 2-\log\left(4-a^2\right)$$

부록: SAC2019 알고리즘

Algorithm 1 Soft Actor-Critic

```
Input: θ1, θ2, φ                                              ▷ Initial parameters
  θ̄1 ← θ1, θ̄2 ← θ2                                ▷ Initialize target network weights
  D ← ∅                                          ▷ Initialize an empty replay pool
  for each iteration do
    for each environment step do
      a_t ~ π_φ(a_t|s_t)                              ▷ Sample action from the policy
      s_{t+1} ~ p(s_{t+1}|s_t, a_t)         ▷ Sample transition from the environment
      D ← D ∪ {(s_t, a_t, r(s_t, a_t), s_{t+1})}  ▷ Store the transition in the replay pool
    end for
    for each gradient step do
      θ_i ← θ_i − λ_Q ∇̂_{θ_i} J_Q(θ_i) for i ∈ {1, 2}    ▷ Update the Q-function parameters
      φ ← φ − λ_π ∇̂_φ J_π(φ)                                  ▷ Update policy weights
      α ← α − λ ∇̂_α J(α)                                        ▷ Adjust temperature
      θ̄_i ← τθ_i + (1 − τ)θ̄_i for i ∈ {1, 2}            ▷ Update target network weights
    end for
  end for
Output: θ1, θ2, φ                                           ▷ Optimized parameters
```

위 알고리즘은 논문 SAC2019(Soft Actor-Critic Algorithms and Applications)에 있는 SAC 알고리즘이다.

https://arxiv.org/abs/1812.05905

Line 1: θ_1, θ_2, ϕ는 각각 신경망 critic1, critic2, actor의 초기 파라미터를 나타낸다. 본 저서에서는 θ_1, θ_2, ϕ 대신 ϕ_1, ϕ_2, θ를 사용했다.

Line 2: 파라미터 $\bar{\theta}_1, \bar{\theta}_2$는 critic1, critic2의_target 신경망의 초기 파라미터값을 나타낸다. 즉, critic1, critic2의 초기 파라미터를 target 신경망의 파라미터로 copy한다.

Line 3: $\mathcal{D}$는 replay buffer 초기화를 나타낸다.

Line 5~9: replay buffer $\mathcal{D}$에 학습데이터를 모으는 과정을 나타낸다.

Line 10~15: 학습데이터로 critic, actor, alpha, critic target 신경망을 업데이트하는 과정을 나타낸다.

강화학습 기본 완성과 PyTorch

저　　자　추상목
발 행 인　김지영
발 행 처　자유아카데미
주　　소　경기도 파주시 회동길 37-42
　　　　　파주출판도시
전　　화　031-955-1321
팩　　스　031-955-1322
홈페이지　www.freeaca.com
전자우편　main@freeaca.com (대표)
　　　　　editor@freeaca.com (편집)
　　　　　crm@freeaca.com (영업)
등　　록　제406-2003-017호, 1980. 7. 12
제1판1쇄　2025년 12월 15일 발행

저자와의
협의하에
인지생략

무단 복제를 금하며, 잘못된 책은 바꾸어 드립니다.
ISBN 979-11-5808-789-0　93000